2022 콘텐츠가 전부다

2022 콘텐츠가 전부다

노가영
이정훈
박정엽
허영주

미래의창

머리말

오징어 게임, K-크리에이터들의 누적된 산물

동서고금을 막론하고 작가들은 마감일이 다가오면 늘 양치기 소년이 된다. 대단한 인문서를 쓰는 건 아니지만 필자 또한 9월 말 탈고 예정이었던 마감이 스멀스멀 늦어지던 터였다. 그러던 차에, 넷플릭스에 공개된 〈오징어 게임〉은 편성 일주일 만에 미국 1위, 한 달 만에 전 세계 1억 4,000만 가구(넷플릭스 가입자의 66%)가 시청하며 하나의 글로벌 현상이 됐고 〈오징어 게임〉 신드롬은 이 글을 쓰는 지금도 여전히 진행 중이다.

자연스럽게 2022년의 이름을 달고 나오는 '콘텐츠 트렌드서'에 〈오징어 게임〉 담론을 더하면서 마감일을 넘길 수밖에 없는 더없이 좋은 핑곗거리가 생겨난 셈이다. 작가의 게으름에 명분을 안겨준 〈오징어 게임〉. 여러모로 고맙고 이래저래 좋을 뿐이다.

축제가 터지면 잿밥의 양과 주인들의 몫에 이목이 집중되기 마련이다. 넷플릭스의 시총은 25조 원 가까이 올랐고 블룸버그는 (넷플릭스의 내부 문건을 입수해) 〈오징어 게임〉의 '임팩트 밸류'를 1조 원 이상으로 분석했으나 한국의 몫은 20~40억 원 가량의 제작 수수료가 전부다. 여기엔 몇몇 물음표들이 남았고 일부 전문가들은 '글로벌 하청기지가 된 한국', '실익 없는 오징어' 등, 자극적인 헤드라인을 쏟아내기 시작했다.

"연봉 1억짜리 선수가 홈런을 40개 쳤어. 이제 메이저리그 구단들은 Another 오징어를 찾고 돈도 더 줄 거야."

영화 〈신과 함께〉 시리즈의 스타 제작자 원동연 대표의 페이스북 피드다. "이제 이러쿵저러쿵 그만하자. 우린 K-콘텐츠의 진가를 전 세계에 알렸다. 디즈니, 아마존, 애플이 한국 시장에 현미경을 들이대며 제2의 오징어를 찾아 나설 테니, 오징어는 연봉 1억짜리 신인 선수로서 게임 체인저의 역할을 톡톡히 해낸 거다"라는 조언이다. (실제로 필자는 이 피드를 본 뒤, 모 경제 주간지에 낼 예정이었던 오징어 신드롬에 대한 꽤 길었던 '오징어 딴지걸기' 원고를 날려버렸다. 원론적인 답을 알면서도 K-콘텐츠가 손해 본 듯한 찝찝함이 있었는데 한 치의 망설임 없는 업계 어른의 글로 이성을 되찾은 것이다) 그리곤 정말 2주도 채 지나지 않아, 디즈니플러스는 한국 출시를 앞둔 미디어데이 행사에서 한국 제작사와의 이익 분배는 윈윈 모델로 가겠다, 망대가 이슈에 대해서는 (한국의) 모범 시민Good Citizen이 되겠다는 한층 순해진 공룡의 모습을 보였다.

그간에도 K-드라마는 넷플릭스의 신임을 듬뿍 받던 효자였다. 특유의 쫀쫀한 기획력에 미국 오리지널 가격의 10분의 1이라는 제작비로 아시아 국가들의 상위 랭킹을 휩쓸었으니 그야말로 알짜배기 콘텐츠였다. 그러나 이번 오징어는 좀 다른 차원이다. 글로벌 IT 공급망이자 OTT 고향인 미국 본토를 시청 건수와 소셜 바이럴, 콘텐츠의 재생산 규모까지 제대로 집어삼켰다. 여전히 K-콘텐츠는 할리우드와 대등한 경쟁자까지는 아니지만 명실공히 글로벌 차원에서 제2의 콘텐츠 강국이 되었음을 부인하기 어렵다.

2000년대 초반, 업계 선배들로부터 "일본은 아시아 콘텐츠의 중심이자 애니메이션 강국"이란 말을 줄곧 들었다. 20여 년의 시간이 흐른 지금은 어떠한가. 그간 일본은 특유의 지역성이 짙은 폭력성과 미연시(미소녀 연애 시뮬레이션) 중심의 오타쿠 문법에 더 몰입해가며 보편성에서는 멀어져갔다. 반면, 한국은 지역성보다 할리우드 콘텐츠 문법을 차용하거나 재창조하며 (전 세계적이고 일반적인) 유니버설 학습에 집중했다. 극장 프로그래머로 일하던 필자의 경험담을 꺼내자면, 한국의 배급사들은 '워킹 타이틀'의 화제작 〈러브 액츄얼리〉의 한국 개봉일을 피하지 않고 토종 〈실미도〉를 같은 날 '붙여'(극장 프로그래머들은 극장에 '붙인다'는 표현을 쓴다) 한국 최초의 천만 영화를 만들어냈고, 그 대단하다는 〈해리포터〉 개봉일에 〈해운대〉와 〈국가대표〉를 연이어 붙이고 K.O. 완판승을 이뤄냈다. 이렇게 K-무비는 할리우드를 피하지 않고, 아니 정면 승부에서 이기기 위해 지역성보다는 할리우드 문법을 따라하며 성장했다. 즉, 2021년 〈오징어 게임〉의 승리는 수십 년간 준비된 K-크리에이터들의 누적된 산물이다.

한편, 〈오징어 게임〉의 흥행으로 수면 아래에 있던 K-콘텐츠와 글로벌 OTT 간의 계약 구조에서 IP가 넷플릭스에 영구히 귀속되는 이슈도 재차 불거지고 있다. 일부 전문가들의 입을 빌리자면, 이는 영상에 대한 IP에 한정되므로 넷플릭스가 영상 외의 인접 저작권까지는 뺏지 않는다는 것이 정설이었다. 과연 그럴까?

"(오징어 게임) 굿즈Goods는 이미 제작 단계에 있으며 향후 게임까지 지식재산권(IP)을 활용해 2차 저작물로 활용될 가능성도 열려 있다."

2021년 10월 중순, 모 경제지의 〈오징어 게임〉 기사에서 발췌한 한 줄이다. 실제로 넷플릭스의 자체 MD숍인 'Netflix.shop'에서 이미 관련 굿즈들의 선주문이 시작됐으며 필자도 달고나 캔디가 프린트된 검은색 후디를 110달러에 결제했다. 즉, 콘텐츠를 대하는 넷플릭스의 정책은 (앞의 정설과는 다르게) 영상뿐 아니라 IP 기반의 머천다이징이나 기타 사업권까지 전부 확보하는 것이라는 냉정한 추정이 가능하다. 넷플릭스가 준 '창작의 자유와 바꾼 IP 권리'임을 익히 알면서도 약간의 가혹함이 느껴지는 건 별수없다.

잘 알려진 대로 매 순간 게임에 진심이었던 넷플릭스 CEO 리드 헤이스팅스Reed Hastings나 2021년 3분기 넷플릭스 어닝콜에서 비중 있게 언급된 모바일 게임에 대한 그들의 철학만 보더라도 (물론 계약서 확인은 불가하고 콘텐츠마다 거래 구조는 다를 것이나) 'Squid Game' 이름의 모바일 게임 출시도 머지않아 가능해 보인다. 2021년 9월에는 〈그렘린〉, 〈찰리와 초콜릿 공장〉, 〈마틸다〉 등 전설의 아동문학책 IP를 다량 보유한 로알드 달Roald Dahl 컴퍼니를 인수하는 등, 넷플릭스의 IP 응집은 빠른 속도를 밟고 있다. 과거에도 또 지금도, 디즈니와 비교하지 말라며 오만한 모습을 버리지 않는 넷플릭스지만 지금 리드는 21세기판 디즈니를 꿈꾸는 듯하다.

2021년 5월, 애플과의 경합 끝에 〈007〉, 〈톰과 제리〉 등 올드 IP

집합소인 한물간 MGM 스튜디오를 10조 원 가깝게 인수한 아마존까지 지금 세상의 모든 플레이어들은 IP에 집중하고 있는 모양새다. 아니 엄밀히 말해 지난 백여 년간 할리우드는 단 한 번의 쉼 없이 IP 컬렉션과 보호에 집착해왔다. 오죽하면 “무인도에 표류했을 때 모래 위에 미키마우스를 그리면 (IP 침해로) ‘디즈니’가 잡으러 와준다”는 우스갯소리가 있겠는가. 결국은 IP, IP…… IP를 더 응집하라!

세계관, 마케팅에서 팬덤의 지적 놀이터로

IP를 말할 때 분리하기 어려운 담론이 바로 세계관이다. IP 응집의 종착지는 곧 세계관으로의 연결이기 때문이다. 지금 디지털 콘텐츠 산업은 너도 나도 세계관 구축에 집중하고 있으며 한국의 경우 굳이 따지자면 게임과 웹툰이 출발이겠으나 지금은 K-팝 산업과 드라마, 예능으로까지 이어지며 확산 중이다. 그렇다면 왜일까. 동일한 질문을 IP 확보에 공을 들이는 몇몇 스튜디오에 던졌더니 돌아오는 답은 일관되게도 마케팅과 브랜딩 차원의 비용 효율성이었다. ‘탄생에 대한 거대한 서사’를 거론하는 인문학적인 답이 아닌 사업 효율성을 우선시한 지극히 공급자 중심의 관점이다. 콘텐츠 홍수의 시대에서 전달 방식의 용이함이나 사업 효율성은 매력적이지만 그럼에도 세계관의 사회적 현상을 모두 담아내기엔 부족하다. 그렇다면 소비자 관점으로 생각해보자.

“그러나… 그럼에도…….”

2021년 봄에 발표된 아이유의 곡 ‘아이와 나의 바다’의 첫 소절이다. 그런데 밑도 끝도 없이 '그러나?' 처음엔 내가 노래를 중간 어디쯤부터 들은 건 아닌가 생각했다. 그런데 맨 처음이 맞다. 대중가요의 시작을 1926년 윤심덕의 〈사의 찬미〉로 본다면 100년에 가까운 역사에서 무턱대고 접속사로 시작한 노래가 있었나 싶다. 그런데, 신기하게도 '그러나'의 앞이 궁금하다. 사람의 심리는 비슷한지 포털과 SNS에 이 곡을 검색하면 '그러나' 담론의 장이 한창이다. '그러나'의 앞에는 어떤 이야기가 있을까? 크리에이터가 던진 접속사 한 토막에 우리는 화자와 소통하고 싶어 한다. 아이유가 말하려는 '아이와 나의 바다'의 프리퀄(선행의 이야기를 담은 속편)이 궁금하고 이야기를 더해 채우고 싶다.

이것이 떡밥이다. 떡밥 깔기는 생산자와 소비자 구분 없이 모두가 크리에이터인 이 시대에 콘텐츠가 가져야 할 덕목이다. 창작자의 스토리에 개인을 개입시킨다는 측면에서는 '참여의 판'을 열어 둔다고도 할 수 있겠다. 세계관의 필요성 역시 이 지점이다. 종으로 횡으로 묶어놓은 세계관에 소비자들은 각자의 자아와 가치관을 얹혀 수십 개의 세계관으로 변주한다. 이 과정을 통해 세계관과 팬덤은 더 온전한 형태로 입체화되며 비로소 정착하는 것이다. BTS 세계관이 디지털 캐릭터, 웹툰과 드라마, 게임으로 확장할 수 있었던 것 역시 기획사의 주도면밀한 전략이라기보다 멤버 7명의 학창 시절과 자아를 바탕으로 팬들이 세계관을 직접 설계한 덕분이라고 해석할 수 있다. 좋은 IP의 기준은 소비자의 진화에 따라 변해야 한다. 향후 슈퍼 IP의 비전은 팬이 개입하여 해석하는 심리적 공간이 필요하며 이것이 곧 팬덤들의 지적 놀이터이자 세계관이 된다. 즉, 사업자 관점에서는 콘텐츠 IP별로 세계관을 공유하며(대주제나 소재 또는 주·부캐릭터들의 공유) 사업 효율성을 높이

되, 소비자 관점에서는 그들의 파편화된 취향을 세계관 구축에 참여시키는 것이 '콘텐츠가 전부'인 이 시대, 슈퍼 IP들의 이상적인 덕목이다.

콘텐츠 직거래 시장과 크리에이터 이코노미

"진정한 팬 1,000명만 있으면, 누구든 성공적인 크리에이터의 삶을 살 수 있다."

미국의 경영 구루이자 테크 미래학자인 케빈 켈리Kevin Kelly가 말하는 1,000명의 팬 이론이다. 시장을 움직이는 프로페셔널 크리에이터가 아니더라도 자신이 생산한 콘텐츠에 돈을 지불하는 팬이 1,000명만 있으면 디지털 세상에서 경제 활동이 가능하다는 얘기다. 이러한 움직임에는 거대 플랫폼들에 대한 저항도 한몫했다. 2020년 페이스북은 사용자들이 피드에 업로드한 콘텐츠로 22조 원의 광고 수익을 올렸지만, 사용자들에게 돌아오는 돈은 없었다. 지금의 사용자들은 과거 플랫폼 전성시대의 사용자들과는 달리 나의 노동으로 남이 수익을 올리는 것에 불합리함을 느낀다. 이 현상은 자연스럽게 크리에이터가(SNS상에서는 콘텐츠를 업로드하는 모두가 디지털 크리에이터다) 플랫폼 없이 팬과 직접 거래하는 즉, 팬이 크리에이터의 콘텐츠를 직접 구독하는 트렌드로 이어지고 있다.

이것을 크리에이터가 플랫폼 수익에 의존하지 않고 수익 시스템을 직접 만들어낸다는 뜻으로 '크리에이터 이코노미Creator Economy'라고 부른다. 이 현상을 실리콘밸리의 벤처 투자자 마크 앤드리슨Marc

Andreessen(2002년 미국《타임》 선정, 세계에서 가장 영향력 있는 100인)은 인터넷 패러다임의 전환으로 검색과 광고의 시대를 지나 맞이하게 된 '인터넷 제3의 물결'이라고 설명했다. 실례로 페이스북에서는 뉴스 선별과 추천으로 팬덤을 확보한 뒤 단계적으로 플랫폼을 거치지 않고 뉴스 추천 서비스로 수익을 내는 일반인 크리에이터들이 꽤 생겨났고(필자 역시, 페이스북에서 소소하지만 익명으로 IT 뉴스 큐레이션을 시작했다), 인스타그램에서도 플랫폼을 벗어나 커머스 활동을 독립적으로 하는 움직임이 일어나는 중이다. 크리에이터들이 플랫폼에서 벗어나 유료 구독 모델을 직접 만들어가는 현상이 늘어나면서 크리에이터들의 영향력은 더 세지고 있다.

2010년 중반, 유튜브에서 촉발된 디지털 너드들이 산업을 흔들던 크리에이터 1.0 전성시대와 플랫폼 과잉 공급과 팬데믹에서 플랫폼을 선별해가며 그 우위에 있던 크리에이터 2.0의 시대가 있었다. 그런데 이제 콘텐츠 직거래 세상이 끌어갈 크리에이터 3.0의 시대가 다가오고 있다. 디지털 환경에서 생산된 그 어떤 것도 NFT로 발행해 판매할 수 있는 비즈니스 크리에이터들의 움직임 역시 콘텐츠 직거래의 또 다른 패턴으로 해석된다.

2021년 11월, 한국의 미디어 판은 국내에 상륙한 애플TV플러스와 디즈니플러스가 현재의 OTT 형국을 뒤집을 수 있을지에 대한 묘한 긴장감 그리고 한국 시장에 얼마큼의 '콘텐츠 판돈'을 부을 것인지에 대한 K-크리에이터들의 기대가 뒤섞여 있다. 시쳇말로 '오징어 프리미엄'을 기대하는 것이다. 여기에 승승장구하는 넷플릭스도 배두나·공유 주연의 SF 우주 스릴러 〈고요의 바다〉를 비롯해, 〈부산행〉, 〈반도〉

를 연출한 연상호 감독의 〈지옥〉 등 K-오리지널 화제작들이 전격 대기 중이다. 최근 MBC를 퇴사한 〈무한도전〉 김태호 PD의 첫 넷플릭스 예능 〈먹보와 털보〉도 K-예능의 진면모를 보여줄 것이다.

이번 책에서도, 디지털 콘텐츠 산업 구석구석의 트렌드를 시장과 소비자 입장 모두에서 최신의 풍부한 사례로 해석하고 미래를 예측했다. 특히 640만 명의 팬덤을 지닌 글로벌 틱톡커 듀자매의 허영주님이 저자로 참여해 소셜미디어 현황과 디지털 플랫폼에서 개인과 기업이 어떻게 돈을 벌어야 하는지를 #HowtoMakeMoney 챕터를 통해 생생한 꿀팁으로 공개했다.

2019년 시즌 1의 경우, 대표저자 서문을 유난히 공들여 작업했는데 당시 맛깔나는 구성을 위해 다시쓰기를 무려 스물댓 번 이상 했던 기억이 있다. 십 년이 지난 후, 《콘텐츠가 전부다》 시리즈가 밀리언셀러가 됐을 즈음, 시즌 1의 서문을 짰던 메모지 두 장을 NFT로 발행하고(제2의 아마존을 꿈꾸는 e북 기업들이나 지식정보 플랫폼들이 기꺼이 사주기를 바라며) 그 수익금을 신인작가 펀드에 출자하는 멋들어지는 코미디를 상상하며 글을 닫는다.

그리고 사족이지만,
제2의 〈오징어 게임〉은 또 나온다.

2021년 11월, '위드 코로나' 첫날
대표저자 노가영

목차

3 CHAPTER SNS.
뉴비의 춘추전국시대

4 CHAPTER Audio.
노병은 죽지 않는다

5 CHAPTER Game.
즐기면서 돈도 벌게 하라

6 CHAPTER #HowtoMakeMoney
하루에 1억을 버는 게 가능해?

CHAPTER

1

오징어 게임,

그 후에 오는 것

#이터널스와 #매트릭스 4, 올드스쿨 부활시키나

멀티플렉스의 시대는 저무는가

오늘날 멀티플렉스 극장이 한물간 오프라인 공간이 됐음은 우리 모두가 알고 있다. 그럼에도 불구하고 극장 산업이 이제 정말로 돌아올 수 없는 내리막길을 걷는 것이 확실한지, 아니면 혹시라도 팬데믹이 가져온 잠깐의 정체는 아닐지 자꾸 뒤돌아보는 건 가족, 친구, 연인과의 시시콜콜한 추억들 때문만이 아니라 영화 산업의 특성과도 관련이 있다. 왜냐하면, 지난 십수년간 한국 땅에서 영화 산업을 끌어온 동력은 전체 매출의 70% 이상을 책임져온 극장, 특히 대기업 계열의 멀티플렉스이기 때문이다. 물론 지금은 시대가 바뀌었다. "팬데믹이 개인, 사회, 비즈니스의 모든 추세를 10년씩 앞당겼다"라는 실리콘밸리 테크계의 인싸 스콧 갤러웨이Scott Gallerway 교수의 말을 빌리지 않더라도 이미 판은 바뀌었고, 극장이 아니더라도 영화를 볼 수 있는 채널은 다양하다는 것을 우리는 잘 알고 있다. 또 엄밀히 말해 극장 매출의 감소분이 만약 OTT와 같은 다른 유통 플랫폼들의 매출 증가로 이어진다면, 시장 논리에 따라 콘텐츠(영화)는 지속적으로 생산될 것이다. 즉, 시청자 입장에서는 이러나저러나 달라지는 건 없는 셈이다. 물론 마블의 〈어벤져스〉 시리즈나 봉준호 감독의 차기작을 TV와 모바일로만 시청해야 한다면 관객 입장에서 약간의 억울함은 있겠지만 이는 산업 외적인 요소다.

매출의 70%가 감소하는 등 코로나19로 가장 큰 타격을 받은 엔터테인먼트 산업은 두말할 필요 없이 극장이다. 그 이유를 살펴보면 극장이 오프라인 플랫폼의 대표 주자임과 동시에 극장에 방문해 영화를 관람하는 행위는 '콘텐츠 시청' 외에도 '관계 지향'이라는 목적을 내포하고 있기 때문이다. 예를 들어 금요일 저녁에 엄마가 "이번 주말에 〈82년생 김지영〉 보러 갈까?"라고 제안하면 (내키지 않아도 가야 하는) 아빠는 극장 근처의 맛집을 알아보고 자녀는 스마트폰으로 개봉 신작을 검색해보며 함께 따라나선다. 이렇듯 '친구따라 강남가는' 성격을 가진 극장 관람은 팬데믹 기간, 콘텐츠에 진심인 목적성 관객 '엄마'와 비목적성 관객인 '아빠와 딸'까지 통째로 증발시켰다. 한편, 극장 대비 관람료가 비싼 뮤지컬과 콘서트의 경우 대부분이 목적성 관객이기에 매출 타격이 극장 산업만큼은 크지 않았다.

2021년 11월 현재 세계 각국의 평균 백신 접종률이 절반을 넘어서고 국내 역시 80%에 가까워지면서(2차 접종 완료 기준), 지금 미디어

2020년 중국의 극장 산업 회복 현황

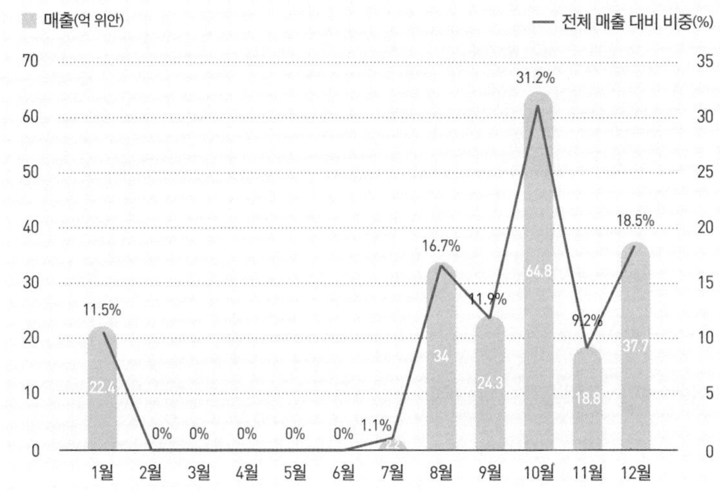

출처: 첸잔경제연구원

판에서 떠오르는 흥미로운 담론은 "그럼, 우리는 다시 극장에 가게 될까?"이다. 2020년 8월에 극장 재개관을 시작한 중국이 코로나 이전 관객 수의 90%를 회복하기까지 5개월밖에 소요되지 않은 점은 국내 극장의 부활 예측에 설득력을 더할 수도 있겠다(75% 수준으로 회복까지는 단 2개월밖에 소요되지 않았다). 하지만 중국은 넷플릭스가 진입하지 않은 몇 안 되는 국가이고 IPTV 같은 유료 방송 서비스가 대중적으로 보급되지 않았다는 측면을 고려하면 동일한 회복 수치를 한국 시장에 적용하기에는 무리가 있다. 특히 중국은 2020년 팬데믹이 비교적 일찍 안정화된 국가였기에 셧다운제가 풀린 8월에는 오히려 보복 소비 효과가 나타났고 10월은 장기간의 국경절 황금연휴가 있어 관객 수가 폭발적으로 증가하는 데 영향을 준 것으로 보인다.

사실, 팬데믹 기간 극장 산업이 무너진 실질적인 이유는 사회적 거리두기보다는 '볼 콘텐츠가 없어서'라고 말하는 게 더 정확하다. 할리우드의 스티븐 스필버그나 더 워쇼스키스 감독을 비롯해 한국의 대형 감독들까지 줄줄이 개봉을 연기한 탓에 지난 2년여간 극장엔 말 그대로 볼만한 영화가 없었다. 수년간 공들여 만든 수백억 원에 달하는 값비싼 콘텐츠를 '좌석 띄어 앉기'까지 시키면서 극장에 걸고 싶지는 않았을 테니 말이다. 팬데믹의 장기화가 밀폐와 밀집의 대표 격인 극장 관람에 두려움을 준 건 사실이지만, 여기에 신작 영화들의 개봉 자체가 급감했으므로 20개월간의 손실 수치를 온전히 '사람들이 극장 방문을 꺼려서'라고 일반화하는 것은 곤란하다. 얼마나 볼만한 콘텐츠가 없었던지, 추억의 명작인 〈쉰들러 리스트〉(1993), 〈메멘토〉(2000년), 〈살인의 추억〉(2003)을 시작으로 자그마한 한국 독립영화들까지 때아닌 어부지리 특수를 누리며 재개봉을 하기에 이르렀다.

사람들을 모으는 것은 결국 콘텐츠

국내 백신 접종률이 80%에 가까워지고 있지만 밀집에 대한 대국민의 불안감이 언제 사그라질지 그 시기까지 예단하는 것은 여전히 어렵다. 그러나 2021년 7월 류승완 감독의 〈모가디슈〉 개봉을 시작으로 연말까지 할리우드 블록버스터들이 몸 사리지 않고 줄줄이 극장 개봉을 결정한 것만으로 콘텐츠 창고는 대충 채워진 셈이다. 〈007: 노 타임 투 다이〉를 시작으로 10월에는 2021년 전 세계의 주목을 받고 있는 기대

출처: 다음 영화

2021년 7월 류승완 감독의 〈모가디슈〉를 시작으로 〈007: 노 타임 투 다이〉, 〈듄〉 등 할리우드 대작들의 연이어 개봉했다. 위드 코로나 시대, 과연 극장은 부활할 수 있을까?

작 〈듄DUNE〉과 마블의 〈이터널스Eternals〉가 개봉했고, 12월에는 〈스파이더맨: 노 웨이 홈〉, 〈웨스트 사이트 스토리〉, 〈매트릭스: 리저렉션〉(이하 매트릭스 4) 등 할리우드 화제작들이 전 세계 개봉을 준비 중이다. 특히 한국 영화 〈모가디슈〉의 경우, 사회적 거리두기 4단계라는 최악의 상황에서 360만 명이라는 관객 동원력을 보였는데, 이는 스타 감독의 복귀작이라는 콘텐츠 자체의 힘에 더해 코로나의 만연화에 지친 국민들이 서서히 극장으로 발걸음을 하고 있다는 예측을 가능하게 했다는 점에서 흥미롭다. CJ CGV의 허민회 대표 역시 2021년 2분기 실적 발표에서 "코로나 상황에서도 보고 싶은 콘텐츠가 개봉하면 관객은 극장을 찾는다는 것을 확인했다"라며 콘텐츠의 중요성을 언급했다. 2021년 7월, KB증권에서도 '구글 모빌리티 소비 및 여가활동 반응 계수'로 추정한 분석에서 팬데믹 첫해인 2020년과 대비해 야외 활동을 삼가려는 의지와 행위, 즉 '활동 제약 강도'가 현저히 낮아졌다는 내용을 발표했다. 특히 미국의 경우에는 2020년 6월에 100이었던 활동 제약 관련 수치가 40 이하로 떨어졌다.

극장 산업의 회복을 점치게 하는 데는 한국 시장의 특수성도 한몫한다. 국내의 경우 IPTV 기본료가 1만 원대로 타 국가들 대비 굉장히 저렴하다 보니 굳이 주말에 TV 앞에서 뒹굴며 요금을 '뽕' 빼려 하지 않는다. 또한, 과거 비디오나 DVD가 사양길로 접어들던 시절에는 케이블TV나 IPTV라는 대체재가 있었지만, 극장의 경우 지금까지 아니 미래에도 명확한 대체재가 없다는 점도 국내 극장 산업의 회복 요인 중 하나가 될 수 있겠다(사실 극장 말고는 오프라인에서 동영상을 볼 수 있는 플랫폼이 없다).

전작《콘텐츠가 전부다 2》에서 집단 면역이 완성될 즈음에도 산업 구석구석의 실질적인 트렌드 변화까지는 시간이 더 소요될 것임을 말했다. 즉, 핵심은 코로나19 이전의 온전한 일상을 찾기까지 소요되는 기간과 그 기간이 길어지면서 현재의 과도기적 트렌드가 문화로 정착할지 아닐지를 살펴보는 것이다. 국내 백신 접종률이 80%에 도달하더라도 관객들의 회귀본능이 살아나기까지는 시간이 필요하다. 이처럼 낮은 회복 탄력성을 대입해봤을 때, 변이 바이러스나 기관별 정책 등 변수는 많겠지만 일상으로의 완벽한 회복은 대략 2023년 1분기 경이 될 것으로 예측된다. 다행히도 이미 팬데믹 첫해 년도(2020년) 대비 주말 관객 수가 단계적으로 올라오고 있으므로, 할리우드 대작들의 연이은 개봉에 따라 의미 있는 회복이 가능할 것으로 보인다. 특히 2021년 11월의 첫 주말은 '위드 코로나'의 시작과 마블 〈이터널스〉 개봉에 힘입어 주말 관객 100만 명을 훌쩍 돌파하는 등 극장 업계에 화색을 돌

국내 주말 극장 관객 수 추이

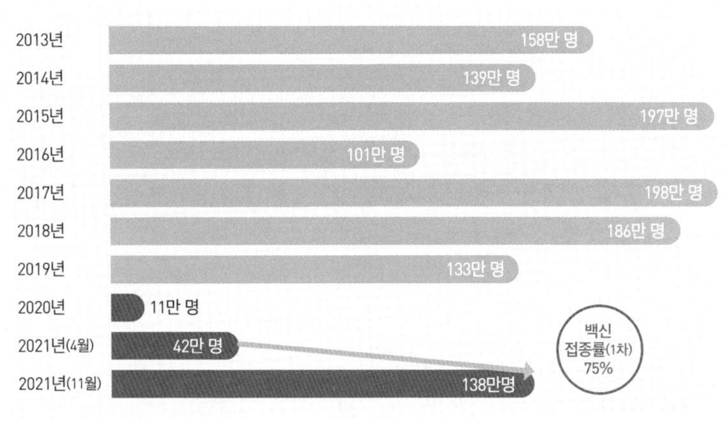

• 매년 4월 첫째 주 금/토/일 기준

출처: 영화관 입장권 통합전산망

게 했다. 단, 업계 전문가들은 정확한 회복 비율이나 향후 극장 산업의 미래는 2022년 여름 특수에 쏟아질 (해외 대작들보다 몸을 더 사리며 개봉을 연기해왔던) 한국형 블록버스터들의 흥행 성적이 사실상 담판 지을 것으로 내다보고 있다. 이는 2022년 2분기부터 국가 간 이동과 집합 제한이 점차 해제되고 그간 얼어있던 해외여행과 월드 투어 콘서트 등이 재개될 것이라는 증권사 애널리스트들의 분석과도 시각을 같이 한다. 즉, 소비 행태와 자본의 쏠림이라는 두 개의 축으로 볼 때, 영화 판을 주도적으로 끌어가던 사업자는 교체됐으나 태양이 뜨고 지는 식의 플레이어 세대교체는 아니라는 뜻이다.

한편, 크리스마스 연휴 전후로 전 세계의 스크린에 숨을 불어넣을 수 있을까 집중된 〈매트릭스 4〉의 경우, 12월 22일 극장과 워너 브라더스 계열의 OTT 서비스인 HBO맥스에서 동시 공개될 예정이다(HBO

맥스의 국내 출시일은 미정). 이제 '극장과 OTT 동시 개봉'이라는 말이 어색하지 않은 시대가 왔다.

> 앞으로 극장은 콘텐츠 유통을
> 주도적으로 책임져 온 큰 형님 자리를 내려놓고
> **'관계 지향'**과 **'나들이**(외부 문화 활동)**'**라는 묘미가 섞인
> 특수한 오프라인 채널로 자리하게 될 것이다.

2017년에 공개됐던 봉준호 감독의 넷플릭스 오리지널 무비 〈옥자〉 사태를 기억하는가. 〈옥자〉의 국내 극장 개봉일(2017년 6월 29일)이 넷플릭스의 최초 공개일과 같아지며 멀티플렉스 집단이 〈옥자〉의 상영 거부를 밝혔다. 이들 입장에서는 (그때만 해도) 'Made in USA'의 미국 드라마밖에 없는 모바일스트리밍 서비스가 봉준호 감독의 신작을 극장과 같은 날 공개하겠다고 하니 상당히 불쾌했을 것이다. 당시 영화 산업에서 최고의 유통 권력이었던 멀티플렉스에 "우리가 제작비 전체를 투자한 영화이니 극장과 같은 날에 서비스하겠다"라는 넷플릭스의 자본주의식 접근이 먹혔을 리 만무하다. 결국 국내 3대 멀티플렉스의 〈옥자〉 보이콧은 쉴 새 없이 보도를 탔으며, 결국 〈옥자〉는 멀티플렉스를 제외한 일부 스크린(전체의 8%)에서만 제한적으로 개봉했다. 20여 개월의 팬데믹 기간 동안 말 그대로 '콘텐츠'가 부족했던 멀티플렉스들이 당시의 보이콧을 떠올린다면 아무래도 민망함과 격세지감을 동시에 느끼지 않을까?

다만, 앞서 설명했듯이 오프라인 특유의 공간성을 내포하는 극장은 지금까지, 아니 미래에도 명확한 대체재가 없는 게 사실이다. 이 지

점이 바로 '극장 영화'라는 콘텐츠가 Film, Cinema, Movie, Motion Picture 등 영화를 뜻하는 다양한 단어 중에서도 촬영 기법이나 물리적 공간성의 의미가 내포된 'Film'이나 'Cinema'로 불리는 이유일 것이다. 가로 22m 길이에 달하는 아이맥스관에 지인들과 삼삼오오 모여서 〈스파이더맨: 노 웨이 홈〉이나 뮤지컬 영화 〈웨스트 사이드 스토리〉를 관람하려는 수요가 여전히 존재할 것이라는 뜻이기도 하다.

팬데믹 20개월째,
언택트를 산업화하다

'당연한 무료'에서 '지불할만한 유료'로

코로나19 전과 후, 가장 크게 달라진 점은 무엇일까? 굳이 한 가지를 꼽아 정리하자면, 우리는 '안 쓰던 곳에 돈을 쓰기 시작했다'고 할 수 있겠다. 생각해보자. 그간, 동네 중국집에 짜장면을 시키면서 별도의 배달료를 지불한다는 건 꽤 어색한 일이었다. 사람 성향에 따라 미안하면 가끔 음식을 곱빼기로 시키거나 군만두를 추가로 주문하는 경우는 있었겠지만 말이다. 그런데 지금은 어떤가. 우리는 배달 앱에서 햄버거 1개와 된장찌개 1인분을 시킬 때 최소 주문 금액을 채우거나 2,000~3,000원의 배달비를 추가로 결제하는 걸 당연하게 생각하게 됐다.

온라인 공연도 마찬가지다. 팬데믹 초창기, K-팝 팬덤에게 디지털상에서 무료로 제공되던 맛보기 콘텐츠들은 지난 20개월 동안 오프라인 콘서트를 재현하는 수준을 넘어 온라인에서만 가능한 기술적 재미들을 더하면서 '돈을 내는 것이 당연한' 콘텐츠로 정착했다. 필자가 K-팝 팬덤 커뮤니티에서 읽은 온라인 콘서트 후기 중에서 가장 인상적이던 댓글은 "온콘(온라인 콘서트) 시청을 끝내니 너무 피곤하다. 과거, 올림픽공원에서 두 시간 스탠딩 뛰고 택시 타고 귀가하던 그 체력 저하 느낌 그대로다. 다음날 눈뜨니 온몸이 욱신거리더라"라는 것이었다(출처: 네이버 블로그 에밀리ghkddbswjdzz). 오프라인 못지않은 온라인 콘서트의 수준을 설명하는 데 있어서 이보다 더 훌륭한 묘사가 있을까 싶다.

한국의 아이돌들은 공연에서 최대의 에너지를 쏟아 내는 데 훈련이 돼 있고, 시청자들은 오프라인 콘서트보다는 많이 저렴하지만 그래도 돈이 아깝지 않게 심신을 정비한 뒤 라이브 버튼을 누른다. 여기에 신곡 독점 공개나 TV 방송에서 볼 수 없는 특별한 퍼포먼스는 유료 관객들만의 차별화된 권리이다.

시장경제에서 가장 어려운 것이 무료로 제공되던 것을
유료로 바꾸는 것이라고 하는데, 팬데믹의 장기화는
'당연한 무료'를 **'지불할만한 유료'**로 바꿔 자연스레 정착시켰다.
그 뒤에는 K-팝이라는 콘텐츠, 그리고 한국의 IT 기술과 네트워크의 힘이 있다.

인원 제한 없는 온라인 콘서트의 경우, 탄탄한 서버 용량과 실황과 가장 유사한 연출 등 고난도의 제작·송출 전문성이 요구된다. 실제로 2020년 3월에 진행된 K-팝 아이돌 '더 보이즈'의 온라인 콘서트 〈RE:AL〉의 경우, 콘서트 커뮤니티인 구구펀에서 송출 예정이었으나 서버와 시스템 문제로 인해 송출 플랫폼을 네이버의 V-LIVE로 급히 변경하기도 했다.

산업화의 다른 말은 '돈의 회수'다. 콘텐츠 티켓의 가격과 유료 관객의 숫자, 결국 P(가격)×Q(관객 수)의 합이다. 일반적으로 동일한 콘텐츠를 전제로 오프라인 콘서트 티켓이 10만 원이면 현재 온라인 콘서트는 그 절반 이하인 4~5만 원 수준이다. 예를 들어 약 1만 명을 수용하는 올림픽 체조경기장을 온라인 콘서트로 바꾼다고 했을 때, 수용 가능 인원의 두 배인 2만 명만 모객하면 비슷한 매출이 나온다는 얘기다. A급 아이돌의 경우 보통 팬덤 10~20만 명은 유료 공연을 관람하는 편이니 오히려 언택트가 남는 장사가 아닌가 싶기도 하다. 그러나 실제로는 기존 콘서트의 경험을 온전히 팬덤에게 전달하려는 'AR(증강현실)', 'XR(혼합현실)' 등의 기술적 구현에 끊임없는 마중물 투자가 필요하며, 매번 빠른 속도로 진화하는 실감 기술력의 수위와 단발적 투자라는 현실적인 난제들이 존재한다(기술 인프라는 재활용이 어렵다). 제아무리 자신들의 스타에게 우호적인 팬덤이라고 해도, 유료 관객들은 '택트 같은 언택트'를 원한다. 2020년 10월에 진행된 BTS의 온라인 콘서트 〈MAP OF THE SOUL ON:E〉에서는 대형 LED 스크린에 팬들의 목소리가 들리며 생생한 '떼창'이 구현됐는데, BTS와 아미ARMY(BTS의 팬을 지칭) 모두가 울컥했던 역사적인 순간이었다. 이제 대중들은 언택트지만 '택트같은 감동'을 원하는 것이다.

진화하는 공연 산업

한편, 온라인 콘서트가 잘 만들어진 한편의 음악 영화로 진화하는 트렌드도 감지된다. 2021년 3월, 공연 만족도 10,000%라는 온라인 바이럴이 있었던 혁오의 온라인 콘서트 〈HYUKOH 2021 ONLINE WORLD TOUR 'through love'〉가 대표적이다. 이 콘서트는 글로 담기 어려울 만큼 아름다운 경주의 삼릉숲에서 낮과 밤에 걸쳐 촬영된 녹화 콘텐츠였다. 생중계가 아니었다는 뜻이다. 철저히 계산된 조명 시스템을 통해 삼릉숲 특유의 한국적인 미가 자연스럽게 구현됐고, 공연을 마친 혁오는 후반 믹싱까지 직접 작업하며 완벽에 가까운 최종 사운드를 만들어냈다(물론, 최종 결과물이 아닌 공연만 마무리된 1차 버전이다). 그렇게 완성된 최상의 결과물이 유료 콘텐츠가 돼 세상에 공개된 것이다. 특히 이번 콘서트는 다른 온라인 콘서트보다 상당히 저렴한 수준인 2만 2,000원으로 가격이 책정돼 가성비 높은 고퀄리티 공연으로 좋은 평가를 받았다.

혹자는 생중계가 아닌 형태를 콘서트라고 부를 수 있느냐는 딴지를 걸 수도 있다. 물론 콘서트란 라이브 공연으로 해석함이 일반적이나, 'Concert'의 'Con(=Together)'이라는 접두어가 의미하듯 우리 모두가 '함께'하는 무언가면 족한 것이다. 즉, 혁오의 삼릉숲 콘서트는 뮤지션과 관객이 함께 즐기는 짧은 음악 영화였으며, 해외 팬덤을 위해 국내외 각기 다른 시각에 각기 다른 플랫폼에서 송출하는 방식으로 유럽과 북미권 팬들의 접근성을 높였다. 오직 두 곳의 플랫폼에서 단 한 번씩만 송출됐다는 측면에서는 '일회성 음악 오리지널'의 한 형태이며,

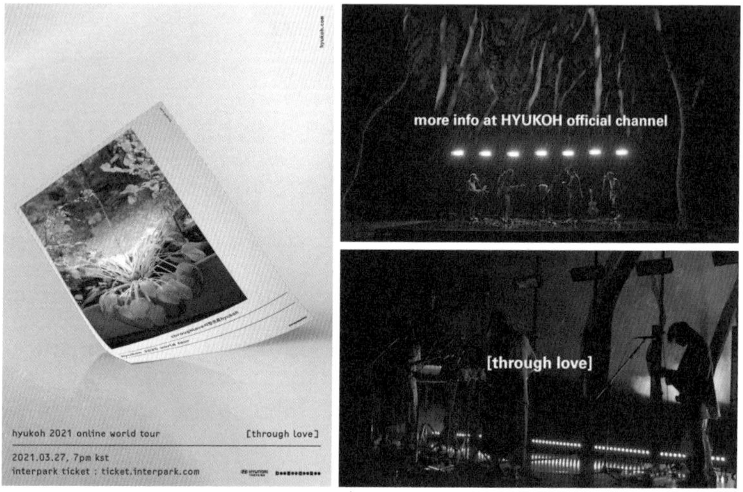

출처: 인터파크, 두루두루 아티스트 컴퍼니

2021년 3월, 경주 삼릉숲에서 진행된 혁오의 온라인 콘서트. 전국 방방곡곡을 돌아다니며 장소를 섭외하고 정교한 조명 아래 본인들이 1차로 공연을 한 뒤 최상의 사운드 작업을 거쳐 고퀄리티의 콘텐츠를 완성했다.

언택트 공연이 소비자에게 준 시공간의 자유로움이 생산자(창작자)까지로 한 단계 더 나아간 것으로 해석할 수 있다. 이렇게 온라인 콘서트의 형식이 무너지며 콘텐츠의 다양성이 확보됐고, 수준은 더욱더 높아졌으며 동시에 유료 콘텐츠의 수용층도 넓어지고 있다.

한편, 위드 코로나와 함께 오프라인 콘서트가 재개되고 있는 현 시점에 이를 산업적으로 정착시킬 가장 핵심적인 방법은 바로 온·오프라인 연계 공연의 시도다. 일례로 2021년 7월 종영된 뮤지컬 〈태양의 노래〉는 온·오프라인 연계 콘텐츠로 좋은 선례를 남겼다. 〈태양의 노래〉의 온라인 티켓 가격은 1만 1,000원이었는데, 이는 영화 티켓과 별반 차이 없는 금액이라 MZ세대들의 큰 호응을 얻었다. 특히 K-팝 콘텐츠의 경우 글로벌 시장에서 온·오프라인 연계가 진행되면서 그동안 물리적으로 불가했던 다양한 시도들이 물꼬를 트고 있다. 특히 2021년 연말에 총 4회로 계획된 BTS의 미국 LA 공연은 산업적으로 의미가 크다. BTS는 2021년 10월 24일 1년여 만에 개최한 온라인 콘서트 〈Permission To Dance On Stage〉를 시작으로 11월과 12월에 미국 LA 소파이SoFi 스타디움에서 오프라인 공연인 〈Permission To Dance On Stage - LA〉를 이어갈 예정이다. 업계 소식에 따르면, 마지막 회차 공연은 오프라인뿐만 아니라 온라인 라이브 스트리밍도 함께 진행할 계획이다.

물론, 모든 오프라인 콘서트가 온라인과 연계되기에는 시장 수요에 한계가 있다. 이에 대해 한화투자증권의 지인해 애널리스트는 "국가별로 시그니처 공연에 온라인 관람을 추가하는 하이브리드 상품이 개발될 것"이라면서, 예를 들어 "고척돔에서 공연이 열리면 한국에선 오프라인 티켓만 판매하고, 이외의 지역은 온라인을 통한 동시 중계로 추가 이익을 거둘 수 있을 것"으로 내다봤다. 경제적 효과는 이뿐만이 아니다. 아티스트 입장에서는 공연 횟수가 반으로 줄고, 사업적으로는 해당 하이브리드 상품에 굿즈 판매 등 팬덤 커머스를 붙일 수 있다는 점이다. 이 밖에도 공연 중 채팅이나 배팅 퀴즈 등 아티스트와 해당 팬덤 층의 특성에 따라 자유로운 상품 조합이 가능하다.

팬데믹의 장기화는 국내외 오프라인 공연의 전면 취소와 함께 이전 대비 30~40% 이상의 매출 급감을 가져왔다. 그러나 지난 20개월간 시도해온 다양한 포맷의 온라인 콘텐츠를 통해 라이브 스트리밍 플랫폼의 고도화와 서비스 기획력 향상을 이뤄냈다. 이제 공급자는 팔리는

출처: 신스웨이브

국내 최초로 한국을 포함한 아시아 5개국의 영화관에서 생중계된 창작 뮤지컬 〈태양의 노래〉. 공연장과 영화관은 물론, 공연 전문 플랫폼을 통해 전 세계 어디서나 온라인 라이브 스트리밍으로도 관람할 수 있어 온·오프라인 연계 공연의 성공 사례로 평가받는다.

상품이 무엇인지 알고 소비자는 비용을 지급할만한 콘텐츠를 판단하는 안목이 생겼다. 그리고 무엇보다 양쪽 모두 언택트 문화를 즐기기 시작했다는 사실이 중요하다.

예고 없던 팬데믹은 공연 산업의 파이를 절반으로 만들었지만 팬데믹 20개월을 지나며 의미 있게 회복되는 중이고, 여기에 관련 인프라들의 저변 확장과 팬덤의 인식 변화를 더해 공연 시장은 이전 수준을 넘어 그 이상 성장할 수 있는 체력을 다지게 됐다. 오프라인과 온라인의 밀접한 결합, '택트언택트' 트렌드는 앞으로도 더욱 가속화될 것으로 보인다.

오징어 게임,
그 후가 중요하다

전 세계를 장악한 〈오징어 게임〉 신드롬

오징어, 오징어…… 전 세계 구석구석까지 오징어가 떠다닌다. 넷플릭스 드라마 〈오징어 게임〉 의상이 핼러윈 코스튬 판매 1위로 등극한 것은 기본이요, 수천 개의 오징어 밈이 각양각색의 소셜미디어를 타고 전 세계로 확산되는 중이다. 말 그대로 소셜 신드롬이란 단어는 이럴 때 쓰는 게 딱 적절하지 않을까 싶다. 바야흐로 〈오징어 게임〉 열풍이다.

연이은 기록 경신뿐 아니라 뉴스 보도들 역시 비슷한 내용이 반복되니 이제는 다소 식상하게 느껴지기도 하지만, 그래도 핵심 성과는 간단히 짚고 가겠다. 2021년 10월 기준, 넷플릭스에 공개된 지 5주 차에 접어드는데도 아직 83개국에서 콘텐츠 시청 1위를 기록하고 있으

출처: 온라인 커뮤니티

전 세계로 퍼지고 있는 수천 개의 '오징어 게임' 밈. 드라마 내에서 소개된 '달고나'나 '무궁화꽃이 피었습니다' 게임을 따라 하는 것은 물론, 프리퀄과 속편을 기대하는 목소리도 많다.

며, 넷플릭스가 진출하지 않은 중국에서조차 불법 다운로드로 인기몰이 중이니 그야말로 범세계적인 이슈다. 심지어 TV쇼 순위가 집계되는 83개국 모두에서 1위를 기록한 것과 822점이라는 점수(TV쇼 부분)는 역대 넷플릭스 오리지널 드라마 사상 최고점이다(참고로 넷플릭스가 서비스되는 국가는 총 190개국이다). 해당 점수는 국가별로 10점 만점으로 평가하는 것이니 전 세계 83개 국가에서 고작 8점 깎인 것이다. 사족이지만 한동안 〈오징어 게임〉이 1위를 못하던 인도네시아에서 〈오징어 게임〉 위에 있었던 작품 역시 한국 드라마인 〈갯마을 차차차〉였다. 그리고 기어이 인도네시아에서도 1위를 했고, 연이어 인도에서도 발리우드 요소(춤과 노래) 없이도 1위를 찍는 진기록을 세우며 83개국에서 말 그대로 지구정복을 이뤄냈다.

〈오징어 게임〉의 성공에 대해서는 전 세계적으로 다양한 문화비평 및 분석이 있어서 굳이 재차 언급할 필요는 없어 보인다. 2021년 10월 2일《월 스트리트 저널》은〈오징어 게임〉의 성공을 코로나19 이후 전 세계적으로 빈부 격차가 확대되면서, 부의 불평등에 대한 문제의식이 글로벌 시청자들의 마음을 훔친 것으로 해석했다. 이처럼 보통 잘된 작품에는 '왜 흥한 것인지' 수십, 수백 개의 진단이 나오지만 잘 안된, 속된 말로 '망한' 작품에 대해서는 모두들 한마디로 말한다. 그냥 '못 만들어서'라고. 넘쳐나는 소셜 바이럴로 이미 많은 독자들이〈오징어 게임〉을 봤고, 또 충분한 재미와 감동을 느꼈을 것이기에 이 작품의 성

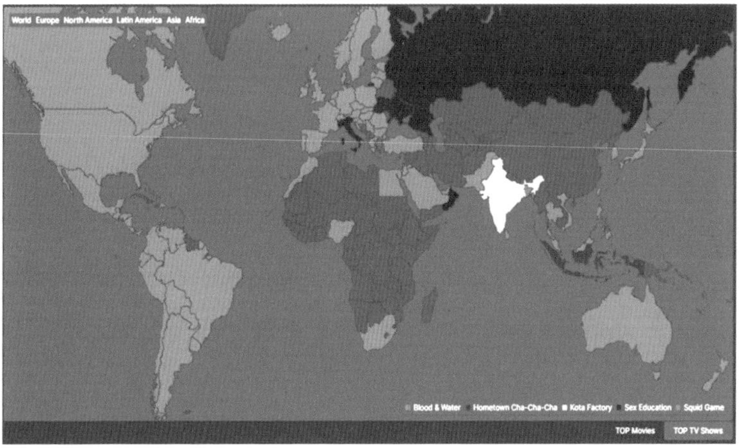

출처: 플릭스 패트롤

글로벌 OTT 콘텐츠 순위 집계 사이트인 플릭스 패트롤flixpatrol에 따르면 〈오징어 게임〉은 공개된 지 열흘 만에 넷플릭스의 콘텐츠 소비 순위가 집계되는 83개 국가 중 76개국에서 1위를 차지했다(지도의 갈색 부분, 2021년 9월 27일 기준). 그리고 한 달여 만에 전 세계 83개국에서 전체 1위를 차지하는 기염을 토했다.

공에 대해서는 '너무 잘 만들어서'라고 가볍게 넘기려 한다(심지어 필자는 이 재미있는 콘텐츠를 더 오래 즐기고 싶어서 마지막 9화는 아껴두고 봤다).

BTS에는 있고 〈오징어 게임〉에는 없는 것

진짜 논의해야 할 것은 〈오징어 게임〉, 그 '이후'다. 단도직입적으로 BTS의 글로벌 성공과 비교해 설명하려 한다. 의심할 여지 없이 BTS와 〈오징어 게임〉은 창작자는 물론이고 관련 산업 종사자들의 '피 땀 눈물(feat. 2016년에 발표된 BTS의 노래 제목)'이 녹아있는 혼신의 결과물이다. 이 둘의 성공 역시, 이렇네 저렇네 하며 다양한 분석과 비평이 붙지만 결국 단순화시키면 '대중성은 있으면서도, 수준이 높은 콘텐츠'를 만들어 소비자에게 공급했기 때문이다. 그럼 이제 큰 성공을 거둔 BTS와 〈오징어 게임〉의 공통점, 그리고 이보다 더 중요한 차이점에 대해 조금 더 자세히 살펴보자.

우선 공통점이다. BTS와 〈오징어 게임〉은 '디지털 확산력'이라는 관점에서 실리콘밸리와 월 스트리트의 합작품인 세계적인 IT 유통망을 탔다. BTS는 유튜브를 통해 글로벌 팬덤을 양산한 모범적인 사례이며, 〈오징어 게임〉은 넷플릭스를 통해 전 세계 190개국에 동시에 공개됐다. 우리는 아카데미상을 휩쓸었던 〈기생충〉마저도 미국 박스오피스 1위를 하지 못했음을 기억해야 한다. 극장이라는 오프라인 유통망은 제한된 스크린 수를 여러 영화가 힘의 논리로 배분받는 시스템이다. 반면, OTT라는 IT 유통망은 디지털 세상이라는 측면에서 공정하다. 제한된 편성표를 나눠 먹는 '땅따먹기' 방식이 아닌, 일단 공개만 되면 똑같은 출발선에서 콘텐츠 자체의 힘으로 달려갈 수 있다는 뜻이다. 즉, 콘텐츠의 인기를 결정하는 건 오롯이 시청자의 몫이다.

돌이켜 보면 훌륭한 한국 콘텐츠는 과거에도 있었다. 그러나 당시에는 IT 기반의 글로벌 공급망이 없었기에 그 성공은 국내 시장에 국한됐고, 한류 신드롬 역시 대만, 일본, 중국 및 동남아 사업자와의 개별 계약 구조를 통한 지역적인 성공에 그쳤다. 반면, BTS와 〈오징어 게임〉의 성공은 거대한 공급망을 쥐고 있는 미국 시장까지 정복했다는 점에서 그 의미가 크다. 글로벌 IT 공급망의 주인인 미국이 한국을 콘텐츠 파이프라인의 주요한 원천으로 인식하게 만든 것이다. 물론 BTS는 빌보드 1위에 오르기 전에도 이미 유튜브 스타였지만, 빌보드에서 1위를 차지하며 세계에서 가장 큰 콘텐츠 생산국이자 공급망인 미국에서 '공인'받은 셈이다. 〈오징어 게임〉도 마찬가지다. 그간 〈스위트홈〉, 〈킹덤〉 같은 국내 드라마가 넷플릭스의 아시아 국가들에서 1위를 찍은 적은 종종 있었지만 넷플릭스의 고향인 미국에서의 1등은 경이롭다.

다음은 둘의 차이점이다. 'BTS에는 있는데 〈오징어 게임〉에는 없는 것'이라고도 할 수 있겠다. BTS가 이뤄낸 성공의 결실은 누가 뭐래도 BTS의 기획사이자 음악 저작권 전부를 쥐고 있는 '하이브'의 것이다. 한국에 시가 총액 14조 원짜리 기업이 탄생했고, 과거라면 국내 기획사들이 꿈도 꾸지 못할 미국의 메이저 음악 레이블을 인수했으며, 제2의 BTS를 만들 수 있는 기틀마저 탄탄히 닦았다. 심지어 '위버스'라는 자체 팬덤 플랫폼도 구축했다. 자신이 육성시킨 콘텐츠(BTS)로 구글

(그중에서도 유튜브)만 돈을 버는 것이 아무래도 탐탁지 않았을 것이다.

그런데 〈오징어 게임〉은 어떤가. "뉴스 봤어? 우리나라에서 만든 〈오징어 게임〉이 미국 넷플릭스 전체 국가에서 1등 했대. 감독이 누구냐면 영화 〈도가니〉와 〈수상한 그녀〉를 만들었던 황동혁 감독이래"라고 말하며 한국인으로서 자부심을 가질 순 있지만 그게 끝이다. 〈오징어 게임〉의 성공은 한국의 성공이 아니라 넷플릭스의 성공이기 때문이다.

이 설명을 위해서는 구차스럽지만 '돈' 이야기를 꺼낼 수밖에 없다. 현재 넷플릭스는 드라마 제작사들에게 소위 제작 수수료로 불리는 마진을 총제작비의 10~20% 수준으로 지급한다. 통상 첫 거래는 더 아래에서 시작하기도 하고, 전략적인 제휴가 맺어진 파트너의 경우에는 20% 이상을 주기도 한다. 그런데 여기에서 문제는 K-콘텐츠가 넷플릭스에 납품되는 형태가 OEM이 아닌 ODM Original Design Manufacturing 방식이라는 거다. OEM이라면 미국에서 대본을 주고 우리는 그 대본대로 성실히 찍기만 하면 되지만 지금 K-콘텐츠는 국내 제작사가 기획하고, 대본을 쓰고, 캐스팅하고, 잘 찍어서 마지막에 넷플릭스에 제공하는 구조다. 국내 제작사에서 10편의 드라마를 기획하면 1편 정도가 넷플릭스에 납품될까 말까다. 그것도 운이 좋은 경우에 한해서다. 반면, 분야는 다르지만 나이키 같은 기업의 OEM 제작 방식은 시행착오가 있기 힘들다. 모든 기획과 디자인을 나이키가 결정하고 업체는 단순히 생산만 맡는데 무슨 착오가 있겠는가. 그런데도 나이키 제조 업체들의 마진은 30% 수준이다. 이것이 유통 채널이 안정적인 대기업 산하의 콘텐츠 제작사들을 제외한 상당수가 재정상 어려움을 겪는 이유다.

이 밖에도 넷플릭스는 판권과 저작권 등 콘텐츠 IP를 영구적으로 소유한다. 우리가 잘 아는 〈킹덤〉, 〈승리호〉, 〈오징어 게임〉의 IP 주인은 한국의 제작사들이 아니라 넷플릭스다. 혹자는 곧 디즈니플러스 등의 글로벌 OTT들이 순차적으로 한국에 상륙하는 것이 새로운 기회가 돼 줄 것으로 기대하기도 한다. OTT 공룡들끼리 경쟁하다 보면 K-콘텐츠에 더 좋은 조건을 제시해야 할 테니, 보다 우호적인 IP 논의가 가능할 것으로 내다보는 것이다.

그러나 100년에 달하는 할리우드 역사가 그들에게 가르친 건 제작 기술이 아니라 IP 머니게임, 즉 **'IP 장사법'**이란 말이 있듯이 생각만큼 호락호락하진 않을 것이다.

잘 모인 콘텐츠 IP 패키지로 수천억 원에서 수조 원의 재무적 가치를 만들고, 단 하나의 슈퍼 IP만으로도 기업 상장까지 완수해내는 전략이 뼛속까지 학습돼 있는 이들이기 때문이다.

제2의 〈오징어 게임〉이 나오려면?

한국의 극장 산업이 무너진 팬데믹 기간에 넷플릭스가 일부 제작사들에게 새로운 수익을 가져다준 것은 틀림없는 사실이다. 그뿐만 아니라 콘텐츠를 납품만 하면 마케팅 비용 없이 전 세계 190개국에 노출해주거나 넉넉한 예산으로 수준 높은 콘텐츠를 제작할 수 있게 하는 등 넷플릭스는 K-콘텐츠의 창작 환경 조성에 확실히 기여했다. 또한, 국내 투자사들에게는 상업적으로 금기시되던 소재에 창작의 자유로움을 줬다는 측면에서 〈오징어 게임〉이라는 명작은 넷플릭스가 없었더라면 세상에 나올 수 없었을 작품인 것도 분명하다. 〈오징어 게임〉의 황동혁 감독 역시 MBC 〈뉴스데스크〉와의 인터뷰에서 "2시간짜리 영화가 아닌 9회분의 드라마 시리즈로 가면서 이야기가 풍부해졌고, 콘텐츠의 형식이나 수위, 분량에서 자유로움을 느꼈다"라고 말했다. 넷플릭스에 콘텐츠를 납품하는 또 다른 제작사 대표의 말을 빌리면, "총 분량만 정해두고 몇 회차로 갈지나 회차별 러닝타임은 열어두자"라는 내용의 대화가 매우 흔하다고 한다. 넉넉한 재원은 말할 것도 없고 '창작에 대한 자유와 존중', '소재의 다양성', '형식의 자율성' 등 넷플릭스는 국내 투자사들에게 많은 인사이트를 줬다.

심지어 드라마 제작 관계자들은 "오래전 TV 방송국들이 콘텐츠 창작 전반에 관여하며 투자금 일부를 넣고 나머지는 제작사에게 구해오라던 시스템에 비하면 (넷플릭스는) 선택엔 앙칼지지만 신사도 이런 신사가 없다"라고 말한다. 단순히 넷플릭스가 쥔 돈 때문에 한 달에 200여 편 이상의 제안서를 받는 것은 아닌 셈이다. 황동혁 감독과 제작진은 향후 넷플릭스와 더 높은 마진 조건으로 〈오징어 게임〉 시즌 2를 이어갈 것이며 할리우드의 러브콜도 받을 것이다. 이미 출연 배우들의 주가는 한반도를 넘어선 지 오래다. 2022년 가을에는 미국 방송계에서 최고의 권위를 자랑하는 에미상Emmy에서 한국의 〈오징어 게임〉이 최우수 드라마 시리즈를 수상할 가능성도 매우 높아졌다. 한국의 창작자들이 더 높은 몸값으로 시즌 2를 계약하고 LA의 마이크로소프트 극장에서 콧대 높은 에미상 트로피를 받는 것은 생각만 해도 설레는 일이다.

그런데 산업적으로는 어떤가. 미국에서 1위를 달성해도, 아니 전 세계에서 1위를 차지해도 〈오징어 게임〉으로 한국이 벌어들인 돈은 앞서 길게 설명한 제작 마진이 전부다. 총 200억 원의 제작비로 알려져 있으니 추측건대 제작사의 수익은 고작 20억 원 내외일 것이다. 물론 〈오징어 게임〉과 관련된 몇몇 한국 회사들의 주가는 올랐지만 미미할 뿐더러 장기적으로는 크게 의미 없는 반등이다. 한국이 벌어들인 돈은 제작 마진이 전부인 반면 동일 기간 넷플릭스는 나스닥 주가 지수가 빠지는 상황 속에서도 나 홀로 상향가이며 시가 총액 역시 〈오징어 게임〉 편성 하루 전날에 비해 204억 3,000만 달러(약 24조 5,160억 원)가 오르는 기염을 토하고 있다. 상상하기 힘든 규모다.

〈오징어 게임〉에서는 456번 성기훈(이정재 분)이 456억 원을 벌지만 정작 〈오징어 게임〉을 만든 한국의 제작사 싸이런픽쳐스는 그 수십분의 일도 벌지 못하고 심지어 콘텐츠의 주인조차 아니다. 한국 영화 산업에서는 '천만 영화'라는 상징적인 단어가 있다. 그리고 가끔 이렇게 '확' 터진 영화들이 100억 원을 넘게 벌었다는 등의 기사를 그간 심심치 않게 접해 왔다. 그런데 〈오징어 게임〉의 경우에는 전 세계 가입자만 2억 명인 넷플릭스에서 1등이라는데 한국은 20억 원 남짓을 벌었다고 하니 어딘지 모르게 억울하다. 흥행에 따른 인센티브는 오롯이 넷플릭스의 것이기 때문이다. 물론 상식적으로는 "앞으로 넷플릭스가 한국 영화나 드라마에 더 많이 투자할 테니, K-콘텐츠의 몸값이 더 높아지겠지"라는 생각이 들지만, 아쉬운 건 아쉬운 거다. 비슷한 논조의 분석 기사들이 많았었는지, 쌍 천만 영화인 〈신과 함께〉 시리즈를 제작한 원동연 리얼라이즈픽쳐스 대표는 업계 어른으로서 페이스

넷플릭스 주가 추이

북에 본인의 소신을 강하게 풀어냈다. 요약하자면 "넷플릭스의 수익에 억울해하지 말아라. 연봉 1억짜리 프로야구 신인 선수가 홈런 40개를 친 거다. 그런데 앞으로는 메이저리그 구단들이 한국의 다른 선수들까지 물색할 테고 연봉도 더 많이 줄 것이다"라는 내용이었다. 앞서 언급된 넷플릭스와 국내 제작사의 구조적인 이슈를 건드리진 않았지만, 성공한 제작자가 후배들에게 건네는 "조금 더 멀리 보자"는 애정이 어린 조언이다. 거시적 관점으로는 향후 넷플릭스는 물론, 몇몇 실리콘밸리발 OTT들이 〈오징어 게임〉의 글로벌 신드롬을 계기로 국내 제작사에게 더 매력적인 조건으로 달려들 테니 이것이 곧 산업의 변화를 견인할 수도 있지 않을까.

지금 넷플릭스는 과거, 한국 드라마의 공급망을 꽉 쥐고 있던 자들

(TV 방송국)과는 비교하기도 미안할 만큼 제작비 전체를 책임지고, 창작의 자율성을 주며, 또 잘 만들어진 콘텐츠를 전 세계 190개국에 실시간으로 유통하면서 놀라운 성과를 만들어내고 있다. 그렇다고 해서 앞으로도 계속 K-콘텐츠 창작자들이 〈오징어 게임〉 속 등장인물인 프런트맨이 주인공에게 한 대사, "말일 뿐이다"처럼 돈을 쥐고 있는 글로벌 OTT들의 장기 말이 되기만 해서는 안 된다. 몸값 높아진 K-콘텐츠를 무기로 공룡 OTT들과의 거래 구조를 새로 짜낼 방법은 없는지 고민이 필요하다. 〈오징어 게임〉 그 이후가 더욱더 중요한 것이다.

2021년 〈오징어 게임〉의 드높은 성공은 넷플릭스의 것임을 인정하자. K-콘텐츠의 성공에 취해 있는 대한민국 콘텐츠 산업과 독자들에게 답 없는 딴지를 건 것만 같아 속내는 불편하지만, 이러나저러나 K-콘텐츠는 또 한 번 터졌다. 그리고 이 르네상스는 당분간 멈추지 않을 것으로 보인다. 제2의 〈오징어 게임〉은 또 나온다.

콘텐츠 직거래 세상, 더 빠르게 온다

OTT는 언제까지 우리의 일상에 있을까

이번 챕터에서 우리는 팬데믹 20개월을 정리하며 언택트의 산업화 움직임을 봤고 멀티플렉스 극장의 미래를 예측했다. 그리고 〈오징어 게임〉 신드롬을 통해, K-콘텐츠의 잠재력과 이상적인 방향성을 제언했다. 이 같은 K-콘텐츠 전성시대가 디지털 플랫폼들의 과잉 공급과 OTT 대세론에 기대어 있음을 부인하기는 어렵다. 따라서 미디어 산업이 실리콘밸리발 슈퍼 OTT들로 짜인 상황에서, 이를 한국의 플랫폼들과 콘텐츠 플레이어들이 어떻게 읽어 내느냐는 아주 중요한 문제다. 동시에 지금은 미래의 미디어 판을 예측해야 할 시점이기도 하다. 그렇다면 현재 OTT 대세론에서 내다보는 미래의 미디어 판은 어떤 사업자들이 주도하게 될까. 다음 세대의 OTT, 즉 '포스트 OTT'는 어떤 모습일지 그리고 그곳에서 콘텐츠는 어떤 구조로 제공되며 고객들의 시청 형태는 어떤 모습일지 한번 살펴보자.

OTT 서비스들은 2000년대 후반, 초고속 인터넷을 시작으로 LTE, 5G로 이어지는 네트워크 고도화를 통해 본격적으로 확대됐다. 우리에게 친숙한 유튜브, 넷플릭스, 디즈니플러스, 티빙과 웨이브 등이 OTT의 대표 주자다. 사실, 특정 네트워크에 종속돼 있지 않은 서비스라는 측면에서 페이스북, 인스타그램, 트위터 같은 소셜미디어들도 광의의 OTT로 간주할 수 있겠으나, 여기에서는 영화나 드라마를 제공하는 '엔터테인먼트형 OTT'로 국한해 이야기하기로 한다.

포스트 OTT 담론을 본격적으로 시작하기 전에 "OTT는 언제까지 우리의 일상에 있을까"라는 질문을 먼저 던져보자. 그 답을 찾기 위해서는 다소 생뚱맞게 들릴 수도 있지만, 블록체인 기술이 지금의 미디어 서비스에 어떻게 녹아들지에 대한 방법론에서부터 출발해야 한다. 이미 여러 기업과 기관들이 블록체인 프로젝트에 착수한 지 오래고 세계 각국의 정부나 지자체들까지도 가상화폐를 발행한다고 하지만, 현재 체감이 가능한 서비스는 그나마 비트코인 정도다. 그간 콘텐츠와 엔터테인먼트 산업에서도 블록체인 기술의 의미는 '콘텐츠 사업자에게 공정한 수익 배분이 가능하다'는 식의 이론 중심이었다. 그러나 여기서는 콘텐츠 사업자가 아닌 시청자 관점에서의 포스트 OTT를 예측하는 것이 목적이다. 통상 블록체인 전문가들은 신용카드 일상화에 30년, 인터넷 대중화에 15년 이상이 소요됐으나, 지금 블록체인과 가상화폐의 경우 단 하루 만에 IT 업계의 1년과 같은 시간이 흐른다고

들 한다. 이들의 진화 속도와 적용 가능한 범주가 가파르게 늘어난다는 의미다.

새로운 패러다임, K-토큰 이코노미

지금의 미디어 플랫폼에 블록체인 기술이 얹어질 서비스의 형상을 그려보자면, 콘텐츠는 동일할 것이나 넷플릭스 같은 월정액 구독 모델도, 유튜브 같은 광고 모델도 아닌 '토큰 이코노미Token Economy'라는 새로운 형태의 결제 세상이 열리는 구조가 예상된다. 향후, 콘텐츠의 토큰 이코노미가 주류 미디어까지 대중화되면 현재의 서비스 사업자들, 즉 케이블TV나 IPTV뿐 아니라 넷플릭스 같은 OTT 사업자들의 주도권이 낮아질 가능성이 있다. 엄밀히 '서비스'의 역할은 사용자와 콘텐츠 사업자 간의 시청 관계를 연결해주는 중간 거래상들이다. 그런데 토큰 이코노미라는 결제 방식은 (서비스 사업자 없이) 시청자가 콘텐츠에 직접 비용을 지불하는 구조이니만큼 중간 거래상의 역할이 약해지거나 없어질 수 있다는 뜻이다.

필자는 이를 새롭게 정의될 'C2C 거래'라고 말하겠다. 일반적으로 C2C란 'Customer to Customer'의 연결을 뜻하는데 여기에서의 C2C는 (물론 신조어라 정의하기 나름이겠으나) 'Creator to Consumer'라고 말할 수 있다. 즉, 콘텐츠 사업자나 크리에이터가 시청자에게 그들의 콘텐츠를 직접 보여주는 '콘텐츠 직거래 세상'이 열린다는 의미다. 여기에서 흥미로운 지점은, 이렇게 바뀔 미디어 판에서는 서비스 사업자들

콘텐츠가 직거래되는 포스트 OTT 양상

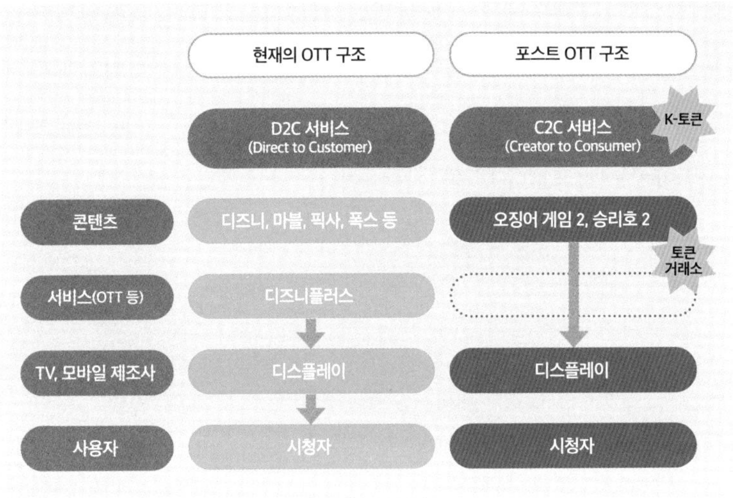

의 주도권이 낮아지고 대신 TV와 모바일 제조사들의 역할이 높아질 수 있다는 사실이다. 영화나 드라마를 보기 위해서는 어떤 식으로든 스크린, 즉 시청할 디바이스와 디스플레이가 필요하기 때문이다. 좀 더 깊이 들어가자면 미래형 디스플레이(필름형, 홀로그램형 등)까지 논해야 할 것이나 이 역시 크게는 디바이스 범주에 포함된 것으로 볼 수 있다.

결국은 〈오징어 게임 2〉 토큰 한 개, 〈기생충 2〉 토큰 한 개를 매개체로 콘텐츠와 시청자가 바로 직거래하는 세상이 올 것이라는 미래 담론이다. 본 책의 마지막 챕터에서 자세히 다루는 'NFT 콘텐츠'도 '콘텐츠 제작 → 민팅minting(콘텐츠를 NFT로 만드는 과정) → 발행 → 판매를 혼자서 한다는 관점에서는 또 다른 형태의 콘텐츠 직거래라고 볼 수 있다.

콘텐츠를 이러한 방식으로 시청하고 결제하게 될 미래의 미디어를 '포스트 OTT의 새로운 양상'으로 제언하고자 한다. 단순화하자면 IT 기술과 네트워크가 진화할수록 콘텐츠를 잘 모아서 소비자에게 제공해주는 중간자, 즉 서비스 사업자의 역할은 협소해지므로 콘텐츠 본연의 가치는 지금보다 더 높아질 것이다.

결국 '콘텐츠', 시청자인 '나',
그리고 '스크린(디스플레이)'만 남는
최소한의 시청 패러다임이다.

물론 여기에는 기업들 간의 복잡한 이해관계와 전 세계에서 통용될 프로토콜에 맞춰진 K-토큰의 발행 등 사업적 협상과 관련 기관들의 정책이 요구된다. 우선은 각 기업들의 글로벌 비전과 전략에 부합해야 하며, 그간 정착돼 온 미디어 생태계를 뒤엎는 것이므로 민감한 변수들도 세심히 고려해야 한다. 예를 들어 콘텐츠 직거래 시장이 열리면 구글(안드로이드)과 애플(iOS) 기반의 결제 방식에 의존할 필요가 없어질 것이다. 그렇다면 이 경우 '돈이 흐르는 길이 어디에서 어디로 바뀌는가'에 대한 사업적 담론으로 확장돼 IT 슈퍼 공룡들과 디바이스 기업들의 주도권 싸움이 치열해지게 된다. '힘의 논리'에 따른 협상 등 관련 사업자들의 머리 셈은 더욱더 복잡할 것이다. 그렇기에 K-토큰 발행은 민간 기업 외에도 정부의 정책 설계와 협력이 필수적이다.

결국, IT 기술이 또 한 번 고도화되고 미디어 주도권의 이동이 발생하더라도 잘 만들어진 콘텐츠는 끊임없이 필요하기 때문에 지금보다 더 많은 크리에이터의 수요가 있을 것이다. 결국, '콘텐츠가 더 전부'인 세상이 되어간다는 뜻이다.

현실적인 담론 하나를 던지자면, 미국의 콘텐츠 산업과 넷플릭스, 디즈니플러스 같은 글로벌 OTT 판은 미국의 콘텐츠 업계에서 만들지 않았다. 이 판의 이면에는 거대한 금융 기업들과 IT 기업들이 버티고 있다. 오늘날 미국의 콘텐츠 산업은 똑똑한 실리콘밸리 형님들과 돈 많은 월 스트리트 아빠들의 결합체란 뜻이다. 미국의 금융과 기술이 OTT라 불리는 미디어 서비스를 이토록 적극적으로 지원하는 이유는 시청심리의 본질만 제대로 건드려 주면 고객의 무의식 안에서 독과점 방식으로 자리 잡을 수 있기 때문이다. 고객이 인지하든 말든 매월 돈은 따박따박 빠져나가는 영리한 IT 구독 경제 안에 갇혀 버리는 것이다.

이렇듯 지금 전 세계의 미디어 주도권은 사실상 미국이 쥐고 흔들고 있다 해도 과언이 아니다. 그러나 콘텐츠와 스크린, 시청자만 남게 될 포스트 OTT 시대에, 한국은 K-콘텐츠 중심의 새로운 판으로 뒤집을 수 있는 잠재력을 가진 국가이다. 지금 K-콘텐츠는 어엿하게 (미국 다음으로) 세계 2위의 영향력을 보이며, 글로벌 TV 시장은 한국 기업들이 이끌고 있다(글로벌 가전 업계는 삼성전자와 LG전자가 1, 2위를 다툰다). 제조사들이 블록체인 기술 위에 토큰 이코노미를 설계하고 콘텐츠 시청 접근을 가능하게 할 경우, 이론적으로는 전 세계에 K-콘텐츠를 직접 유통할 수 있다는 말이다. 물론, 앞서 언급한 기업 간 이해관계나 전략, 면밀한 과금 설계의 필요성 등이 전제된 경우의 이야기다.

한국은 십수년간 IT 강국으로 명성을 떨쳐왔다. 그리고 국내 드라마와 영화, 그리고 K-팝 콘텐츠는 글로벌 시장에서 시쳇말로 너무 잘 나간다. 이러한 우리의 K-콘텐츠를 넷플릭스와 디즈니플러스, 아마존 프라임 비디오가 아닌 우리 스스로의 힘으로 전 세계에 직접 유통하는 것, 이것이 콘텐츠 직거래가 가능한 '포스트 OTT'와 'K-토큰 이코노미'의 핵심 비전이 돼야 할 것이다.

지금 한국은 천운처럼 거머쥔 K-콘텐츠 르네상스를 등에 업고 미래의 OTT 시장에 승부를 걸어야 할 시점이다.

며느리도 모르는
넷플릭스 오리지널의 제작 수수료

사실, 이 질문은 넷플릭스의 공동 CEO인 리드 헤이스팅스나 테드 서랜도스조차도 정확히 답하기 어려울 듯하다. '제작 수수료Production Fee'는 국가별, 콘텐츠별로 다 다를 것이고, 또 넷플릭스와 이미 협업한 경우에는 이전 콘텐츠의 흥행에 따라 계약 구조가 달라질 테니 말이다.

국내의 경우, 통상 제작사가 수수료로 챙기는 몫은 총제작비의 10~20% 수준이다. 단, 독립 제작사이거나 넷플릭스와 처음으로 거래하는 경우에는 더 아래에서 시작하기도 하며, 콘텐츠를 패키지로 공급하는 경우에는 20% 이상을 제작 수수료로 주기도 하는 것으로 알려져 있다. 이 지점에서 궁금해지는 것은 "과연 넷플릭스의 본고장인 미국의 제작사들도 우리와 대우가 똑같을까?"이다. 콧대 높은 할리우드 제작사들과의 거래는 국내의 경우보다 훨씬 우호적인 조건에서 이뤄질까?

제작 수수료란 말 그대로 제작사가 공급처에 콘텐츠를 제작해 준 대가로 받는 비용이니만큼 넓게는 인건비의 한 형태로도 볼 수 있다. 그런 점에서 임금과 물가가 비싼 미국 시장의 경우, 제작 수수료도 아시아 시장 대비 높을 것으로 추정된다. 그러나 가장 확실한 답변은 국가별, 또는 제작사별 구분이 아닌 '넷플릭스와의 파트너십 횟수'와 '흥행력(이전에 제공한 콘텐츠의 넷플릭스 기여도)'에 따라 수수료가 높아진다는 사실이다. 물론 이 역시, 국내 드라마 제작비가 미국 드라마 제작비의 10분의 1 수준임을 고려하면 살짝 아쉽기는 하다.

말 많고 탈 많던 〈오징어 게임〉의 제작 수수료 이슈를 짚어보자면, 엄밀히 말해 제작 수수료가 아닌 '흥행에 대한 인센티브가 없다'는 게 문제점이다. 이에 대해 2021년 11월 한국 시장에 진출한 디즈니플러스의 경우 국내 제작사와 윈윈 모델을 만들어 가기 위해 노력하겠다고 밝혔지만, 현재 글로벌 OTT의 과금 구조에 인센티브 모델을 도입하는 데는 복잡다단한 난제들이 있다. 예를 들어, 넷플릭스는 결국엔 주식 가치와 특정 기간 동안 유료 가입자가 얼마나 늘었는지로 수익을 내는 기업인데, OTT 서비스에서 특정 콘텐츠의 기여도는 극장 관객 수처럼 명확히 판단하기 어렵다. 더구나 IT 공룡들에게 자신들의 서비스와 관련된 각종 데이터 공개는 가장 하기 싫은 숙제이기도 하다.

하지만 콘텐츠 판 역시 결국은 힘의 논리에 따른 협상이 이뤄지는 곳이다. 한국이 명실공히 제2의 콘텐츠 강국이 된 시점에서 글로벌 OTT들은 K-콘텐츠의 제작 수수료를

넷플릭스 오리지널 제작비 TOP 12

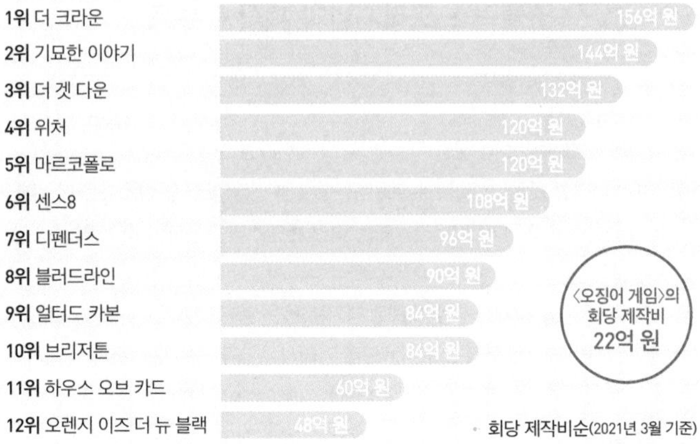

출처: Statista

단계적으로 올릴 수밖에 없지 않을까? 데이터 공개를 최소화하는 수준에서 콘텐츠의 소셜 바이럴 효과라도 등급화해 인센티브 정책을 만들어갈 수는 있을 것으로 기대해본다. CJ ENM이 매주 발표하는 '콘텐츠 파워 인덱스Contents Power Index(콘텐츠의 화제성 지수)'처럼 말이다. 아니나 다를까 최근 한국을 방문한 넷플릭스의 딘 가필드Dean Garfield 정책 부문 부사장은 2021년 11월 3일 국회 과학기술정보방송통신위원회 의원과의 만남에서 한국의 망 사용료 분쟁에 대한 입장을 밝히면서, 〈오징어 게임〉 제작사와도 추가 보상안에 대해 논의 중이라고 언급하기도 했다.

마지막으로, 독자들에게 국내의 유명 콘텐츠 제작사 대표로부터 전해 들은 '넷플릭스가 갖춘 삼박자 썰'을 공유한다.

"넷플릭스가 잘나가는 이유는 간단해요. 콘텐츠 삼박자를 모두 갖췄기 때문입니다. 첫째, (투자를 결정하면) 크리에이터의 창작성에 더 이상 관여를 하지 않습니다. 투자사의 느슨한 관리가 오히려 도움이 되는 거죠. 둘째, 학습료를 톡톡히 지불해본 경험이 있습니다. 넷플릭스에는 실패한 오리지널 콘텐츠가 더 많다는 사실을 아시나요? 넷플릭스는 그동안 천문학적인 금액을 써가면서, 흥하고 망하는 콘텐츠에 대한 자신만의 노하우를 쌓아온 셈이죠. 마지막은 역시 가장 중요한 돈입니다. 넷플릭스는 그 어떤 콘텐츠 기업보다 충분한 자금력을 갖추고 있어요. '느슨한 관리, 학습료, 돈'. 바로 이게 넷플릭스가 갖춘 삼박자입니다."

CHAPTER

2

OTT.

시청자는 그냥 즐겨라

광고가 사라진 TV,
판은 이미 바뀌었다

TV의 새로운 쓸모

수년 전부터 제기된 'TV 위기론'에도 불구하고 최근 TV 판매가 때아닌 호황을 맞았다. 집콕 문화가 인테리어에 대한 관심을 불러옴과 함께, 실내 생활이 늘어나면서 엔터테인먼트 목적의 콘텐츠 소비가 눈에 띄게 늘었기 때문이다. 방송통신위원회(이하 방통위) 조사에 따르면 한국 성인들의 일평균 TV 시청 시간은 2019년 2시간 55분에서 2020년 3시간 9분으로 약 14분 늘어났다. 여기에는 다름 아닌 소수 OTT 서비스들의 기여가 컸다. 넷플릭스, 유튜브 등 온라인 플랫폼 시청이 일평균 17분 늘어나면서 시청 시간 확대에 앞장섰는데, 반대로 기존의 실시간 지상파/케이블 방송과 IPTV 이용 시간은 3분 줄어든 모습이었다.

일평균 매체 이용 시간

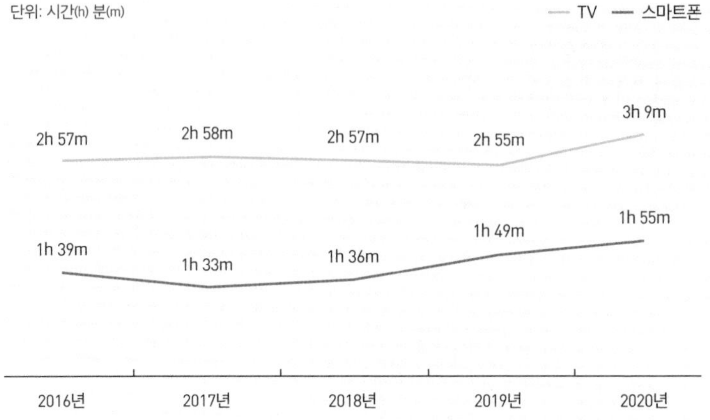

출처: 한국방송통신위원회

OTT 시청 시간 변화

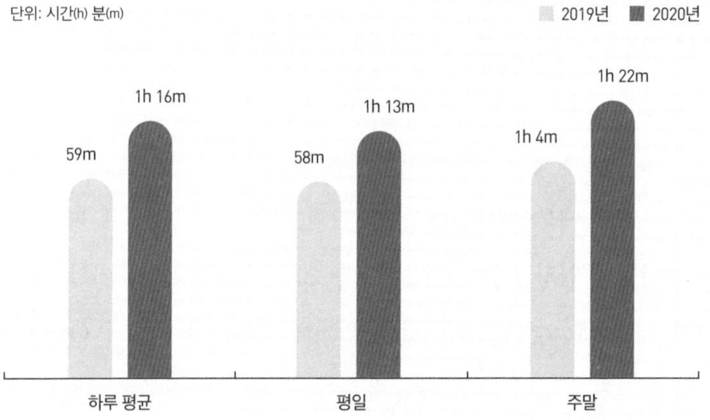

출처: 한국방송통신위원회

이렇듯 오늘날 TV에는 실시간 방송을 보기 위한 수단보다는 'OTT를 즐기기 위한 디바이스'라는 새로운 정체성이 부여되고 있다. 즉, '방송 수신기'가 아닌 '대형 콘텐츠를 감상하는 스크린 장치'로서의 기능이 강조되는 것이다. 프리미엄 제품을 앞세워 전 세계 TV 시장 점유율 1, 2위를 기록 중인 삼성전자와 LG전자의 어닝 서프라이즈는 2020년에 이어 2021년에도 지속됐다. 스마트 TV에 다양한 OTT가 탑재되고, 통신사와 OTT 간 협업이 늘어나는 등 편의성이 나날이 좋아지고 있어 최근의 TV 정체성 변화 트렌드는 갈수록 힘이 실릴 듯하다.

OTT는 실시간 TV보다 큰 돈을 쓴다

지상파나 케이블 방송을 보다가 OTT를 볼 때 우리는 비로소 지역과 시간대의 한계에서 벗어나게 된다. 방송국이 편성한 콘텐츠는 내수 이용자들이 방송 시간에 맞춰 실시간으로 시청한다. 반면 OTT 서비스는 주로 글로벌 시장을 타깃으로 콘텐츠를 제공하며, 이용자는 입맛에 맞는 것을 자신이 원할 때 시청할 수 있다. 단순히 네트워크 기술이 케이블에서 인터넷으로 전환됐을 뿐이지만, 콘텐츠가 전달되는 과정에는 타임머신과 같은 큰 변화가 일어난 것이다. 글로벌 유통이 쉬워진 전 세계의 콘텐츠를 폭넓게 비교하며 고르는 시청자들이 많아졌고, 이로 인해 거대한 글로벌 고객을 잡아야 하는 사업자들의 접근 방식도 점차 달라지고 있다.

가장 큰 변화는 경쟁의 시간대다. 방송사들이 특정 시간대에 시청

글로벌 광고 시장과 OTT 시장의 크기 변화

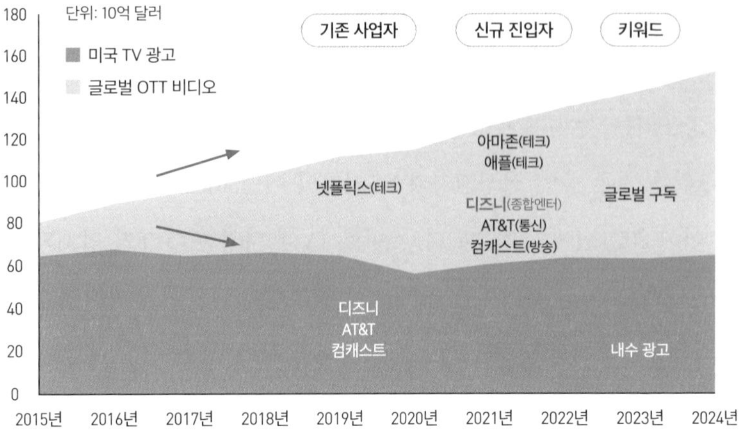

출처: PwC

자의 선택을 받고자 경쟁하는 것과 달리 OTT 업체들은 시간대와 상관없이 언제든 선택을 받기만 하면 된다고 생각한다. 따라서 실시간 방송이 한정된 광고 송출 시간을 효율적으로 활용할 수 있는 수익성 콘텐츠에 초점을 맞추는 반면, OTT 사업자들은 장기적으로 수익의 베이스가 되는 구독자에 집중한다. 즉, 구독자를 끌어들일 수 있는 임팩트 있는 대작 콘텐츠에 주력하는 것이다. 지역과 시간대를 초월해 경쟁하는 OTT에는 방송보다 큰 규모의 콘텐츠 투자가 흔하다. 내수 광고 수익을 추정해 수지가 맞는 선에서 제작(투자)이 결정되는 방송 콘텐츠의 생리를 생각하면, OTT와 방송국의 투자 규모는 계속 벌어질 수밖에 없다. 그래서 OTT를 다룰 때 우리는 늘 과거보다 더욱 커진 투자 현황을 전제로 접근해야 한다.

방송계의 아카데미, 이젠 OTT 깃발 들고 싸운다

영화계에 오스카, 음악계에 그래미가 있다면 방송계에는 '에미상'이 있다. 60년 역사의 에미상은 미국 4대 엔터테인먼트 시상식 중 하나로 텔레비전 방송을 다룬다. 드라마를 비롯해 뉴스, 다큐멘터리, 스포츠, 방송 기술 등 다양한 분야에서 완성도와 화제성이 높은 콘텐츠를 선정해 시상한다.

콘텐츠 제작에 대한 OTT의 거금 투자는 에미상의 풍경을 바꿨다. 2021년 에미상 노미네이션을 OTT가 주름잡은 것이다. 2013년에 처음으로 에미상 후보 작품을 배출한 넷플릭스는 2018년에 100개 부문 노미네이션을 돌파한 데 이어 2021년에도 129개 부문 후보에 지명돼 그 존재감을 뽐냈다. 넷플릭스 최대 제작비(회당 150억 원)가 투입되며 화제가 된 〈더 크라운〉은 작품상과 남녀 주연상을 포함해 무려 24개 부문에 노미네이트됐으며 체스를 소재로 한 〈퀸스 갬빗The Queen's Gambit〉은 18개 부문의 후보에 올랐다. 〈퀸스 갬빗〉은 2020년에 공개된 넷플릭스 최대 흥행작으로 방영 초기 온라인 체스 대국량을 급격히 끌어올리는 영향력을 보여주기도 했다. 한편 〈소셜 딜레마The Social Dilemma〉도 6개 부문의 후보에 오르며 논픽션에서의 성과를 증명했다. SNS의 위험성을 세상에 알린 이 다큐는 사람들의 사고방식을 조종하는 '유해한' SNS와 이 사실을 고발하는 '유익한' 넷플릭스를 철저히 갈라놓는데 성공하면서 동시에 작품성까지 인정받은 효자였다.

넷플릭스의 콘텐츠가 방송계에서 중요 위치를 점한 것은 수년째 일이지만, 이번에는 경쟁자들의 명단마저 방송 네트워크가 아닌 각 미

에미상은 작품 단위 경쟁이기도 하지만
해당 작품이 속한 네트워크의 레벨을 평가하는 의미도 있다.
이런 사정을 잘 아는 미디어 그룹들이
방송 채널이 아닌 **OTT 라벨**을 붙인 것은
미국 미디어 판의 변화를 그대로 보여주는 일이다.

출처: 에미상 페이스북, 넷플릭스

2021년 에미상에 노미네이트된 넷플릭스 오리지널 주요 작품들. 하단 왼쪽부터 〈더 크라운〉, 〈퀸스 갬빗〉, 〈소셜 딜레마〉.

디어 그룹의 대표 OTT로 바뀐 점을 눈여겨 볼 만하다. 방송보다 큰 규모의 투자가 가능한 OTT 콘텐츠가 화제의 중심이 되는 일이 많아지면서 'HBO'가 아닌 'HBO맥스'로, 'ABC'가 아닌 '훌루Hulu'와 '디즈니플러스'로 소속 분류가 변한 것이다.

급격한 미디어 환경의 변화에 영화계 거장 스티븐 스필버그 감독도 두 손을 들었다. 그가 설립한 영화 스튜디오 앰블린Amblin은 2021년 6월, 넷플릭스 전용 장편 영화 다수를 매년 제작한다는 계약을 체결했다. 〈그린북〉(2019년 아카데미 작품상)과 〈1917〉(2020년 골든글로브 작품상)을 제작하며 최근까지도 녹슬지 않은 실력을 인정받은 그의 영화들이 앞으로는 OTT 무대로 가는 것이다. 그런데 스필버그가 누구인가? 2년 전까지만 해도 "넷플릭스 영화를 아카데미 수상에서 제외하자"라며 반감을 내비치던 극장 신봉자이자 강경파 영화인이었다. 그랬던 그가 이번 계약 관련 인터뷰에서는 "화면 사이즈를 떠나 훌륭한 이야기를 접할 수 있어야 한다"라며 입장을 뒤집었는데, 가히 수준급 태세 전환이라 할 만하다.

아카데미보다 에미상에 OTT의 자리가 먼저 허락된 건 아마도 TV 방송계가 영화계보다는 '오픈 마인드'였기 때문일 것이다. 그러나 굳건했던 영화계의 자존심마저 생명력이 다해 가는 것을 보니 이제는 미디어 판의 변화가 드라마 산업을 넘어 100년 역사의 할리우드, 나아가 아카데미까지 점령할 날이 머지 않은 듯하다.

미국에 이어 한국의 미디어 업계도 변화로 꿈틀대고 있다. 해마다 목소리가 커지는 OTT에서 제작한 TV 프로그램과 영화들은 그 기세가 꺾일 줄 모른다. 지금까지 한국 미디어 업계가 시차를 두고 미국의 선례를 따랐던 것을 고려하면 훗날 국내 시상식에서도 비슷한 풍경을 볼 수 있지 않을까. 이미 백상예술대상에는 TV와 영화 부문에서 각각 OTT 콘텐츠가 수상작 후보에 올랐다. 머지않아 '정통파' 청룡영화상에서도 레거시legacy 배급사가 아닌 '티빙 오리지널', '웨이브 오리지널' 등의 작품들이 수상의 영광을 안는 그림을 조심스레 상상해 본다.

글로벌 OTT Big 4 슈퍼킹덤들

OTT 경쟁의 서막이 오르다

OTT 구역의 대장 자리를 놓고 테크, 미디어, 커머스 등 다양한 분야의 사업자들이 자체 스트리밍을 출시해 대결을 벌이고 있다. 선두는 넷플릭스로 2021년 7월 기준 2억 900만 명의 유료 구독 가입자를 모았다. 넷플릭스의 장점은 데이터를 콘텐츠에 접목하는 특유의 접근법과 오리지널 제작을 통해 콘텐츠 노하우도 어느 정도 축적했다는 것이다. 반면 제작 기능이 내재화되지 않아 때때로 판권 통제력이 약한 것과 스트리밍에만 의지하는 단순한 사업 모델은 단점이다.

월트디즈니 계열의 OTT인 디즈니플러스, 훌루, ESPN플러스는 넷플릭스에 이어 두 번째로 많은 1억 6,000만 명(합산)의 가입자를 보유하고 있다. 디즈니플러스로 OTT 전쟁에 본격 참전한 지 채 2년도 되지 않은 시점에서 넷플릭스 가입자의 80%를 모은 것이다. 디즈니 계열 OTT의 가장 큰 장점은 60년 이상 쌓아 온 독보적인 콘텐츠 IP와 이를 통한 다양한 방식(극장과 방송, OTT, 오프라인)의 수익화 역량이다. 키즈 콘텐츠와 마블 시네마틱 유니버스MCU 팬덤은 의심의 여지 없이 흥행성이 보장돼 있다. 한편 훌루와 디즈니플러스 내 '스타STAR' 브랜드를 통해 제공하는 성인 대상 드라마 시리즈의 경쟁력도 갖추고 있다(디즈니플러스는 디즈니, 픽사, 마블, 스타워즈, 내셔널지오그래픽, 스타 등 총 6개의 핵심 브랜드로 구성된다).

이를 바짝 뒤쫓는 추격자로는 전통 미디어들이 있다. 워너미디어의 HBO맥스는 근본 있는 미국 드라마(이하 미드) 장인으로 출시 1년 만에 전 세계에서 약 7,000만 명의 가입자를 모았다. 자사 유료 채널 HBO의 〈프렌즈〉, 〈빅뱅 이론〉 등 시트콤과 대작 드라마, 워너 브라더스 영화들이 강점이며, 최근에는 미국에 이어 라틴 아메리카 지역에 집중하고 있다. 또 다른 케이블 사업자인 컴캐스트는 자회사 NBC유니버설을 통해 피콕Peacock을 서비스 중이다. OTT 후발 주자로서 가입자는 4,000만 명 수준이지만 〈오피스〉와 같은 TV 시트콤과 라이언스게이트Lionsgate, 파라마운트 등의 영화 콘텐츠, 그리고 영국 프리미어 리그 중계가 강점이다.

이 밖에 애플TV플러스(가입자 4,000만 명)와 아마존의 프라임 비디오(통합 가입자 2억 명)처럼 실리콘밸리의 빅테크 업체들도 OTT를 통해 본업을 강화하려는 움직임을 보이고 있다. 특히 아마존은 팬데믹 상황과 맞물린 온라인 쇼핑 증가로 프라임 비디오도 수혜를 톡톡히 봤다.

●●● **주요 글로벌 OTT 서비스 현황 및 구독료**

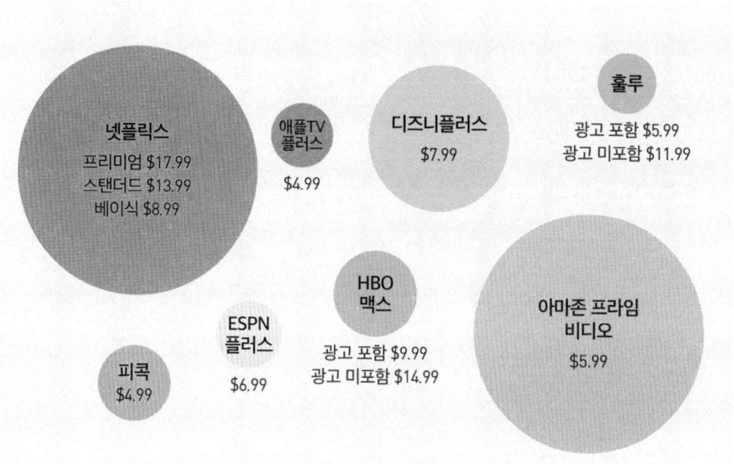

• 2021년 10월 기준. 원의 지름은 서비스별 가입자와 비례함.

출처: 각 사

이들 테크 기업은 자체 콘텐츠 제작 경력은 짧지만, 막강한 자본력을 바탕으로 대작 프로젝트를 진행하는 무서운 추격자들이다.

서비스 간 경쟁과 집곡 현상이 중첩된 지난 1년간 미국 내 OTT 시장은 격변했다. 고인물로 분류되는 기존 서비스들이 정체되는 동안 뉴비newbie 서비스들이 제 자리를 만든 것이다. 독주하던 넷플릭스의 점유율은 29%에서 20%로 떨어졌고, 출발이 늦었던 HBO의 점유율은 3%에서 12%로 급증했다. 모든 서비스의 가입자가 전년보다 증가했기 때문에 점유율 증감 자체가 각 서비스의 운명을 나타낸다고 보긴 어렵겠지만, 단기에 급등락하는 점유율이 단순히 신규 '오픈빨' 때문인지, 장기 경쟁의 서막인지는 지속해서 살펴볼 필요가 있다.

아마존에 취직한 제임스 본드

"〈007〉 시리즈에 10조 원을 태운다고?"

지난 2021년 6월 발표된 아마존의 MGM 스튜디오 인수 결정 보도를 보고 터져 나온 나온 필자의 첫 반응이다. 1924년 설립된 전 세계에서 역사가 가장 깊은 영화 제작 스튜디오를 〈007〉 시리즈라는 하나의 IP로 깎아내리려는 것은 결코 아니다. 그러나 MGM은 할리우드에서 상당히 잊혀진 제작사로, 최근 포지션이 그다지 핫하지 않은 것도 사실이다.

물론 영광의 시절은 있었다. MGM은 1970년대까지 할리우드 7대 메이저 중 하나였다. 이들이 내놓은 〈오즈의 마법사〉(1939), 〈바람과 함께 사라지다〉(1957), 〈록키〉(1976), 〈지옥의 묵시록〉(1979), 〈델마와 루이스〉(1991) 등은 지금까지도 명작으로 평가받는다. 그러나 1990년대 이후에는 이렇다 할 히트작이 없었다. 연이은 흥행 실패로 재정 악화에 시달리다가 수차례 M&A를 거쳐, 최종 매수자를 기다리는 현재의 모습이 됐다. 심지어 몇몇 레전드급 영화들(오즈의 마법사, 바람과 함께 사라지다, 싱잉 인 더 레인)은 1980년대 M&A 과정에서 이미 타임워너로 소유권이 넘어간 탓에 이번 인수 대상에는 포함되지 않는다.

세계에서 제일가는 큰손 아마존으로서도, MGM 인수에 베팅한 10조 원은 2017년 홀푸드마켓(미국 최대 유기농 식품 체인) 인수에 15조 원을 쓴 것에 이어 두 번째로 큰 규모다. 아마존은 꺼져가는 불씨인 MGM에서 어떻게 10조 원 이상의 기회를 보았을까?

우선 아마존의 과거를 돌아보자. OTT가 태동한 2013년 즈음 아

출처: CBR.com

〈007〉 시리즈를 소유한 MGM에 10조 원을 쏟아부은 아마존. 콘텐츠 제국을 꿈꾸는 제프 베이조스의 야심이 엿보인다.

마존은 이익이 나기 시작한 본업(커머스)의 지원을 등에 업고 자체 콘텐츠 제작에 집중했다. 5년간 꾸준히 예산을 늘려 2017년에는 넷플릭스(60억 달러) 다음으로 많은 45억 달러를 자체 콘텐츠 제작에 쏟아붓는 정도였는데, 이는 대표적인 방송 채널인 HBO, ABC, NBC 등을 뛰어넘는 규모였다. 여기까지는 좋았지만, 이후 행보에서 넷플릭스와 그 격차가 벌어지게 된다. 가입자 확보를 위해 '독점 공개'를 강조한 넷플릭스와 달리 아마존은 '부가 서비스' 관점에서 콘텐츠를 제공하는 데 그쳤다. 'Only on Amazon' 대신 영화관과 TV 채널에도 콘텐츠를 공개하며 '세미-오리지널 전략'으로 접근한 것이다. 결국 아마존의 값비싼 콘텐츠는 신발과 전자기기를 사주는 쇼핑 고객들에게 '괜찮은 사은품'이기는 했지만, 콘텐츠 브랜드라는 독립적인 정체성으로는 연결되지 못했다.

반면 넷플릭스는 〈옥자〉의 영화관 개봉을 건너뛰는 파격적 행보를 보이면서 비난의 대상이 됐지만, 그럼에도 불구하고 일단 목표했던 신규 가입자 확보는 얻어냈다. 비슷한 시기(2017년) 개봉한 아마존의 〈맨체스터 바이 더 씨〉가 극장과 OTT에 함께 공개되면서 별다른 파급을 주지 못한 것과 대조된다. 이 시기를 전후해 오리지널로 공개된 넷플릭스 드라마 〈하우스 오브 카드〉, 〈오렌지 이즈 더 뉴 블랙〉, 〈기묘한 이야기〉, 〈더 크라운〉과 비교하면 아마존 오리지널 드라마인 〈알파 하우스Alpha House〉, 〈트랜스페어런트Transparent〉의 성적표 역시 초라했다.

그랬던 아마존이 이제는 콘텐츠에 좀 더 진지해진 듯하다. 직접 기획과 제작을 고집하는 대신 흥행이 검증된 IP와 스포츠 판권 확보에 공격적으로 베팅하고 그동안 피해왔던 독점 공개를 선택한 것이다. 영화 〈반지의 제왕〉의 드라마화 판권에만 약 3억 달러, NFL(미국프로풋볼리그) 경기 중계에 연 10억 달러를 투입하고 얼마 후 MGM 인수를 결정한 것을 보면, 결국 아마존의 빅딜은 콘텐츠에 대한 달라진 자세에서 출발했다고 볼 수 있다. 즉, MGM 인수는 고전 명작 영화 IP 확보가 목적이며, 〈록키〉나 〈007〉 시리즈처럼 스토리와 세계관에 확장성이 있는 것들을 활용해 파생 콘텐츠를 제작할 가능성이 높다. 직접적인 제작에는 특출난 재능이 없지만, 투자 여력은 충분히 갖춘 아마존에 꽤나 합리적인 머니 게임 방식인 것이다.

최근 드라마 〈반지의 제왕〉 시즌 1의 제작비로 아마존이 5억 달러(약 6,000억 원)를 책정했다는 소식이 있었다. 참고로 대작으로 유명한 HBO의 〈왕좌의 게임〉 최종 시즌에 9,000만 달러, 디즈니플러스의 〈만달로리안The Mandalorian〉 시즌 1에 1억 달러, MCU 페이즈 4Phase Four(마블 스튜디오의 슈퍼히어로 영화 시리즈)의 첫 드라마 〈완다비전WandaVision〉

시즌 1에 2억 5,000만 달러의 약소한(?) 금액이 투입됐다고 하니 드라마화된 〈반지의 제왕〉은 얼마나 큰 규모일지 짐작도 안 된다. 진지해진 아마존이 어떤 볼거리를 줄지, 뒤이어 부활할 MGM의 IP들은 어떻게 우리 곁에 돌아올지 기대와 궁금증이 깊어지는 순간이다.

디즈니 본진은 이제 극장이 아닌 디즈니플러스

아마존이 최근 대규모 딜을 했다지만 업계 M&A의 원조는 누가 뭐래도 월트디즈니다. 주력 플랫폼이 바뀌거나 새로운 콘텐츠를 준비하는 시기마다 ABC(1996년), 픽사(2006년), 마블(2009년), 루카스필름(2012년) 등을 인수하며 위기를 기회로 바꿨다. 그리고 2019년에는 80조 원으로 폭스를 인수해 디즈니 역사에서도 가장 큰 거래를 진행했다. 폭스가 보유한 콘텐츠 IP(TV 시리즈와 영화)와 훌루(OTT) 지분 30%를 획득하기 위한 것이었는데, 이는 TV 케이블과 테마파크, 리조트 등 기존 사업의 성장 둔화를 극복하고 넷플릭스의 디지털 시장 잠식에 대응하기 위한 돌파구였다. TV · 케이블 · 영화에서 충분한 팬덤을 확보하지 못하면 결국 캐릭터 상품과 디즈니랜드 사업도 부진할 수밖에 없기 때문에 디즈니에는 반전이 절실했던 것이다.

폭스를 품에 안은 디즈니는 기존 훌루 외에도 디즈니플러스, ESPN플러스 등 자체 브랜드를 시장에 내놓으며 OTT에 올인했고, 그 결과는 대성공이었다. 디즈니플러스 출시 직후에는 미국 통신사의 양대 산맥 중 하나인 버라이즌Verizon과의 제휴(무제한 요금제 가입자에게 디즈니플러스 제공), 테마파크 회원들에 프로모션을 진행하는 등 적극적인 가입자 모집을 시도했고, 디즈니, 마블, 픽사, 스타워즈 등 디즈니플러스에서만 만나볼 수 있는 독점 콘텐츠에 전 연령에 걸친 팬덤은 즉각 반응했다.

디즈니플러스가 가입자 1억 명을 모으는 데 걸린 시간은 불과 15개월로, 넷플릭스가 9년에 걸쳐 이룬 업적을 비교도 안 되게 짧은 시간 안에 달성해냈다.

이에 따라 디즈니의 팬들을 입덕시키고 유지하는 '본진' 기능은 이제 디즈니플러스가 수행하게 됐다. 본래는 영화관과 방송 채널이 디즈니 IP의 홍보 창구였는데, 코로나19가 산업 변화를 자극한 탓에 OTT가 그 자리를 꿰찬 것이다. 디즈니는 잘 만들어진 하나의 IP를 수차례 재포장해 영화, TV 네트워크, 테마파크, 라이선스 상품, 게임에 이르기까지 다양한 방식으로 수익화하기 때문에 IP의 긴 여정이 시작되는 출발점으로서 본진의 역할이 실로 중요하다.

즉, 거대 예산이 투입된 마블 영화를 극장에서 관람하며 디즈니의 팬이 된 고객들이 이제 OTT 구독을 통해 콘텐츠를 일상적으로 경험할 수 있게 되면서 디즈니 IP와의 친밀도가 더욱 높아질 것으로 보인다. 디즈니랜드에 방문하거나 라이선스 상품을 구매하는 패턴 역시 강화될 가능성이 높다. 팬들을 OTT에 오래 붙잡아 두기 위해 디즈니는 〈완다비전〉, 〈팔콘과 윈터 솔저The Falcon and The Winter Soldier〉 등을 디즈니플

넷플릭스와 디즈니 계열 OTT의 가입자 수 변화

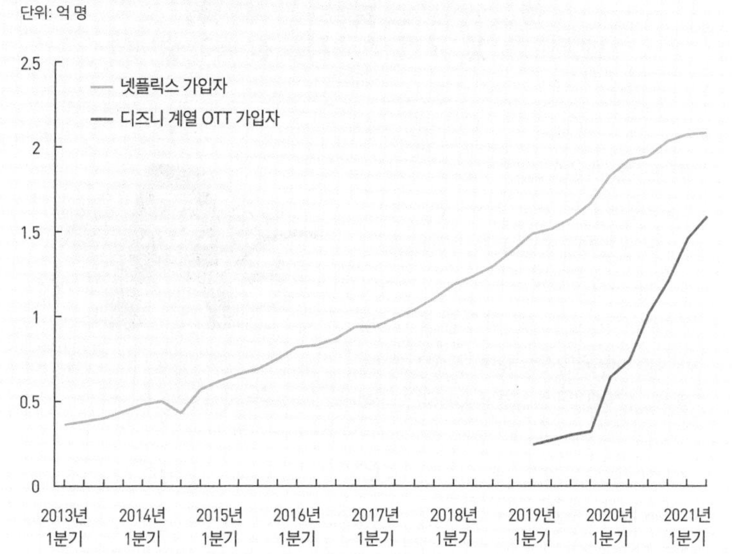

출처: 넷플릭스, 디즈니

러스에 공개하며 MCU 페이즈 4의 시작을 알렸다.

지난 2년간 OTT가 보여준 놀라운 성과에 힘입어 디즈니는 2024년까지 연간 콘텐츠 투자를 140~160억 달러(약 16조 8,000억~19조 2,000억 원) 수준으로 늘린다는 계획이며 이 중 절반 이상이 디즈니플러스에 쓰일 것이다. 마블, 스타워즈 등 5개 브랜드에서만 매년 100개 이상의 신규 타이틀이 제작되는 만큼, 이와 함께 ABC, 폭스, 서치라이트 픽처스Searchlight Pictures(독립·예술영화를 제작·배급하는 디즈니의 자회사) 등의 성인 대상 콘텐츠와 지역별로 소싱될 로컬 콘텐츠가 스타 브랜드를 통해 서비스되면서, 1위 탈환의 목표가 점점 가시화될 전망이다.

몸값 높아지는 할리우드 배우들, 인센티브를 챙기려면 계약서를 잘 써야 합니다

출처: 디즈니

2021년 7월 개봉한 〈블랙위도우Black Widow〉는 오랜만에 나온 마블 영화로 코로나19로 인해 극장 관람에 목말라했던 관객들을 만족시키며 호평을 받았다. 그런데 이 영화의 주연 배우 스칼릿 조핸슨이, '레드룸(MCU에 등장하는 비밀기관으로, 소녀들을 데려와 암살자로 육성하는 곳)'이 아닌 현실 법정에서 디즈니와 싸우고 있다는 사실을 알고 있는가?

조핸슨은 〈블랙위도우〉 스트리밍 출시에 대해 디즈니를 상대로 소송을 제기했다. 주연 배우로서 받게 될 개런티가 박스오피스 성과에 연동되는데, 월트디즈니가 배우의 동의 없이 영화를 스트리밍으로 동시 개봉하면서 문제가 불거진 것이다. 개봉 1주일 만에 총 수익 2억 달러 이상(박스오피스 1억 6,000만 달러, 디즈니플러스 6,000만 달러)을 올리며 흥행에 일찍이 성공한 것은 다행이지만, 배우 입장에서는 극장 수익 기반의 출연료 및 인센티브에 타격이 생겼으니 충분히 문제를 제기할 만하다. 이에 대해 월트디즈니 측은 디즈니플러스의 개봉 수익인 2,000만 달러를 조핸슨에게 지급했다고 밝혔는데, OTT 동시 개봉으로 인한 그녀의 인센티브 감소는 5,000만 달러에 달한다는 추정도 있다. 팬데믹으로 영화 산업 생태계가 크게 전환됐음을 할리우드 톱 배우가 모를 리는 없겠지만, 문제는 OTT 공개에 관한 사항이 명시되지 않은 계약을 이미 해버린 것이다. 통상 주연 배우의 작품 계약 시점이 개봉 3년 전인 것을 고려하면, 코로나19라는 질병 자체를 탓할 수밖에 없는 일이다.

다행히 조핸슨과 디즈니는 최근 이 문제에 관해 합의하는 데 성공한 모양이다. 소송까지 가지 않고 매듭을 지은 듯하며, 향후 차기 작품을 통해 협업도 지속한다고 밝혔다. 하지만 할리우드의 메이저 스튜디오인 디즈니와 워너는 영화 배급과 자체 OTT를 모두 소유하고 있으므로 앞으로도 배우와 배급사의 이해 관계가 상충되는 일이 벌어질 가능성이 높다. 2021년 11월 현재 〈샹치와 텐 링즈의 전설Shang-Chi and the Legend of the Ten Rings〉, 〈이터널스〉가 개봉했고, 앞으로도 〈스파이더맨: 노 웨이 홈〉 등의 또 다른 MCU 영화 개봉이 예정돼 있다. 유니버스 내에 과연 인센티브 타격을 피하는 '초능력자'는 존재할까?

다큐를 품은 미드 본좌 HBO의 추격

〈프렌즈〉, 〈섹스 앤 더 시티〉, 〈왕좌의 게임〉, 〈소프라노스〉 등 믿고 보는 대작 드라마와 시트콤 시리즈를 제작한 HBO도 OTT 전쟁에 합류했다. 1972년 설립된 케이블 방송 HBO를 기반으로, 2020년 5월 비로소 신입 OTT인 HBO맥스가 출범한 것이다. '미드 본좌', '대작 장인'이라는 별칭이 말해주듯 고퀄리티의 대작을 무기로 콘텐츠 헤비 유저를 주타깃으로 한다. 서비스에는 극장 동시 개봉 영화들도 포함되는데, 그에 걸맞게 월 14.99달러 요금제로 업계에서 이용료가 가장 높다. 연간 20편 이상의 오리지널 시리즈를 공개할 예정이며 이 중에는 〈왕좌의 게임〉의 프리퀄인 〈하우스 오브 더 드래곤House of the Dragon〉, 〈프렌즈 리유니언Friends: The Reunion〉, 〈가십걸 리부트Gossip girl Reboot〉 등 흥행 IP의 재구성 프로젝트도 포함돼 있다.

HBO맥스는 서비스 출시 1년 만에 벌써 드라마 명가다운 존재감을 드러내고 있다. 2021년 2분기 기준 6,700만 가입자를 모으며 시장에 안착했는데, 이는 출시 당시 기대치보다 6개월 이상 빠른 셈이다. 미국 내 가입자 점유율은 1년 만에 3%에서 12%로 껑충 뛰었고, 핵심인 콘텐츠 강점이 부각되면서 고객들의 평가도 긍정적이다. 미국에 이어 글로벌 시장 진출도 분위기가 좋다. 6월 말 진출한 라틴아메리카 지역에서의 성과가 예상보다 긍정적이어서 연말 예정이었던 유럽과 아시아 출시 계획이 2022년으로 미뤄질 정도다. 작품 전반에 압도적인 퀄리티가 보장된 만큼, 프리미엄 포지셔닝으로 신시장 공략에 나서면서 HBO만의 영역을 구축하는 듯 보인다.

화려한 데뷔에 감복한 워너미디어(HBO의 모회사)는 2022년에만 HBO맥스 독점 영화 10편을 제작한다는 계획과 함께 앞으로 모든 텐트폴 영화tentpole movie(영화사의 한 해 현금 흐름의 지지대 역할을 하는 핵심적인 상업 영화)를 극장과 HBO맥스에 동시 개봉한다는 입장을 밝혀 OTT에 적극 힘을 실어줄 듯하다. 또한, 2021년 5월 워너미디어-디스커버리의 합병을 통해 주 종목인 대작 드라마에 더해 고퀄리티 논픽션까지 무기로 장착하면서 경쟁력을 확보했다. 콘텐츠의 다양성과 질적인 측면에서 선두권(넷플릭스와 디즈니)을 향한 추격이 기대된다.

우리는 앞서 OTT 플랫폼에서의 제작 규모가 기존 TV 시장에서보다 커질 수밖에 없음을 짚었는데, 후발 OTT들은 이를 위해 몸집 불리기를 택한 듯이 보인다. 2019년 디즈니의 폭스 인수 결정은 아마존의 MGM 인수(IP 확보)와 워너미디어-디스커버리 합병(멀티 OTT 라인업)에 영향을 주면서 공룡들의 무기 장착도 완성된 단계다. 이를 지켜보는 선두 주자 넷플릭스의 대응이 더욱더 궁금해진다.

이젠 온라인 쇼핑과 게임도 해야만 하는 넷플릭스

경쟁자들의 추격을 바라보는 넷플릭스는 마음이 급해졌다. 팬데믹이 글로벌 이용자들의 가입 시점을 앞당기면서 2020년 상반기에는 코로나19의 수혜를 크게 봤지만, 이후 1년 동안은 가입자 성장 속도가 뚝 떨어졌기 때문이다. 올가을 〈오징어 게임〉의 효과로 성장세가 일부 회복됐지만, 대체 서비스가 다수 등장하면서 신작 공개가 지연된 영향도 크게 받았고, 경쟁사와 달리 구독료만이 유일한 매출원이라는 약점도 드러난 상황이다. 디즈니를 비롯한 전통 미디어들은 스트리밍에 더욱 더 강하게 힘을 주면서 각 지역의 로컬 스트리밍 서비스로 반격을 준비하는 상황이라 넷플릭스가 성장에 대한 우려를 피해가기는 어려워 보인다.

혁신의 아이콘답게 대응책은 생각보다 이른 시점에 나왔다. 자체 MD숍인 'Netflix.shop'을 론칭한 것이다. 여기서는 우선 컬래버레이션을 통해 가능성을 확인한 〈기묘한 이야기〉와 〈위처〉, 〈뤼팽〉 등의 팬덤 성격이 짙은 상품의 판매가 먼저 시작됐고, 추후 오리지널 콘텐츠 IP를 기반으로 의류와 라이프스타일 제품을 한정 제작해 판매할 계획이다. 이어서 2021년 7월에는 2분기 실적 발표 컨퍼런스콜을 통해 게임 사업 진출도 공식화했다. 〈블랙미러: 밴더스내치Black Mirror: Bandersnatch〉와 같은 인터랙티브형 콘텐츠(시청자 선택에 따라 시나리오가 변화되는 콘텐츠)를 모바일 게임으로 출시한다는 것인데, 게임에 따로 추가 구독료가 붙지는 않는 걸 보면 팬덤 베이스를 늘리려는 시도로 보는 것이 적절하다. 과거 일렉트로닉 아츠EA의 모바일 부문과 페이스북 AR 콘텐츠 제작 경력을 통해 게임 기반으로 콘텐츠 확장을 경험한 마이크 버듀Mike Verdu가 사업을 총괄하는 점도 재밌는 포인트다.

그런데 단순히 기존 OTT 의존도를 낮추고 새로운 성장 동력을 마련하겠다는 해석만으로는 완전히 새로운 사업을 시도하는 넷플릭스의 접근을 받아들이기 어딘가 부족하다. 조금은 뜬금없어 보이는 넷플릭스의 신사업 진출은 어쩌면 넷플릭스가 가진 태생적인 한계를 극복하려는 새로운 도전이지 않을까?

넷플릭스의 첫 번째 한계점은 밸류체인이 짧다는 것이다. 오로지 구독료 과금을 통해서만 매출이 발생하는 100% 스트리밍 구조기 때문에 구독 모델만 고집한다면 투자 규모와 콘텐츠 구상에 제약이 있을 수밖에 없다. 참고로 디즈니의 D2C 매출은 전사의 30% 미만인데, 디즈니는 OTT를 기반으로 IP 인지도를 만들고 테마파크와 라이선스 상품을 통해 폭넓은 밸류체인에서 기대 수익을 최대화하고 있어 향후 투자 규모가 커질 여지가 다분하다.

이렇게 보면 넷플릭스의 MD숍 론칭은 더욱 다양한 방식으로 팬들의 소비를 자극해 밸류체인의 한계를 극복하려는 시도일 수 있다. 구독 경험을 해치지 않으면서 MD 커머스 모델을 안착시킨다면, 디즈니가 오프라인 영화관과 디즈니랜드를 통해 구축한 체계를 OTT와 MD숍을 통해 온라인 환경에서 부분적으로나마 재창조할 가능성이 있다. 실제로 우리는 〈오징어 게임〉 히트 직후부터 관련 MD 상품(추리닝, 달고나 키트 등)이 아마존을 통해 높은 가격에 판매되는 현상을 지켜봤다. 개인 판매자들에게 기회를 빼앗길까 염려한 넷플릭스는 황급히 공식 굿즈를 론칭해 숍에서 판매에 나섰다.

넷플릭스의 두 번째 한계점은 프랜차이즈 IP가 전통 미디어에 비해 약하다는 것이다. 콘텐츠 제작 역사가 짧은 만큼 디즈니나 워너에 비해서는 IP 자체의 영향력 및 제작력이 열세다. 따라서 똑같이 오리지널 시리즈로 경쟁한다면 지금과 같은 넷플릭스의 우위가 오랫동안 지속된다는 보장이 없다. 구독자의 시간 점유가 최우선 과제인 미디어 기업에는 치명적일 수 있는 한계다.

이때, 넷플릭스의 게임 진출은 시간 점유 경쟁의 범위를 '영상 콘

출처: netflix.shop

넷플릭스는 콘텐츠 IP를 기반으로 한 굿즈를 판매하는 온라인 숍을 통해 수익 모델 다변화에 나서고 있다.

텐츠'에서 '종합 엔터테인먼트 콘텐츠'로 확장시킨다. 굳이 열세인 콘텐츠 영역에 경쟁을 국한하지 않겠다는 발상으로 넷플릭스의 상대적 불리함을 해소할 수 있는 묘안이다. 만일 이 접근이 성공한다면 후발 경쟁 미디어 기업에 새로운 투자 니즈를 자극하면서 또다시 게임-드라마 연계 장르의 선구자적 위치를 얻어낼 수도 있다. 장기간 축적된 콘텐츠 노하우를 가진 전통 미디어와 넷플릭스가 같은 규칙으로 경쟁한다면 필시 넷플릭스에 불리할 수밖에 없겠지만 넷플릭스는 OTT 시장에 선제 진출함으로써 시간적 여유를 확보했다. 따라서 넷플릭스의 신사업은 '골든타임' 동안 한계점을 극복하려는 노력으로 볼 수 있다.

늘 후발 주자의 추격을 걱정해야 하는 넷플릭스의 운명이 언뜻 기구해 보이기도 하지만, 콘텐츠와 밸류체인의 한계는 역설적으로 과거 넷플릭스의 혁신을 가능케 만든 원동력이었다. 레거시 미디어에 비해 잃을 것이 없었기에 오히려 더욱 과감히 스트리밍에 올인할 수 있었고, 자체 콘텐츠가 없었기 때문에 외주 오리지널 제작에 전력을 기울일 수 있었다. 지금의 모바일 게임 진출과 온라인 쇼핑 론칭도 선구자의 습관이 깃든 재빠른 의사 결정으로 지켜볼 일이다.

다만 온라인 쇼핑도, 게임도 서비스의 성패를 확인까지는 시간이 소요된다. 그때까지는 기존 스트리밍의 성장세 자극을 위한 조치들이 병행돼야 한다. 이를 위해서 이용료를 인상할 수도 있고, 반대로 지역별 요금제를 다변화해 평균 가격을 낮춰 가입자 순증을 자극할 수도 있다. 또한, 가족이 아닌 계정들의 동시 접속을 금지하는 방법으로 가입자 유인의 고삐를 조일 수도 있을 것이다.

가성비 한드, 슈퍼 조커 스포츠,
다큐와 BL까지, 점점 더 딥해지는 콘텐츠

OTT, '오픈빨'은 결국 콘텐츠 경쟁으로 귀결된다

2020년 미국의 스트리밍 판은 '오픈빨'이 만연했다. 기존 상위권 강자들의 점유율이 낮아지고 이 자리를 신생 서비스들이 차지했다. 미국 내 4강(넷플릭스, 아마존, 디즈니, 훌루)의 점유율 하락 폭은 무려 -18%p에 달했다. 반면 추격자인 HBO는 3%에서 12%(+9%p), 피콕은 0%에서 5%(+5%p)로 기존 4강의 점유율을 상당 부분 빼앗아 왔다. 이 밖에도 ESPN플러스가 3%에서 4%(+1%p), 파라마운트플러스가 2%에서 3%(+1%p)로 지위를 높였다.

오픈빨에 이어 2021년 대세는 콘텐츠 수급이다. 1년이면 끝나는 프로모션을 서비스의 경쟁력으로 내세울 수는 없기 때문에 다양한 콘텐츠를 통한 장기 경쟁력 확보가 핵심이다. 다큐, 라이프스타일 콘텐츠를 등에 업고 새로운 대륙으로 확장하는 워너, 별도의 브랜드로 성인용 드라마를 늘리는 디즈니, 거액의 판권을 사 모으는 아마존의 물량 공세를 시작으로, 다양한 OTT들이 한국의 드라마와 인기 스포츠 중계권 등 고정 팬이 있는 콘텐츠를 찾아 나서고 있다. 그뿐만 아니라 지식, 다큐, BL까지 자신만의 강점을 내세운 특화 OTT도 서서히 출현하는 모습이다.

미국은 OTT 종주국이며 다양한 OTT 서비스를 일상적으로 이용하는 세계 최대 규모의 시장이다. 이렇다 보니 미국은 글로벌 OTT 업계의 미래를 보여주는 선행 지표 역할을 한다. 과거 넷플릭스발 코드커팅Cord-Cutting(유료 방송 케이블 시청자가 가입을 해지하고 새로운 플랫폼으로 이동하는 것)이 심상치 않다는 것도, 디즈니플러스가 예상보다 더욱더 빠른 성장세를 보인다는 것도 모두 미국에서 가장 먼저 감지됐다. 따라서 지금 미국에서 벌어지는 콘텐츠 수급 경쟁은 머지않아 글로벌 흐름으로 확대될 것임을 염두에 둘 필요가 있다.

콘텐츠 수급에 집중하는 OTT, 그 속에 빛을 발하는 한드

배우 전지현은 〈엽기적인 그녀〉, 〈별에서 온 그대〉로 한류의 발전사를 함께해온 산증인이다. 그녀는 2021년 7월 공개된 〈킹덤: 아신전〉을 통해 복귀하면서 한동안 잠잠하던 K-콘텐츠의 저력을 다시 보여줬다. 2021년 10월 말부터 방송 채널 tvN과 OTT 티빙, 아이치이爱奇艺(중국의

OTT)에서 방영 중인 〈지리산〉까지 고려하면 20년 넘게 한국 드라마(이하 한드)의 건재함을 보여주는 그야말로 대배우다.

공개 이틀만에 넷플릭스 내 가장 많이 소비된 콘텐츠 랭킹 2위까지 오르면서 세계적인 관심을 끈 〈킹덤: 아신전〉은, 오리지널 드라마 〈킹덤〉 시즌 2 막바지에 아주 잠깐 등장한 수수께끼의 인물을 다룬 스핀오프 영화다. 기존 시리즈에서 서사가 연결되고 특정 캐릭터의 설정에 개연성을 더해주는 기능과 세계적인 흥행몰이에 성공했다는 결과로 미뤄 보면 이를 마블 유니버스의 솔로 무비에 빗대는 일이 결코 무리는 아닌 듯하다.

체감적으로는 〈킹덤: 아신전〉 이전까지 한국 콘텐츠의 흥행이 2020년에 비해 약했던 것 같지만, 올해 2021년에는 전 세계 모든 콘텐츠 제작이 지연됐음을 고려해야 한다. 상대적인 위치를 따져보면 한드는 여전히 넷플릭스 흥행의 10% 이상을 책임지는 효자다. 특히 아시아 지역에

넷플릭스 TOP 50 흥행 콘텐츠의 국가별 비중

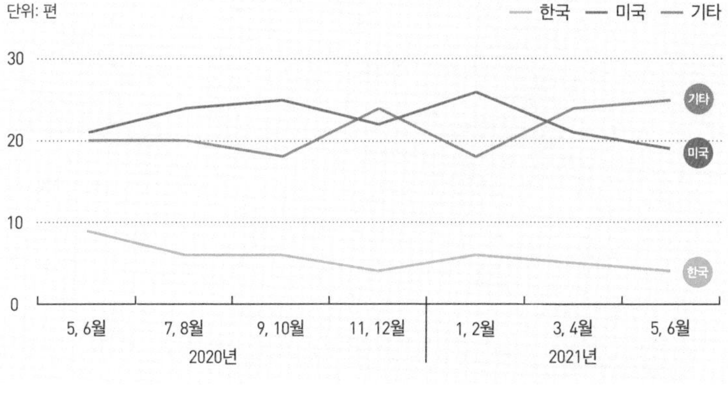

출처: 플릭스 패트롤

서는 공개되기만 하면 상위권을 우르르 차지하는 모습이 그대로다. 전례 없는 팬데믹으로 전체 콘텐츠 공급이 줄었을 뿐 한국 콘텐츠의 위상이 약해진 것은 아니다.

디즈니플러스와 HBO맥스를 필두로
다양한 OTT가 글로벌 진출에 고삐를 당기는 상황에서
가성비 좋은 '효자' 한드에 이전보다
더욱 열렬한 러브콜이 쏟아질 가능성이 높다.

회당 제작비가 150억 원에 달하는 〈더 크라운〉을 비롯해서, 〈기묘한 이야기〉(140억 원), 〈위처〉(120억 원) 등의 대작뿐 아니라 평범한 작품도 회당 50억 원 이상의 제작비 투입이 당연시되는 미드와 비교하면, 지난 5년간 상당한 상승이 있었음에도 여전히 〈킹덤〉 20억 원, 〈스위트 홈〉 30억 원, 〈알고 있지만〉 10억 원, 〈슬기로운 의사생활〉 10억 원, 〈오징어 게임〉 22억 원 등 히트 시리즈 제작비는 너무나 저렴하다.

한드는 투자 관점에서의 금전적인 효용뿐 아니라 퀄리티 측면에서도 충분히 인정받고 있다. 취향이 까탈스럽기도 하지만 높은 안목을 갖춘 시청자를 보유한 덕분에 과거 로맨스나 막장 드라마에 치우쳤던 한드는 이제 설득력과 개연성 없는 전개가 허락되지 않는 수준에 올랐다. 전체적인 틀에서 할리우드 문법을 따르면서도 고유의 지역색을 살린 소재와 소품, 연출을 통해 완전히 니치하지도, 그렇다고 너무 진부하지도 않은 한드만의 특징을 확립했다.

작년까지 한국의 드라마 제작사를 아껴준 것은 넷플릭스뿐이었다.

출처: 넷플릭스

한국 콘텐츠의 위상이 높아지면서 글로벌 OTT 업체의 러브콜이 이어지고 있다. 글로벌 흥행이 어느 정도 보장되는 한국 시리즈물은 '가성비'까지 좋은 편이다.

●●● **한국 드라마의 글로벌 인지도**

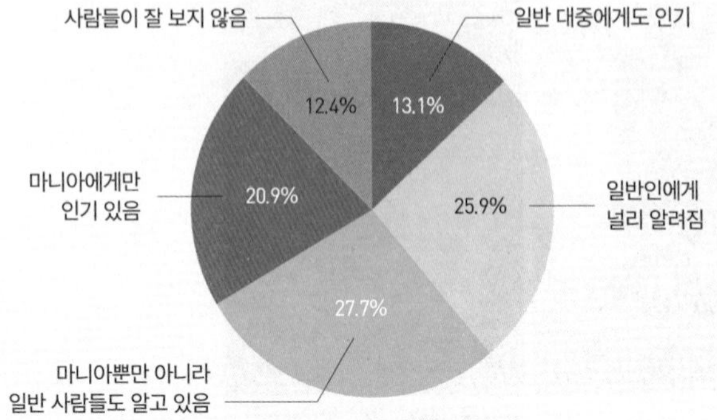

출처: Statista

대표급 제작사들을 다른 OTT에 빼앗길까 우려해 2020년 초 스튜디오 드래곤, JTBC스튜디오와 3년간의 공급 계약으로 파트너십을 더욱 공고히 했다. 그런데 2021년부터는 한국의 드라마 제작사 파트너가 더욱 다양해지고 있다. 디즈니는 국내 콘텐츠 제작사 NEW로부터 5년간 오리지널 시리즈를 공급받기로 결정했고, 안정적인 콘텐츠 수급을 위해 다른 제작사와의 파트너십을 추가할 가능성도 높다. 2021년 11월 국내에 디즈니플러스를 출시하면서, 이에 앞서 '될성부를 나무'들에 먼저 영역 표시를 해놓은 것이다.

개별 작품의 공급 사례는 더욱더 많다. 웬만한 텐트폴은 당연히 판매되는 넷플릭스 외에도 OTT가 줄을 섰다. 디즈니는 2022년 방영 예정인 〈무빙〉(조인성, 한효주 주연)에 한드 사상 최대 규모의 제작비(총 500억 원)를 투입하는 한편, 캠퍼스 드라마인 〈너와 나의 경찰 수업〉(강다니엘 주연)을 통해 비교적 가벼운 장르도 시도할 예정이다. 애플TV플러스는 첫 오리지널 드라마 시리즈로 김지운 감독의 〈Dr.브레인〉(이선균 주연)을 공개했다. 에이스토리가 제작한 〈지리산〉(전지현 주연)은 tvN과 티빙, 아이치이에 동시 방영 중이며, VIU(홍콩 기반 OTT)는 최근 삼화네트웍스가 제작한 드라마 〈지금, 헤어지는 중입니다〉(송혜교 주연)의 10년 방영 계약을 체결했다. 국내 정상급으로 분류되는 스튜디오드래곤과 JTBC스튜디오 외에 중소 제작사에도 글로벌 판권 판매의 기회가 늘어나고 있는 것이다.

OTT 러브콜 속에 한드가 가야 할 길

넷플릭스는 최근 구조 조정을 통해 전 세계 통합 오리지널 프로덕션의 수장을 면하고 지역별 프로덕션 팀에 집중하겠다는 결정을 내렸다. 전 세계를 아우를 수 있지만 그만큼 '비싼' 미국 작품보다 고유의 지역색을 숨기지 않고 드러내는 로컬 작품에 힘을 싣겠다는 복안이다. 물론, 〈오징어 게임〉의 성과 또한 로컬 프로덕션에 집중하면서 얻어낸 결과로 볼 수 있겠다. 넷플릭스뿐만 아니라 여러 후발 주자들 또한 이를 뒤따르고 있어 한드는 이제 다양한 글로벌 OTT들이 가장 먼저 손잡고 싶은 대상으로 변모하고 있다.

그러나 러브콜 속에는 위험 요소도 있다. 과거와는 다르게 OTT 플랫폼들이 슬슬 제작에도 관여하는 점은 특히 부담스럽다. 최근 드라마 관계자들은 넷플릭스가 〈킹덤〉, 〈스위트 홈〉으로 대표되는 K-좀비 혹은 장르물 기획서만 집중 검토하는 현상을 전하며 우려를 표했다. 이는 '프리미엄 B급'이라는 명칭으로 분류되곤 하는데, 기존의 로맨스 장르에서 탈피해 글로벌 시장에서 통용되는 공포, 좀비, 액션 장르를 한드의 새로운 정체성으로 부여하려는 시도로 볼 수 있다. 해당 장르를 통해 과거 글로벌 가입자 증가를 경험했기 때문에 가능성 높은 시도만을 계속 반복하려는 것이다. 비용 대비 '퀄리티'가 좋은 것보다는 '가입자 유입'이 많은 것을 선호하는 OTT의 입장이 이해는 되지만, 여기에 무작정 순응하다가는 자칫 오리지널 한드 작품들의 개성이 획일화될 수 있으므로 주의가 필요하다.

한편 정반대 케이스인 일본의 사례를 반면교사 삼을 필요도 있다. 일본 드라마는 특유의 니치함과 '덕후스러움' 덕분에 강한 개성과 높은 완성도를 보여주지만 더 넓은 지역에 소구할 만한 시장성은 다소 부족한 게 사실이다. 이 때문에 많은 웰메이드 드라마들이 OTT의 선택을 받지 못하고 사장됐으며 한국과 대만 드라마에 기회를 넘겨줬다. 더이상 일본에서 넷플릭스 오리지널 드라마 발주를 찾아보기 힘든 점을 참고한다면 OTT의 요구 사항을 무작정 들어주는 것도, 이를 완전히 외면하는 것도 위험해 보인다.

결국 지금까지보다 다양한 OTT들이 한드와 손잡을 가능성이 높은 만큼, 우리 드라마의 특색을 지키면서 OTT 사업자들의 요구도 만족시키는 '줄타기'가 필요한 시기다. 장르적 다양성을 지켜내며 시간을 벌 수 있다면 여러 OTT가 보다 다양한 시장을 열어줄 가능성이 높기 때문에, 넷플릭스의 요구에 맞춘 '기승전 좀비'를 양산할 필요는 없다.

과거에도 한드는 지상파에서 종편, 그리고 넷플릭스로 주도권이 이동하는 과정에서 정통 로맨스(비범한 남성과 평범한 여성의 사랑), 타임

슬립(도깨비, 시그널 등 시공간 이동 설정), 판타지(호텔 델루나, 사이코지만 괜찮아, 눈이 부시게 등의 설정), 좀비/호러(킹덤) 등의 소재를 적절히 섞는 새로운 문법을 창조하며 적응한 경험이 있다. 태국과 대만의 로맨스 드라마가 과거 한드의 어법을 차용하며 추격해오고, 1위 OTT가 검증된 특정 장르만 고집하는 어려움이 있지만, 한드 특유의 감성과 여러 장르를 적절히 병합하는 역량을 바탕으로 드라마의 수준을 또 한 단계 진화시킬 때 글로벌 시장과 작품성을 모두 잡아낼 수 있지 않을까? 다행히 최근 공개된 〈무브 투 헤븐〉(아스퍼거 증후군), 〈인간수업〉(10대의 범죄), 〈보건교사 안은영〉(초능력), 〈D.P.〉(군대 문화) 등의 시리즈에 심취해 보면, 다양한 주제에 대한 실험과 창의적 표현력이 건재한 한드에 대해 상당한 자신감이 생긴다.

스포츠, 지식, 다큐까지, '힘숨찐' 니치 콘텐츠들도 기회가 있다

다큐, 생활 등 논픽션 장르의 디즈니로 불리는 디스커버리의 자체 OTT인 디스커버리플러스 론칭 성과가 좋다. 이를 통해 드라마와 영화만이 능사가 아니란 사실도 환기되고 있다. 그도 그럴 것이 미디어 업계의 주 무대인 북미 시장에서는 가구당 평균 3개 이상의 OTT를 사용한다. 5년 전 평균 1.6개에 비해 약 2배가 늘어난 것이다. 모든 서비스가 같은 콘텐츠를 제공하는 것은 아니다 보니, 시청자들이 보고 싶은 콘텐츠를 찾아 OTT들을 유목하기도 하고, 갈아타는 귀찮음을 피해 여러 서비스를 함께 쓰는 현상이 상당히 보편화됐다.

일반적으로 북미 가구의 OTT 구독은 대중적 경쟁력이 있는 서비스(넷플릭스, 디즈니, 아마존 계열의 OTT) 2개와 개인 취향을 반영한 서비스 1개로 구성되는 경우가 많다. 이런 모습이 확인됐기에 모두가 디즈니나 넷플릭스처럼 1위를 노릴 필요는 없다. 대중성이 조금 떨어지더라도 확고한 팬층을 보유했거나, 특정 장르에서만큼은 막강한 경쟁력을 가진 니치 서비스들에도 기회가 있다. '힘을 숨긴' 장르는 스포츠, 다큐, 라이프스타일 등 생각보다 다양하다.

스포츠는 충성심 높은 열성 팬들이 많아 OTT들이 내세우는 대표

국내외 OTT들의 스포츠 중계권 확보

쿠팡플레이	EPL 토트넘 경기, 남자 축구 대표팀 월드컵 예선, 2021 코파 아메리카 등
티빙	유로 2020, 독일 분데스리가, 올림픽 남자 축구 대표팀 경기 등
웨이브	프로야구, 2019 프리미어 12, 남자 축구 대표팀 평가전 등
시즌	프로야구, 프로축구, 남자 축구 대표팀 평가전 등
프라임 비디오 (아마존)	NFL, EPL, PGA, NBA League Pass, ATP 월드투어, 스포츠 다큐 등
ESPN플러스	UFC, MLB, NFL, NHL, PGA, 스페인 라리가, 독일 분데스리가 US오픈, 호주오픈, 스포츠 다큐 등
피콕	2020 도쿄 올림픽, NFL, EPL, NHL, MLB, WWE 등

출처: 각 사

적인 엣지다. 디즈니의 ESPN플러스는 UFC, PGA 투어, NBA, NFL과 테니스 그랜드슬램 등 인기 종목 중계권을 보유했다. ESPN플러스의 미국 내 점유율은 대략 4%로 스포츠 경기에 '장르 몰빵'인 점을 고려하면 절대 적지 않은 수치다. NBC유니버설의 OTT인 피콕은 2020 도쿄 올림픽 중계와 WWE 프로레슬링을 서비스하면서 불과 3개월 만에 1,000만 명이 넘는 신규 고객을 모았다. 연말부터는 중계권 부자 스카이스포츠와 제휴를 통해 유럽 지역에도 서비스를 개시할 예정이다. 뒤늦은 출발로 갈 길이 멀었지만 스포츠가 추격의 발판이 된 것이다. 이에 뒤질세라 아마존도 연간 1조 원을 들여 NFL 미식축구 목요일 경기와 EPL(영국), 리그앙Ligue 1(프랑스) 축구, US오픈 테니스 등 대형 이벤트의 독점 중계권을 따냈다.

국내 OTT들에도 스포츠는 가입자를 확보할 수 있는 전략적 수단이다. 티빙은 2021년 7월, 유로 2020의 51경기 중 20경기와 테니스 프랑스 오픈을 온라인 독점 생중계하며 단기간에 젊은 남성 가입자를 늘렸다. 당시 2030 남성의 비중은 전체 이용자의 16%로 한 달 만에 약 2%p가 증가했다. 쿠팡은 EPL 토트넘 홋스퍼 경기, 국제배구연맹 여자 네이션스 리그, 월드컵 아시아 예선, 2021 코파 아메리카(남미 축구 선수권 대회) 등을 중계했다. 전체 가구의 90% 이상을 시청자로 확보한 방송사만 중계권을 가진다는 '보편적 시청권'에 가로막혀 결국 실패로 끝나긴 했지만 2020 도쿄 올림픽 단독 중계도 추진했던 바 있다. 이번 일을 계기로 많은 관심이 쏠리는 스포츠 이벤트일수록 어느 플랫폼에서든 자유로운 접근이 가능해야 한다는 목소리도 나오고 있어 참고할 만하다.

출처: 쿠팡

영국의 프리미어 리그, 스페인의 라리가 등 글로벌 축구 경기를 볼 수 있는 쿠팡플레이. 쿠팡플레이의 김성한 총괄 디렉터는 "쿠팡 멤버십(쿠팡 로켓 와우) 회원들이 어디서나 편리하게 라이브로 스포츠 경기를 시청할 수 있도록 쿠팡플레이에 실시간 중계 서비스를 추가하게 됐다"라고 말했다.

한편 스포츠 외에 떠오르는 장르로는 애니메이션, 다큐멘터리 등이 눈여겨 볼만 하다. 글로벌 단위로는 요리, 모터스포츠, 골프, 여성 등 '리얼 라이프'에 가까운 관심사를 다루는 디스커버리플러스가 대표적이다. 디스커버리플러스는 높은 이용료에도 불구하고 출시 후 반년 만에 2,000만 명의 가입자를 모았고 해외 진출도 속도가 빠르다. 푸드 네트워크, 동물/야생 다큐 등 실생활을 주제로 다루기에 각 지역 먹거리, 오락 거리를 다루는 로컬 오리지널 제작이 필수다. 2022년 중 한국에 출시될 예정이며 JTBC와 주요 콘텐츠를 공동 제작한다.

국내에는 리디북스에서 서비스하는 '라프텔'이 있다. 애니메이션에 특화돼 있고, 만화와 웹툰, 라이트노벨을 함께 제공하는 서브컬처 중심의 서비스다. 각종 IPTV 앱과 웨이브 등에도 애니메이션이 서비스되고 있지만, 라프텔에서는 애니플러스, 애니맥스 등 국내 방송사가 제공하는 애니메이션을 전부 감상할 수 있어 편리하다. 한편, 아직 드라마와 영화 라인업이 빈약한 쿠팡플레이도 향후 특화 장르에 강한 서비스로 포지셔닝될 가능성이 있다. 현재 콘텐츠 메뉴는 라이브 스트리밍, TV, 스포츠, 교육으로 분류되는데, 이는 경쟁 OTT들이 주력으로 다루지 않는 장르다. 단순 엔터테인먼트로는 국내에서 티빙과 웨이브에 열세이기 때문에 경쟁이 덜한 쪽으로 선회가 가능하리라는 생각이다. 참고로 최근의 투자는 스포츠 중계와 코미디 프로그램 〈SNL 코리아〉, 김수현 주연의 드라마 〈어느 날〉 등으로 그 분야가 혼재돼 있다.

니치의 연장선에는 BL('Boy's Love'의 약자로, 남성 캐릭터와 남성 캐릭터 간의 사랑을 다루는 창작 장르)과 같은 매니악한 것들도 있다. 자칫 외설스럽다고 볼 수 있지만, 금기가 아닌 자연스러운 팬 문화로 인식하는 10대들이 많아지고 있으며 일부에서는 K-팝의 서사 또한 유사 BL의 연장선에 있다고 보기도 한다. 최근 〈컬러 러쉬〉, 〈피치 오브 타임〉 등의 드라마가 제작돼 동남아를 중심으로 방영 중이다. BL 웹툰이 소수의 충성도 높은 고객을 대상으로 호실적을 거듭하고 있으며, 여기에 특화된 글로벌 플랫폼들이 최근 급성장하는 사례를 참고한다면 MZ세대를 타깃으로 한 새로운 OTT 장르의 출현 가능성도 짐작해볼 수 있다.

이처럼 드라마와 영화 중심의 엔터테인먼트에 이어서 스포츠, 다큐멘터리 등 다른 장르의 공급 기능이 OTT에 붙는 트렌드는 날로 강해지고 있다. OTT도 어느덧 10년 차에 접어들면서 세분화된 이용자들의 콘텐츠 취향이 서비스에 반영되는 것이다. 다만 대규모 가입자를 보유한 서비스가 다양성을 위해 스포츠 및 특화 콘텐츠를 포털처럼 제공하는 방식과(넷플릭스, 아마존, 피콕) 각 장르에 특화된 OTT가 마니아층을 중심으로 서서히 확장하는 방식(ESPN플러스, 디스커버리플러스) 중 대세는 아직 정해지지 않았다. 그러나 멀티 OTT 구독이 보편화되는 상황에서 시청자들이 굳이 포털형과 니치형 중 하나만 고를 필요는 없다. 어느 쪽이 대세가 되든 다양한 볼거리를 그저 즐기면 된다.

외산 OTT 침공 vs. 토종 OTT의 글로벌 진출

글로벌 OTT는 반드시 한국을 지난다

'Made in USA' 서비스들이 한국으로 몰려오기 시작한다. 다수의 OTT가 미국에서 론칭 이후 다음 수순인 글로벌 진출을 추진하는 가운데, 유럽과 남미에 이어 아시아로 확장하는 계획을 내놓고 있다. 많은 가입자를 통한 재원 확보가 대작 콘텐츠 제작으로 이어지고 이러한 연결 고리가 선순환할 때 OTT의 수익성이 극대화되기 때문에, 인구가 가장 많은 아시아 지역에 대한 확장 시도는 필연적이다. 특히 한국은 5,000만 명의 인구 자체만으로도 작지 않지만 그 배후에 7억 명에 달하는 동남아시아가 있어 결코 지나쳐갈 수 없는 시장이다.

마침 후발 서비스 중 대표 격인 애플TV플러스와 디즈니플러스가 2021년 11월 한국에 진출했다. 뒤따라 HBO맥스가 2022년 중에 서비스를 출시할 가능성이 있다. OTT 최대 격전지가 될 한국에서 외산 OTT는 어떤 서비스를 선보일지, 국내의 토종 OTT들은 이들과 어떻게 겨룰 것인지, 더 나아가 해외 진출에 대해 무엇을 준비할지에 대한 관심이 필요하다.

디즈니플러스는 시작일 뿐

드디어 디즈니플러스가 한국에 상륙했다. 밥 차펙Bob Chapek CEO는 2021년 8월 실적 콘퍼런스에서 한국, 대만, 홍콩 등 8개 시장에 진출하겠다고 밝혔고, 이에 따라 11월 12일부터 본격적으로 서비스를 개시했다. 넷플릭스와 달리 망 사용료 분쟁의 소지를 사전에 없앴고(콘텐츠 전송 네트워크 업체 활용), 해외 계정의 콘텐츠에 한글 자막을 지원하기 시작했으며, 국내 통신사 파트너십도 가시화되면서 기대감이 고조되던 차였다. 인터넷 커뮤니티에서 디즈니 로고가 박힌 LG유플러스 TV 리모콘 사진이 유출돼 화제가 될 정도였다.

디즈니플러스의 장점은 말이 필요 없는 독보적인 콘텐츠와 저렴한 가격이다. 디즈니, 픽사, 마블, 스타워즈, 내셔널지오그래픽 등 방대한 IP를 기반으로 〈겨울왕국〉, 〈어벤져스〉, 〈스타워즈〉 등 시리즈물 8,000편, 오리지널 드라마 30편, 최신 영화 100편과 함께 400편 이상의 외부 작품(판권 보유)을 경험할 수 있다. 극장 동시 개봉작은 추가 요금 지불 시 이용이 가능한데 이미 미국에서는 〈뮬란〉, 〈블랙위도우〉

(각 29.9달러)와 〈소울〉(무료)이 성공적으로 공개된 바 있다. 참고로 에피소드 전체를 한 번에 업로드하는 넷플릭스와 달리 디즈니플러스 시리즈는 주 1회 공개되기 때문에 '빈지와칭('콘텐츠 몰아보기'라는 뜻으로 빈지뷰잉이라고도 함)' 대신 매주 최신 에피소드를 기다리는 아날로그스러운 경험을 다시 하게 될 예정이다. 이용료는 월 9,900원(연간 9만 9,000원)이며 동시에 4명까지 접속할 수 있다. 한국 넷플릭스의 베이식 요금제(월 9,500원)와 비슷한 수준인데, 동시 접속 인원수에서 더욱 가격 경쟁력이 있다. (넷플릭스 베이식: 월 9,500원/동시 접속 1명, 스탠더드: 월 1만 3,500원/동시 접속 2명, 프리미엄: 월 1만 7,000원/동시 접속 4명) 미국에서도 디즈니는 번들 12.99달러, 디즈니플러스 단일 7.99달러로 넷플릭스의 프리미엄 요금제(15.99달러)보다 저렴하다. 참고로 인도에서 운영하는 디즈니플러스 핫스타Hotstar 모바일 요금제의 경우 무려 1년에 한화 8,000원 수준의 파격적인 가격인 만큼 디즈니는 팬덤을 모으기 위해 지역별로 탄력적인 가격을 적용하고 있다.

보나 마나 디즈니플러스는 이른 시일 내에 넷플릭스와 토종 OTT 서비스의 강력한 경쟁자가 될 것이다. 국내에서 역대 최고로 흥행한 외화 20편 중 9편을 디즈니가 차지할 정도로 한국인의 디즈니 사랑이 깊은 점을 고려한다면 디즈니플러스의 성공 가능성은 상당히 높아 보인다. 이미 디즈니는 2021년 여름부터 한국 OTT와 IPTV에 콘텐츠 공급을 중단하면서 본격적인 승부를 준비했다. 7년이나 유지해왔던 넷플릭스향 콘텐츠 공급을 2019년부터 끊으면서 자사의 막강한 IP를 철저히 배타적으로 공개한 점이 디즈니플러스의 가장 큰 성공 요인으로 평가받는데, 한국에서도 이와 똑같은 접근방식을 선택한 것이다.

HBO, 애플, 아마존도 "한국으로~!"

디즈니 외에도 줄줄이 한국 시장 진출을 넘보는 OTT들이 많다. 출시 후 1년간 깜짝 성장을 보여준 HBO맥스는 2022년 하반기 중 한국에 론칭할 가능성이 높다. 콘텐츠 플랫폼들은 미국, 남미, 유럽, 아시아 순서로 서비스를 확장하는 경우가 많은데, HBO맥스는 올여름 진출한 남미 가입자가 예상보다 빠르게 성장하는 상황이라 당분간 여기에 집중한다는 전략이다. 이를 위해서 기존 계획된 유럽 진출 시점도 2022년으로 미룬 상태라 아시아는 그다음 차례가 될 것이다. 디즈니에서 핫스타 브랜드의 동남아/인도 출시를 맡았던 인사를 최근 HBO맥스가 스카우트한 것을 보면 아시아 시장에 대한 의지는 디즈니 못지않게 강해 보인다. 2025년 가입자 목표치로 지금의 두 배 수준인 1억 5,000만 명을 제시했는데, 이는 아시아 고객 없이는 달성이 어려운 숫자다.

주요 콘텐츠로 우리에게 유명한 〈프렌즈〉, 〈빅뱅 이론〉 등의 시트콤과 〈왕좌의 게임〉, 〈체르노빌〉 등 대작 드라마, 그리고 방대한 워너브라더스의 영화들이 있으며 특히 〈매트릭스 4〉를 비롯한 차기 영화 대부분이 극장과 OTT에서 동시 개봉하기에 헤비 유저들에게는 반드시 구독해야 하는 필수 OTT가 될 것이다. 다만 신작 영화까지 무료인 탓(?)에 이용료는 타사 대비 20% 이상 높다. 전체 서비스를 정식 출시하기 전까지 한국에서는 웨이브를 통해 HBO 작품 중 일부를 만나볼 수 있다. 파트너십 계약을 통해 2021년 7월부터 1년간 약 500여 편을 공급하기 때문이다(계약이 종료된 후에는 직접 진출한다는 생각이 아닐까?).

한편 애플TV플러스는 북미에서도 OTT '4강'에 밀리면서 현재는 그 존재감이 약한 상태다. 무료 프로모션 이용자 비중이 너무 높고, 콘텐츠가 빈약해서 이탈률이 높은 것으로 보인다. 그럼에도 불구하고 애플TV플러스는 지난 11월 4일 SK텔레콤과 제휴를 통해 국내에 정식 출시됐다. 이는 당초 예상보다 이른 데다가 경쟁사인 디즈니플러스 출시보다도 8일이나 앞선 것으로, OTT 경쟁에서 쉽게 물러서지 않겠다는 애플의 입장이 드러난다. '썰'은 많았지만 성과가 없었던 K-콘텐츠 소싱 관련 내용도 공식 출시와 함께 어느 정도 구체화됐다. 동명의 웹툰 원작인 오리지널 드라마 〈Dr. 브레인〉(김지운 감독, 이선균 주연)이 출시와 함께 공개됐으며, 소설을 원작으로 한 드라마 〈파친코〉(이민호 주연)도 제작 중이라고 알려졌다. 얼마 전 한국 영화등급위원회 심의를 거쳤던 〈고스트 라이터〉, 〈더 모닝 쇼〉 등의 기존 애플 오리지널 작품도 공개 목록에 포함됐다. 국내 이용료는 월 6,500원이며 다른 지역과 마찬가지로 경쟁사보다 저렴하다.

아마존의 프라임 비디오는 직접 진출보다 제휴를 통해 한국에 올 가능성이 높다. 앞서 쿠팡과 네이버의 시장 선점에 밀린 아마존은 전면전 대신 11번가 제휴를 통한 직구 서비스로 한국에 진입했다. 이렇게 된 이상 전자상거래 강화를 위해 만든 OTT를 한국에 직접 서비스할 유인이 작기 때문에, 11번가 앱에 OTT를 결합하거나 IPTV를 통한 콘텐츠 공급을 택할 것이다. 다만 이 경우 SK텔레콤이 대주주인 웨이브와의 이해관계 충돌 여지가 있어 고려할 변수들이 많은 게 사실이다.

사실 글로벌 OTT가 한국 시장에 진출할 경우 숨은 수혜자는 바로 국내의 통신사들이다. 특히 LG유플러스는 2018년 넷플릭스와의 협업

디즈니플러스			
국내 론칭	2021년 11월 12일	월 구독료	9,900원
특징	• 디즈니, 마블, 픽사 등의 인기 시리즈물과 독보적인 IP의 배타적 공급으로 인한 콘텐츠 경쟁력 • 저렴한 구독료		
대표작	〈겨울왕국〉, 〈어벤져스〉, 〈스타워즈〉		
HBO맥스			
국내 론칭	미정	월 구독료	14.99달러
특징	• 고퀄리티의 대작 드라마와 워너 브라더스의 영화 보유 • 타사 대비 비싼 구독료		
대표작	〈프렌즈〉, 〈빅뱅 이론〉, 〈왕좌의 게임〉		
애플TV플러스			
국내 론칭	2021년 11월 4일	월 구독료	6,500원
특징	• 애플 제품 프로모션을 통해 자사 고객 락인 • 저렴한 구독료 • 콘텐츠 경쟁력 부족		
대표작	〈더 모닝 쇼〉, 〈시See〉, 〈디 엘리펀트 퀸The Elephant Queen〉		
아마존 프라임 비디오			
국내 론칭	미정	월 구독료	5.99달러
특징	• 아마존 멤버십 대상 무료 제공 • 넷플릭스 이어 미국 2위 점유(구독자 1억 5,000만 명) • 〈007〉 시리즈와 〈매드맥스〉로 유명한 MGM 스튜디오 인수		
대표작	〈엑스 파일〉, 〈매드맨〉, 〈반지의 제왕〉(드라마)		

에 이어 또다시 디즈니와의 파트너십을 끌어냈다. 당시 넷플릭스 효과로 인해 그동안 정체됐던 IPTV 가입자 수가 2년간 20%나 증가한 걸 상기하면, '글로벌 OTT들의 진입 경로' 포지셔닝이 지속될 경우 계속해서 뜻밖의 후광 효과를 볼 수 있지 않을까?

굽히지 않고 맞서 싸우는 토종 OTT

글로벌 OTT 공습에 대비라도 하듯 토종 OTT 대표 주자인 티빙과 웨이브가 자체 제작력을 앞세워 드라마와 예능에서 오리지널 콘텐츠 제작을 급격히 늘리고 있다. 이에 따라 케이블과 지상파 TV가 아닌 곳에서도 다양한 장르의 화제작들이 인기를 끌고 있다. 웨이브 오리지널 드라마(SBS에서도 방영) 〈모범택시〉는 〈펜트하우스〉에 이어 2021년 상반기 시청 시간 2위를 기록했다. 티빙 오리지널 연애 예능 〈환승연애〉는 헤어진 커플들이 모여 동거하는 특이한 설정으로 흥행에 대성공했다. 영화 〈미드나이트〉, 〈샤크: 더 비기닝〉 등도 OTT를 통해 독점 공개하는 새로운 접근을 시도했다. 이러한 웰메이드 오리지널 콘텐츠 덕에 로컬 OTT들의 콘텐츠 경쟁력은 넷플릭스를 위협하거나, 최소한 넷플릭스와 공존하기 시작했다.

올 상반기, 한국 시청자들은 토종 OTT에 긍정적으로 반응했다. 넷플릭스 모바일 앱 월간 순 방문자 수MAU는 2021년 1월 역대 최고치인 895만 명을 달성했지만, 콘텐츠 가뭄이었던 6월에는 790만 명까지 줄었다. 〈오징어 게임〉 공개 이전까지만 해도 '요즘 넷플릭스에 볼 게 없다'는 말을 심심치 않게 주고받았던 기억이 있을 것이다. 반면 많은 로컬 콘텐츠와 프로모션을 앞세운 토종 OTT는 상승세가 꾸준했다. SK텔레콤과 지상파 3사의 합작으로 출범한 웨이브는 MAU 443만 명, CJ ENM과 네이버, JTBC가 연합한 티빙은 MAU 407만 명으로 모두 역사상 최고치를 찍고 있다. 한동안 콘텐츠 공백기를 겪다 신작 〈오징어 게임〉이 폭발적으로 흥행한 넷플릭스 역시 900만 MAU 달성에 성공했지만, 이와 별개로 국내 OTT들은 (콘텐츠와는 무관한) 상승 추세를 꾸준히 이어가며 OTT 판의 새로운 국면이 등장했음을 알리고 있다.

수년간 넷플릭스에 시청자를 빼앗긴 지상파와 케이블 방송사가 이제는 스스로 만든 OTT를 발판으로 이용자를 되찾아 오는 것이다. 2025년까지 CJ ENM은 5조 원(OTT, 방송, 영화 합산), 웨이브는 OTT에만 1조 원을 투자한다고 밝힌 상황이라 직접 제작과 IP 제휴에 대규모 자금이 투입될 것이고, 그렇다면 경쟁의 강도도 더욱더 격화될 수밖에 없다. 여기에 쿠팡플레이까지 가세해 스포츠 중계와 오리지널 예능, 드라마를 속속 기획하고 있는데, 이는 북미 시장의 경쟁이 그대로 옮겨와 마치 작은 디즈니(티빙)와 HBO(웨이브), 아마존(쿠팡플레이)이 한국에서 싸우는 모습을 방불케 한다.

미국과 국산 OTT의 공통점은 또 있다. 지금 국산 OTT를 운영하는 CJ ENM과 JTBC, SBS 등 방송국은 과거에는 넷플릭스의 파트너였다. 방송 광고 시장의 감소로 어려움을 겪는 과정에서 3년 이상 넷플릭스에 콘텐츠 판매를 통해 부가 이익을 얻으며 광고 매출의 빈자리를 메꿔왔다. 그랬던 이들이 이제 '비매품'인 오리지널을 통해 자체 OTT를 성장시키는 모습인데, 이는 10년 전 미국에서 디즈니와 넷플릭스의 관계가 변해온 것과 결이 같다. 전통 미디어(디즈니, 워너)와 넷플릭스 또한 판권 유통을 위한 공생 관계에서(2010년대 중반), 주도권 싸움을 위한 콘텐츠 거래 중단(2010년대 후반), 자체 OTT 출시 통한 전면전(2020년 이후)을 거치며 동지에서 경쟁자가 됐다.

그렇다면 이들의 미래 경쟁 구도 또한 미국에서의 현재 모습이 힌트가 될 것이다. 디즈니와 HBO맥스는 1위 OTT 넷플릭스에 콘텐츠

●●● 넷플릭스와 국내 OTT의 월간 순 이용자 수 추이

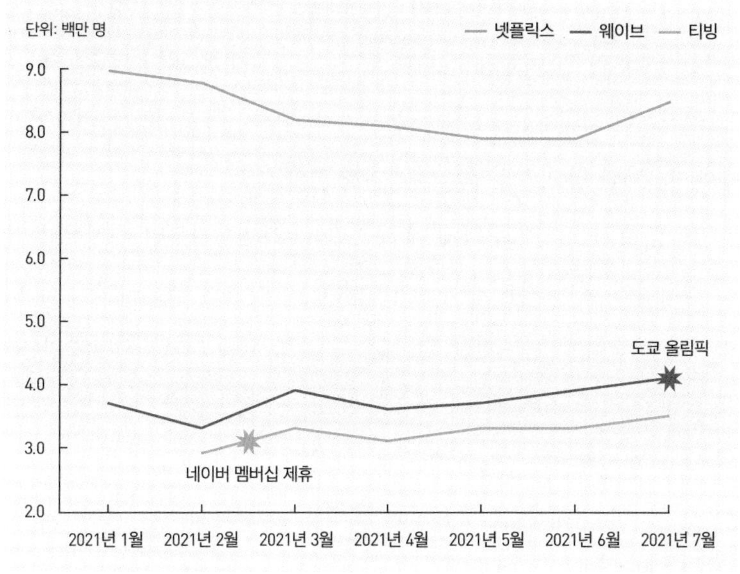

출처: 코리안클릭

공급을 끊으면서 단기적으로 수익이 일부 악화됐지만, 1년여의 시간 동안 자체 가입자를 충분히 모은 뒤 거센 반격을 시작했다. 비록 국내 OTT들이 완벽한 독립을 통해 외산 OTT에 콘텐츠 공급을 끊은 단계는 아직 아니지만, 거액의 콘텐츠 투자와 함께 독점 공개를 강조한다면 그 반격은 매서울 수 있다.

티빙: 믿고 보는 제작력과 글로벌 웹툰 IP의 시너지

티빙은 CJ ENM과 JTBC스튜디오가 합작해서 2021년 초 설립했고 이후 네이버가 추가 투자에 참여해 3자 연합으로 확장됐다. K-콘텐츠 투톱에 국민 포털까지 힘을 더하면서, 이제는 웹툰/웹소설 IP(네이버)를

기반으로 제작 역량(CJ와 JTBC)을 극대화할 발판이 마련된 상황이다. 가장 강력한 국산 OTT로 평가되는 티빙의 목표는 단연 한국 1위다. 3년간 4,000억 원 이상을 투자해 오리지널로 100여 편의 콘텐츠를 만들 예정이며 최근에는 2023년 국내 누적 가입자 목표치를 기존 500만 명에서 800만 명으로 상향 조정하기도 했다.

협업 효과는 벌써부터 눈에 보인다. 2021년 3월부터 네이버 플러스 멤버십에 티빙 기본 구독권이 추가됐고, 이용권 업그레이드 시 오리지널과 영화에도 무제한 접근할 수 있게 됐다. 회원 수 300만 명에 달하는 거대 멤버십과의 제휴로 2021년 2월 289만 명이었던 티빙의 MAU는 5월에는 334만 명으로 급증했다. 네이버 웹툰 IP를 활용한 오리지널 기대작으로 〈유미의 세포들〉을 선보였으며, 향후 〈방과 후 전쟁활동〉이 예정돼 있다. 당초 넷플릭스 편성 예정이었는데 티빙으로 선회한 것이라 상징적 의미가 있다. 한편 현재 2030 위주인 주 이용층을 다변화하고자 2021년 6~7월에는 유로 2020을 중계했고, 2021~2022 시즌 독일 분데스리가, 2022 카타르 월드컵 아시아 최종 예선 중계권도 확보했다. 2030 남성 시청자 비율이 유로 2020 이후 약 2%p 증가한 효과가 있었다. 다양한 시도가 효과를 보고 있어 '타도 넷플릭스'도 불가능은 아닌 듯 보인다.

웨이브: 전통 지상파가 막강한 자본력을 갖춘 통신사와 손잡다

웨이브는 2019년 옥수수(SK텔레콤)와 푹(지상파 3사)의 합작으로 출범했다. 자금력 있는 통신사가 지상파의 콘텐츠 제작 역량을 앞세워 글로벌 OTT에 대응하는 것이다. 웨이브에서는 국내 지상파 실시간 방송과

출처: 웨이브

최고 시청률 16.0%를 기록하며 2021년 상반기 웨이브 드라마 차트 전체 2위를 차지한 〈모범택시〉.

오리지널뿐 아니라 해외 드라마, 영화, 스포츠 등이 서비스된다. 최근에는 2025년까지 가입자 500만 명을 목표로 1조 원을 투자한다고 밝혀 티빙과의 투자 경쟁이 예상된다.

웨이브는 주로 지상파 방송 3사의 텐트폴 드라마에 투자(방송 채널과 OTT에 함께 공개)하는 한편 오리지널 제작도 병행한다. 경쟁사 티빙의 흥행작(미생, 도깨비, 비밀의 숲 등) 출신의 크리에이터를 자체 스튜디오에 영입한 점을 고려하면 향후에는 오리지널에 무게가 실릴 가능성이 크다. 2021년 상반기 중 화제를 모은 콘텐츠로는 〈러브씬넘버#〉, 〈모범택시〉(시청자 수 2위)가 있었고 하반기에는 〈이렇게 된 이상 청와대로 간다〉(김성령 주연), 〈트레이서〉(임시완 주연), 〈유 레이즈 미 업〉(윤시윤 주연) 등이 공개 예정이다. 웨이브도 티빙과 유사하게 스포츠를 적극적으로 활용한다. 2021년 7~8월에는 2020 도쿄 올림픽 생중계, 하이라이트를 비롯한 스포츠 예능과 다큐멘터리를 제공했다. 지난 수년간 움츠렸던 SBS의 콘텐츠 저력이 통신사라는 자금줄을 만나면서 다양한 장르에서 희망이 보이기 시작했다.

쿠팡플레이: 아시아의 프라임 비디오가 목표

쿠팡플레이는 싱가포르의 로컬 OTT 훅Hooq을 쿠팡이 인수해 이를 기반으로 2020년 12월에 출시한 OTT 플랫폼이다. 싱가포르의 1위 통신사 싱텔Singtel과 소니픽처스, 워너브라더스가 합작한 훅은 구독 지출에 인색한 현지 사정에 적자를 거듭하다가 재무가 악화된 상태였다.

쿠팡플레이 출시 목적은 본업인 커머스 경쟁력을 강화하려는 것으로 아마존 프라임 비디오와 전략이 같다. 기존 커머스 유저 유지와 신규 멤버십 확대의 방편으로 콘텐츠를 활용한다는 심산이다. '콘텐츠 올인'이 아니다 보니 종편 콘텐츠와 구작 영화 위주의 2,000여 편 라이브러리가 아직은 경쟁사에 비해 밋밋한 듯하다. 다만 최근에는 특색 있는 오리지널과 스포츠로 엣지를 살리려는 모습이다. 2020 도쿄 올림픽 독점 중계는 추진 중에 무산됐지만 시도만으로도 세간의 이목을 끌기에 충분했고, 신동엽이 제작 및 출연하는 예능 〈SNL 코리아〉를 2021년 9월 방영하기 시작했으며, 제작비 200억 원의 대작 〈어느 날〉(김수현, 차승원 주연)을 11월에 오리지널로 공개할 예정이다.

티빙과 웨이브에 비해 존재감이 약하지만,
쿠팡은 단기적 손해를 감수하고 **콘텐츠 시장 점유율**을
늘리는 전략을 여전히 고수하고 있다.

연초 **나스닥 상장**을 통해 콘텐츠 투자에 충분한 자금까지
마련했기 때문에 현재 수준 이상의 화력을 발휘할 가능성이 높다는 점에서
결코 배제해서는 안 될 **다크호스**임은 분명하다.

해외에서도 통할까

규모(이용자 수) 확대가 OTT의 성공 공식인 만큼 토종 OTT 대표 주자들도 해외로 가야만 한다. 티빙은 2021년 5월 전략 발표회를 통해 2022년 미국과 일본 등 주요국 중심으로 확장 계획을 밝혔고 네이버가 이를 위해 적극적으로 협력할 전망이다. 2023년까지 기업 공개를 자신하는 웨이브 또한 자금 조달을 통해 해외 진출을 시도할 가능성이 높다. 해외 진출의 필요성과 개별 서비스들의 의지가 확인되는 시점에서, 과연 국산 OTT가 해외에서 성공하려면 무엇이 필요할까?

그간 글로벌 OTT들을 관찰해보면 결국 성패를 좌우한 두 가지 변수는 바로 콘텐츠 투자를 위한 자금력과 제작 경쟁력이었다. 한국이 내세울 무기도 이 둘이 될 텐데, 아무래도 자금력 측면에서는 글로벌 OTT에 비해 열세를 피하기 힘들다. 이상적으로 가정해도 티빙과 웨이브의 합산 매출액은 연 1조 원 수준으로 예상되는데, 연간 콘텐츠 투자액만 15조 원에 달하는 넷플릭스와 격차가 상당하다. 다양한 외부 투자와 파트너십이 전제된다 해도 정면 승부는 사실상 어려운 것이다. 결국 K-콘텐츠의 제작 경쟁력과 이에 대한 충성도 높은 팬덤을 집중 타깃으로 공략해 이를 우리의 최대 무기로 삼아야 한다.

디즈니플러스는 콘텐츠 경쟁력을 기반으로 해외에서 플랫폼 안착에 성공한 케이스다. OTT에 본격적으로 집중하기로 한 2019년부터 타 플랫폼에 콘텐츠 공급을 철저히 배제하고, 오로지 독점 공개를 고집하며 해외 팬덤을 자사 플랫폼 가입자로 전환했다. 파워풀한 다수의 콘텐츠 IP와 그에 대한 팬덤이 전 세계에 퍼져 있었기에 가능했던 전략인데, 핵심은 디즈니에 가입하지 않으면 이걸 모두 볼 수 없다는 것이었다. 토종 OTT들이 플랫폼으로서 해외에 자리매김하고자 한다면 디즈니와 같은 자세를 취할 필요가 있다. K-콘텐츠를 즐기는 다양한 창구 중 하나가 아니라, 선택의 여지가 없는 유일한 창구로 포지셔닝해야만 팬덤을 흡수하면서 글로벌 시장의 다크호스가 될 수 있다.

다만 이를 당장 실행하기에는 다소 급진적인 측면이 있다. 국산 OTT의 주요 주주인 SBS, CJ ENM, JTBC는 계열 스튜디오의 드라마를 국내 방송과 OTT뿐 아니라 해외 로컬 방송국과 넷플릭스 등에도 판매하고 있기 때문이다. 물론, 이들 계열이 아닌 독립 제작사에도 외산 OTT들은 주요 고객이다. 즉, K-콘텐츠가 국산 OTT를 통해서만 유통되려면 제작사들이 상당 기간 외산 OTT로 향하는 판권 매출을 포기해야 하는데, 각 제작사의 주주 및 이해관계자들이 이러한 결정을 지지할 리 없다. 그나마 티빙은 CJ ENM이 확실한 경영권을 가졌고(지분 70%), 주요 제작사 스튜디오드래곤 또한 CJ ENM이 지배(지분 54%)하고 있어 콘텐츠 독점성을 강화하는 결정도 가능하다. 반면 웨이브는 복잡한 지배구조 속에서 기존 지상파 채널, 외산 OTT, 자체 서비스 어느 하나 포기하기가 쉽지 않다.

한편, 소니의 접근도 사례도 참고할 만하다. 소니는 글로벌 메이저 영화 제작사 중 유일하게 자체 스트리밍을 만들지 않았는데, 그 대신 자신들의 IP를 높은 가격에 판매하는 것에 집중하고 있다. 스트리밍 경쟁 참여는 늦었다는 판단하에, 자체 OTT가 없는 약점을 오히려 강점으로 만들고자 OTT들의 과다 출혈 경쟁으로부터 기회를 찾은 것이다. 실제로 소니는 넷플릭스, 디즈니 등을 가리지 않고 높은 가격을 제시

북미와 아시아의 넷플릭스 가입자 수 변화

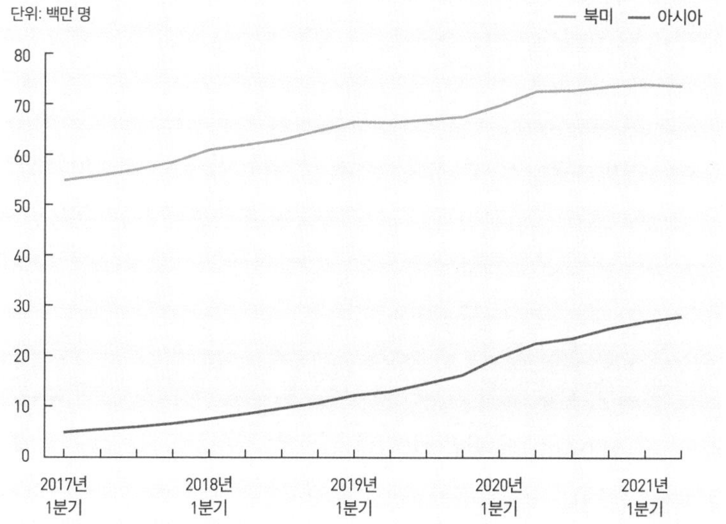

출처: 넷플릭스

동남아 지역의 콘텐츠 소비 시간 국가별 비중

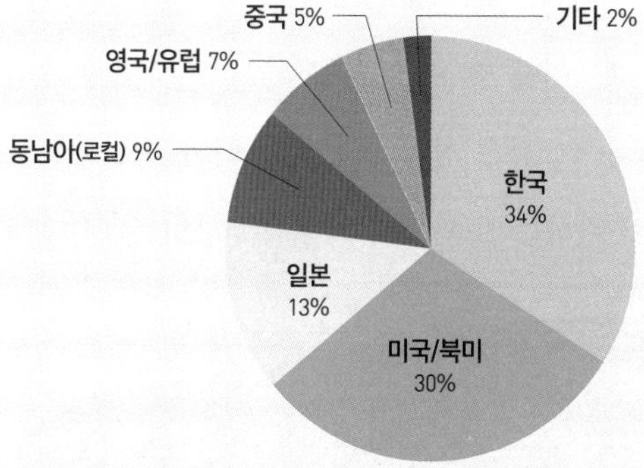

출처: Media Partners Asia

하는 상대와 판권 계약을 맺는 방법으로 고공 행진하며, 자신이 보유한 IP의 가치를 한껏 누리고 있다.

소니의 대응은 한국 업체들이 적용하기 어렵지 않다. 글로벌 플랫폼들의 땅따먹기 과정 속에서 K-콘텐츠 수요도 계속 이어질 가능성이 높으므로 IP 판권 가치는 자연히 오를 것이다. 이때, 다양한 외산 OTT에 K-콘텐츠를 공급하면서 우리 제작력을 홍보하는 한편, 충분한 예산을 확보해 콘텐츠의 퀄리티를 한 단계 더 올릴 수 있다. 실제로 넷플릭스는 지난 몇 년간 충분한 제작비와 독립성을 보장해주면서 한드 레벨업에 일부 도움을 줬다. 박서준, 마동석 등의 배우가 〈더 마블스The Marvels〉, 〈이터널스〉와 같은 MCU에 합류하게 되면서 디즈니 프로젝트 레벨로 성장하는 데도 기여한 바가 없지 않다.

위의 내용을 종합해볼 때, 국산 OTT들은 단기적으로는 소니, 장기적으로는 디즈니의 사례를 참고할 필요가 있다. 우선 자체 스튜디오를 통해 판권 가격 상승을 누리면서 동시에 K-콘텐츠를 무기로 해외 시장에서 주도권을 가져갈 준비를 하는 것이 현실적인 대응이다. 넷플릭스는 K-콘텐츠를 본격적으로 확보한 2017년부터 아시아 가입자가 폭발적으로 성장했는데, 이를 잘 알고 있는 외산 OTT들은 분명 유사한 접근을 해올 것이다. 이 같은 상황에서 취할 이득은 취하면서 해외에서 장기 반격까지 준비하는 토종 OTT의 유연한 모습을 기대해본다.

OTT 대전에서 승부를 결정지을
'콘텐츠'라는 칼자루는 결국 우리가 쥐고 있다.

CHAPTER

3

SNS.

뉴비의 춘추전국시대

기어이 오프라인까지 흡수한 유튜브

K-유튜브 이코노미

앱 분석 서비스 와이즈앱의 조사에 따르면 대한민국 전 세대(만 10세 이상)를 합쳐 가장 오랜 시간 사용한 앱 1위는 단연 유튜브였다. 2021년 4월 한 달 동안 유튜브의 총 사용 시간은 680억 분으로 2위를 차지한 카카오톡(292억 분)의 2배가 넘으니 그 위상을 짐작할 수 있다.

한편 코리안클릭의 자료에 따르면 2019년부터 2021년까지 최근 3년간 유튜브 순 이용자 수는 700만 명 정도가 증가했다고 한다. 인구 5,000만 명의 좁은 한국 땅에서 2019년에 MAU 3,000만 명을 넘나들며 이보다 더 사용할 사람이 있을까 싶던 유튜브 이용자가 팬데믹을 지나면서 또 늘어난 것이다. 그저 놀라울 따름이다.

••• 한국인이 가장 오래 사용하는 앱

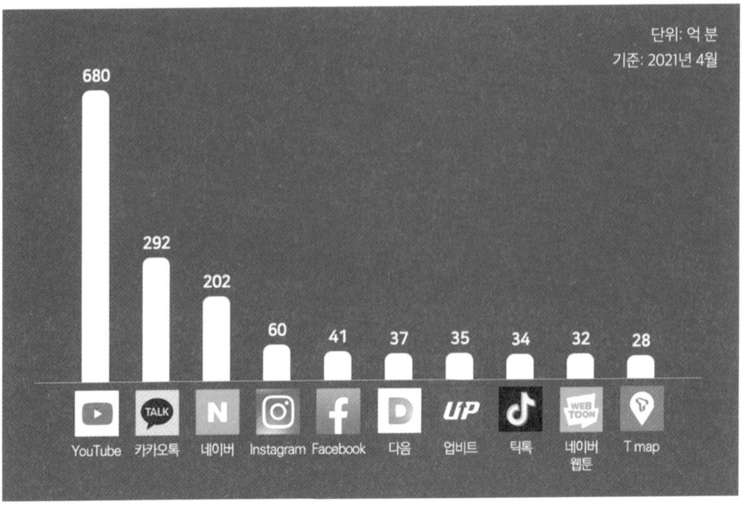

출처: 와이즈앱

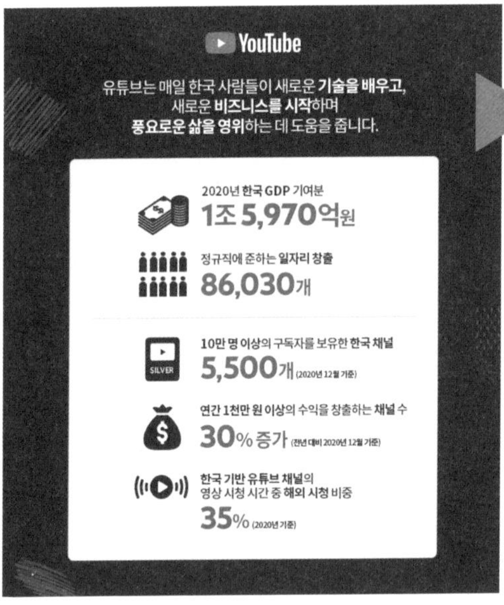

출처: YouTube Impact Report

〈유튜브 임팩트 리포트〉는 유튜브가 한국 경제에 상당 부분 기여하고 있다고 말한다.

이와 같은 한국인의 뜨거운 유튜브 사랑은 'K-유튜브 이코노미'를 만들어냈다. 영국의 경제 분석 업체 옥스퍼드 이코노믹스는 〈한국의 기회를 위한 플랫폼: 한국 내 유튜브의 경제적·사회적·문화적 영향력 평가〉 보고서를 통해 지난해 유튜브가 한국의 국내 총생산에 기여한 금액이 약 1조 5,970억 원에 이른다고 밝혔다. 이 같은 경제 효과는 크리에이터 설문조사와 지출, 수입, 세금 등 공식 통계를 바탕으로 추산됐는데, 여기에는 광고와 로열티 등 유튜브에서 크리에이터에게 흘러가는 직접적 수익, 크리에이터가 콘텐츠 제작 과정에서 필요한 제품 및 서비스를 구매하는 간접적 경제 효과, 크리에이터가 제품을 홍보해 실제 매출이 증가하는 '오프 플랫폼' 상의 유도적 영향 등이 포함됐다. 이뿐 아니라 유튜브를 기반으로 정규직에 준하는 일자리 8만 6,030개가 창출됐다고 분석했다. 이 밖에 중소기업의 성장, 콘텐츠 수출, 평생학습 플랫폼 등에도 일정 부분 기여했다고 평가했는데, 한마디로 유튜브가 한국의 경제성장에 한몫 톡톡히 하고 있다는 이야기다. 이 보고서에 따르면 2020년 12월 기준 10만 명 이상 구독자를 보유하고 있는 한국 채널은 5,500개였고, 유튜브를 통해 연간 1,000만 원 이상의 수익을 창출하는 채널 수는 전년 대비 30% 증가했다. 이는 자신의 창의성과 재능을 바탕으로 직업적 목표를 이루고 경제적 혜택을 누리는 크리에이터들이 더욱더 많아지고 있음을 시사한다. 그야말로 대한민국은 과거에도 지금도 '유튜브 시대'인 것이다.

유튜브, 유대감을 형성하는 물리적인 공간이 되다

"팬데믹으로 인해 우리는 불안했고, 외로웠다. 그래서 우리는 유튜브를 찾았다."

코로나19로 인한 팬데믹은 우리 삶에 많은 변화를 가져왔지만, 서로 연결되고 소통하려는 인간의 기본적인 욕구는 사라지지 않았다. 우리에겐 그 어느 때보다 '유대감'이 절실히 필요했다. 이러한 상황 속에 유튜브는 유대감을 형성하는 하나의 '장소'가 돼, 물리적 공간에서 만날 수 없게 된 우리를 끈끈하게 연결해주는 역할을 했다.

유튜브를 물리적 장소로 변모시킨 1등 공신은 '실시간 스트리밍'이다. 지난 2020년 12월 31일, 수십 년 동안 전 국민과 새해맞이를 함께 했던 제야의 종 타종 행사가 처음으로 비대면으로 진행됐다. 실제 공간에 모이지 못한 사람들은 유튜브에 모여 실시간 스트리밍에 참여하면서 채팅 창에 소원을 빌기도 하고 서로에게 덕담을 건네기도 하며 따로 또 같이 새해를 맞이했다. 이 실시간 스트리밍은 최대 1만 7,000명의 동시 접속자 수와 총 40만 회 이상의 조회 수를 기록했다. 이처럼 실시간 스트리밍은 언택트 시대에 엄청난 규모의 관중을 결집시키는 행사를 가능하게 했다.

실시간 스트리밍이 물리적 공간을 대신했던 사례 중 가장 와닿는 사례는 바로 결혼식이다. 사회적 거리두기로 인해 결혼식에 하객을 부르기 어려워진 예비부부들은 실시간 스트리밍을 통해 결혼식을 생중계했다. 유튜브가 결혼식장으로 바뀐 것이다. 구글의 글로벌 크리에이티브 디렉터인 페이링호Pei Ling Ho 역시 2021년 6월에 진행된 글로벌

CMS Contents Marketing Summit에서 '라이브 스트리밍 결혼식'을 유튜브의 중요한 트렌드로 강조했다. 유튜브로 결혼식을 진행한 사람 중 수십만 명의 구독자를 가진 크리에이터도 있었는데, 구독자들은 마치 친한 친구나 가족이 결혼하는 것처럼 진심 어린 축하 메시지를 전하며 '슈퍼챗Super chat'으로 축의금을 보내기도 했다. 참고로 슈퍼챗은 유튜브 시청자가 채널을 후원할 수 있는 시스템으로 아프리카TV의 별풍선과 유사하다고 생각하면 된다. 금액에 따라 메시지창의 색깔이 달라지며, 보낼 수 있는 메시지의 길이, 채팅 창 최상단에 노출되는 시간 등이 결정된다.

실시간 스트리밍은 함께 공부하는 독서실이 돼주기도 했다. 전작 《콘텐츠가 전부다 2》에서는 앞으로 나를 발전시킬 수 있는 콘텐츠가 트렌드로 자리 잡을 것으로 예측하며 'DIY Develop In Youtube 콘텐츠 시대'가 시작됐다고 말했다. 그 예시로 '#studywithme' 콘텐츠에 대해 말했는데, 2021년에 SNS는 나를 발전시키는 것을 넘어 유대감을 느끼는 하나의 장소로서 #studywithme에 동참했다. 팬데믹으로 인해 학교에 가지 못하고 집에서 혼자 공부하게 된 이들은 #studywithme 실시간 스트리밍을 틀고 소통하며 함께 공부했다. 이는 비단 한국만이 아니라 전 세계적인 트렌드로 자리 잡았다는 점에서 더욱더 흥미롭다. 온라인 독서실에서 모인 이들은 함께 공부하며 외로움을 달래고 시간표에 맞춰 공부하는 습관을 들였다. #studywithme 실시간 스트리밍의 경우 지난 1년 동안 전체 조회 수 9,500만 회를 기록했는데 이는 전년 대비 160% 이상 증가한 수치다.

이 연장선에서 '로파이(Lo-Fi)' 실시간 스트리밍이 전 세계적으로

출처: 로파이 걸 유튜브 채널

마음을 차분하게 해주는
로파이 걸의 음악 라이브 스트리밍.

유행하는 현상 역시 설명할 수 있다. 로파이는 로 피델리티Low fidelity의 약자로 말 그대로 낮은 선명성, 즉 저음질을 의미한다. 이것이 마치 백색소음과도 같아 로파이 실시간 스트리밍은 공부나 업무 활동에 집중하거나 휴식을 취하는 사람들에게 애용되며 그들이 모이는 공간이 됐다. 사람들은 이곳에서 댓글 창을 통해 생산성을 중심으로 한 의사소통을 하고, 각자의 정체성과 일, 그리고 서로가 처한 현실에 대해 공감하며 유대감을 쌓아갔다. 유튜브 채널 '로파이 걸Lofi Girl'의 실시간 스트리밍 조회 수는 수백만 회에 달하며, 일상생활에서 로파이 걸과 함께 하는 사람들이 늘어나면서 해당 채널은 집중이 필요한 전 세계 사람들에게 상징적인 존재가 됐다. 많은 이들이 불안을 경험하고 있는 이때, 로파이 실시간 스트리밍 콘텐츠는 이런 불안을 완화할 수 있는 심리 치료제가 돼주며 많은 사랑을 받고 있다.

실시간 스트리밍을 통한 유대감 형성의 가장 좋은 예시는 BTS가 전 세계 아미를 한곳에 모았던 '버터' 애니메이션이다. 2021년 4월 26일, BTS 공식 유튜브 채널 'BANGTANTV'에 ASMR 사운드와 함께 버터가 서서히 녹는 영상의 실시간 라이브가 시작됐다. "이게 뭘까?"

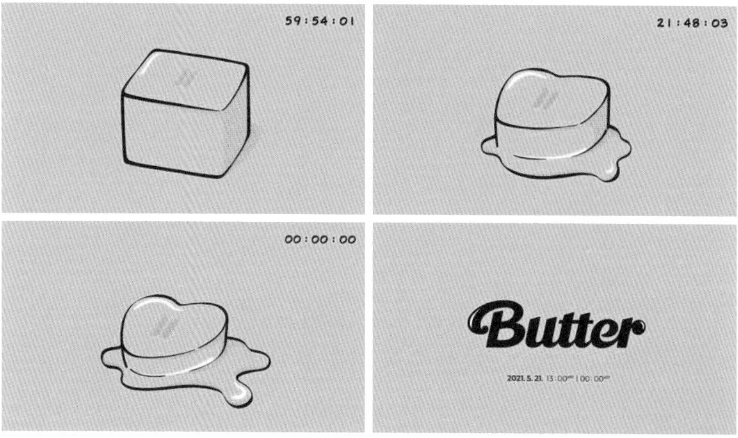

출처: BANGTANV 유튜브 채널

BTS의 등장없이 애니메이션과 ASMR만으로도 큰 화제를 모았던
BTS '버터' 로고 트레일러.

하는 수수께끼를 풀기 위해 한국 아미, 미국 아미, 베트남 아미 등 전 세계 아미들이 실시간 스트리밍에 모이기 시작했고, 댓글 창으로 각자가 추측한 의견들을 공유했다(영상은 신곡 '버터'의 홍보 이벤트였다). 전 세계 팬들과 소통하는 새로운 방식을 보여준 이 사례는 유튜브에서 직접 공개한 〈컬처 앤 트렌드 리포트〉에서 여러 번 언급될 정도로 유튜브 전문가들에게도 깊은 인상을 남겼다.

BTS가 등장하지 않았음에도 불구하고 이 실시간 스트리밍은 최대 96만여 명의 동시 접속자 수를 기록했고 총 1,800만 회 이상 조회 수를 기록했다.

더 진실하고 깊은 관계로 나아가는 유튜브 트렌드

우리는 진정성 있게 자신을 드러내는 사람에게 깊은 유대감을 느낀다. 유튜브는 언제나 진정성을 중요하게 여겼는데, 최근 시대적인 흐름과 함께 진정성은 보다 더 중요한 요소가 됐다. 이에 발맞춰 연예인들은 앞다퉈 자신의 유튜브 채널을 개설하고 팬들에게 진솔한 이야기를 들려줬다. 가장 화제가 된 사례 중 하나는 채널을 개설한 지 5일 만에 100만 구독자를 달성한 가수 겸 예능인 김종국이다. 김종국은 유튜브를 개설하고 평소 사람들이 그에게 궁금해했던 운동에 관련된 이야기를 솔직하게 공유했다. 운동에 있어 김종국은 항상 진심이었고, 구독자들은 그 모습을 보며 그와 한 발짝 더 가까워짐을 느꼈다. 그렇게 그는 골드 버튼(유튜브는 구독자 10만 명 이상의 채널에 실버 버튼을, 100만 명 이상에 골드 버튼을, 1,000만 명 이상에 다이아 버튼을 수여함)을 손에 넣었다.

진정성 있게 자신을 드러내는 또 다른 대표적인 콘텐츠로는 브이로그가 있는데, 다양한 주제의 브이로그 중에서 요즘 인기를 끌고 있는 것은 다름 아닌 '출산 브이로그'다. 2021년 기준, 제목에 출산 브이로그가 포함된 영상의 조회 수는 전년 대비 무려 250%나 증가했다. 해당 콘텐츠들은 진정성에 더해 개인적인 영역까지 공개하면서 시청자와 가깝게 소통하고 유대감을 만들어나가고 있는 것이다.

자신을 드러내 시청자들에게 친밀감을 주는 것을 넘어, 일부 크리에이터들은 콘텐츠를 시청자와 함께 만들어 가며 유대감을 형성한다. 대표적으로 60만 구독자를 보유한 유튜버 '과나Gwana'가 구독자들의 댓글만으로 노래를 작사 작곡해 부른 〈그거 아세요〉라는 콘텐츠가 화제였다. 영상을 보면 '말도 안 되는 가사인데 왜 이렇게 뭉클하지?'라는 의아함이 드는데, 그 영상 밑에 달린 인기 댓글들을 하나씩 읽다 보면 이유를 알게 된다.

> "우리가 쓴 작은 이야기 하나하나에 귀 기울여 주는 거 같아서 눈물 난다."
> "내가 쓴 댓글이 콘텐츠가 되니 너무 찡하다."
> "소소한 사람들의 이야기가 모여 있어서 따스하다."
>
> - 과나의 〈그거 아세요〉에 달린 댓글 중

바로, 아무것도 아닌 것을 아무거로 만들어주며, 구독자들의 이야기 하나하나를 품어주는 따스함에 코끝이 찡해진 거였다. 과나 외에도 구독자들의 댓글로 단편영화를 만들거나, Q&A 영상이 개별적인 하나의 콘텐츠로 탄생되는 등 유튜버와 구독자들이 콘텐츠를 같이 만들어 가는 트렌드는 현재 진행형이다.

2021년에 가장 핫했던 유튜브 채널은 뭘까? 바로 개그맨 크리에이터들이 운영하는 '피식대학'이다. 이들은 〈비대면 데이트〉, 〈한사랑 산악회〉, 〈05학번 이즈 백〉 등 여러 시리즈에서 각각 부캐를 만들어 활약하며 하나의 세계관을 형성했다. 그리고 시청자들은 그 세계관에 빠져 깊게 몰입하고 같은 세계관을 즐기는 다른 구독자들과 유대감을 형성했다. 피식대학의 〈비대면 데이트〉 시리즈에선 탈락자를 유튜브 투표 기능을 사용해서 결정했는데, 이러한 시도 또한 시청자의 콘텐츠 참여 사례로 볼 수 있다. 한편, 피식대학의 인기 요인 중 하나는 콘텐츠에 달린 댓글이다. 과몰입에 빠진 이들이 쓴 재치 넘치는 댓글은 2차, 3차

출처: 피식대학 유튜브 채널

피식대학
Psick University

방송계의 개그 프로그램이 부진하면서 많은 개그맨이 유튜브로 진출했는데, 피식대학은 그중에서도 현재 가장 앞서 트렌드를 주도하고 있다고 평가받는다.

콘텐츠로 확산됐다. 이렇게 피식대학은 하나의 종합 놀이터가 돼 팬데믹으로 인해 긴장감을 놓지 못하는 사람들에게 오락거리와 기쁨 그리고 유대감을 선물해 줬다.

한편, 2021년에는 유독 역주행으로 화제를 모은 콘텐츠들이 많았다. 4년 전 발매했던 브레이브걸스의 '롤린', 무려 11년 전인 2010년에 방송된 MBC 〈무한도전〉의 '무야호' 짤 등 오래전 영상이 유튜브 알고리즘을 통해 많은 이들에게 노출되며 하나의 유행, 즉 '밈meme'이 됐고 사람들은 적극적으로 이에 동참해 자발적으로 역주행을 만들어 냈다. (참고로 무야호는 당시 방송에서 '무한도전'을 외쳐야 하는 순간에, 해당 방송을 잘 모르던 일반인 출연자가 '무야호'를 외치면서 큰 웃음을 줬던 장면이다.) 사람들은 왜 짤을 만들고 공유하는 밈 문화에 참여하는 것일까? 이 또한 유대감과 연관이 있는데, 밈에 참여할 때 우리는 다른 이들과 연결돼 있다는 느낌을 받기 때문이다. 즉, 밈이라는 언어로 서로 공감하고 소통하는 것이다.

결국 2021년 유튜브 트렌드는 '유대감'이라는 하나의 단어로 설명할 수 있다. 유대감을 만들고자 하는 욕구는 영상 문화에 새로운 변화를 가져왔으며, 앞으로도 영상 문화는 유대감을 만들고 유지하는 방향으로 계속 나아갈 것이다.

버추얼 유튜버 시대가 온다

넥스트 유튜브 트렌드는 메타버스를 등에 업고 가상인간 캐릭터, 즉 '버추얼 유튜버(브이튜버)'가 될 전망이다. 유튜브 통계 분석 업체인 플레이보드에 따르면, 전 세계 슈퍼챗 상위 10개 채널 중 9개가 버추얼 유튜버로 나타났다. 그중 1위를 기록한 '키류 코코Coco ch.'가 지난해 슈퍼챗으로 거둬들인 이익은 한화로 약 16억 7,600만 원에 달한다. 가상 캐릭터들이 유튜브를 휩쓸고 있는 것이다. 버추얼 유튜버는 실제 유튜버와 달리 스캔들의 위험이 없기 때문에 기업 입장에서는 이러한 점이 매력적이고, 크리에이터의 경우에도 자신의 얼굴을 드러내는 것에 대해 부담감을 느끼는 사례가 많아지면서 버추얼 유튜버에 대한 시도는 앞으로도 계속 증가할 것으로 예상된다.

한국의 대표적인 버추얼 유튜버로는 게임사 스마일게이트에서 운영하는 '세아'가 있다. 세아는 국내 첫 버추얼 유튜버로 2018년 자사 게임 '에픽세븐'을 홍보하기 위해 만들어졌지만 먹방, 일상 브이로그 등 실제 유튜버 활동을 이어가며 현재 7만 4,800명의 구독자를 보유하고 있다. 2020년엔 MCN(다중 채널 네트워크) 기업 샌드박스 네트워크와 전속 계약을 발표하며 본격적인 방송 활동을 이어가는 중이다.

틱톡 230만 명, 유튜브 28만 명의 구독자를 자랑하는 '아뽀키'의

출처: 세아 스토리, 아뽀키 유튜브 채널

버추얼 유튜버
세아와 아뽀키.

출처: 릴미켈라(@lilmiquela)와 이마(@imma.gram) 인스타그램

가상 인플루언서 릴미켈라와 이마.

인기도 대단하다. 얼마 전 국내 탑 작곡가 지인으로부터 "아뽀키가 누군지 알아? 아뽀키가 곡을 받고 싶다고 연락이 왔어"라는 이야기를 들었다. 가상 인플루언서가 아이유의 히트곡을 작곡했던 작곡가에게 곡을 받는 시대가 온 것이다. 2021년 2월부터 앨범을 발매하고 가수 활동을 시작한 아뽀키는 유튜브에서 댄스 콘테스트를 진행하기도 하고 마마무 문별이 진행하는 네이버 NOW. 방송에 출연하기도 하며 활동 영역을 확장해 나가고 있다.

미국이나 일본 등 해외에서는 이미 가상 인플루언서 시장이 큰 주목을 받고 있다. 전 세계를 대표하는 가상 인플루언서 '릴미켈라Lilmiquela'는 2021년 10월 기준 308만 명의 인스타그램 팔로워를 보유하고 있고 음원도 발매해 이미 빌보드 차트 47위까지 오른 바 있는 뮤지션이다. 릴미켈라는 패션이나 뷰티 분야에서 인플루언서로 활동하고 있으며 프라다, 샤넬, 겐조, 발렌시아가, 베트멍 등 명품 브랜드들과 협업도 활발하다. 지난해 벌어들인 수익만 한화로 약 130억 원에 달한다고 하니 웬만한 일반 인플루언서들의 영향력 그 이상을 보여주고 있는 셈이다.

일본의 가상 인플루언서 '이마IMMA'는 지난해 이케아의 모델로 발탁돼 화제를 모았다. 특히 이케아 하라주쿠점 전시장 쇼룸에서 3일 동안 먹고 자며 생활하는 일상의 모습을 인스타그램을 통해 공개하며 큰 호응을 끌어냈다. 이마는 2021년 10월 기준 35만 명의 인스타그램 팔로워를 보유하고 있다. 가상 인플루언서의 가장 큰 강점은 무엇보다 이 시대가 요구하는 인간상을 만들어낼 수 있다는 것이다. 소비자들이 선호하는 외모는 물론 라이프스타일과 패션 등 가장 이상적인 모습을 보여줄 수 있다는 점에서 실존하는 연예인이나 인플루언서에 이은 또 하나의 셀럽으로 자리 잡을 전망이다.

현재 가상 인플루언서를 보면 보통 아이돌과 같은 외모를 가지고 있기에 '예쁘고 멋지게 캐릭터를 만들면 성공하겠지?'라고 생각할지도 모르지만 그것은 핵심이 아니다. 가장 중요한 요소는 몰입이 가능한 '세계관'을 잘 짜는 것이다. 예를 들어 이마는 이케아 제품으로 집 꾸미기를 좋아하며, 집에서 노는 것을 즐기는 집순이다. 그리고 제페토 게임을 좋아하는 게 특징이다. 우주에서 지구로 온 토끼인 아뽀키는 K-팝을 사랑하고 틱톡에 영상 올리는 것을 좋아한다. 이러한 디테일한 캐릭터 설정과 탄탄한 배경 스토리는 영화를 보는 것처럼 몰입도를 높여준다. 만약 말투나 가치관 등 캐릭터의 가이드라인을 꼼꼼하게 설정해서 채널을 운영하지 않으면 해당 캐릭터는 생명력을 잃고 금방 잊히고 말 것이다. 몰입 가능한 세계관을 먼저 짜고 그에 맞는 인플루언서를 만들어 내야 하는 이유가 거기에 있다. 이제, 또렷한 세계관을 가진 가상 인플루언서가 BTS와 같이 세계적인 인기를 끌게 될 날이 얼마 남지 않았다.

페이스북과 트위터는 죽지 않았다

비즈니스엔 역시 페이스북

사람들은 보통 나와 내 주변 사람들이 잘 안 쓰는 플랫폼은 다 죽었다고 생각한다. 그리고 실제로 다수가 그렇게 느끼고 있다면 보통은 그럴(플랫폼이 생명력을 잃었을) 가능성이 크다. 하지만 꼭 모두에게 사랑을 받아야만 가치가 있는 걸까? 대중이 빠져나가면 플랫폼으로서 의미가 없어지는 걸까? 그렇지 않다. 대중이 휩쓸고 지나간 플랫폼 위엔 '찐'들이 남아 그 역할을 다 한다. 이번에는 전작에서 '아재들의 스크랩북'으로 표현했던 페이스북과 아예 언급조차 하지 않았던 트위터의 역할에 대해 이야기해 보고자 한다. 단도직입적으로 말하자면 페이스북과 트위터, 이들은 죽지 않고 살아있다. 그것도 디지털 네이티브인 Z세대와 함께 아주 '잘'. 단단한 커뮤니티로 변모하며 살아 숨쉬고 있는 두 SNS의 흥미진진한 이야기를 살펴보자.

먼저 페이스북이다. 이제 많이 알고 있듯이, 사용 연령층이 4050 세대로 접어든 페이스북은 확실히 나이 든 소셜미디어다. 이들은 페이스북을 왜, 어떤 용도로 사용하고 있을까? 지금까지 페이스북은 주로 양질의 '인맥'을 형성하는 창구로 활용됐다. 즉, 비즈니스용으로 사용하는 사람이 많았다는 것이다. 페이스북으로 인맥을 형성하는 과정을 살펴보면, 먼저 페이스북 글(콘텐츠)을 통해서 상대를 파악한다. 계정의 주인이 올린 게시글, 스크랩한 게시글 등을 통해 어떤 사람인지 파악하고 친구 신청을 한다. 그리고 댓글로 소통하며 유대감을 쌓고, 그것이 페이스북 메시지로 이어져 오프라인 만남까지 성사된다. 그렇게 페이스북은 지식 네트워크 겸 소통 창구의 역할을 하며 지금까지도 인맥 형성의 장으로 활용돼 온 것이다.

저자의 경우에도 비즈니스를 진행하면서 페이스북을 열심히 하기 시작했는데, 페친(페이스북 친구)들을 통해 실제로 또 다른 비즈니스가 발생하는 경우가 상당수 있었다. 예를 들어 페이스북에 틱톡과 관련된 글을 지속적으로 올렸을 때, 그 글을 본 페친들에게 다양한 강연 요청과 출판 계약을 제안받게 됐다. 그래서인지 보통 강연장에 가면 페친을 만나게 되는 일이 많다. 이렇게 페이스북은 비즈니스를 하는 사람들에게 '퍼스널 브랜딩'을 할 수 있는 공간으로 사용되고 있다.

식스센스급 반전, Z세대가 페이스북에?

한편, 위의 사례를 통해 왜 MZ세대가 페이스북을 떠났는지도 알 수 있다. 자신을 꾸밈없이 드러내야 하고, 짧고 가볍게 소통해야 하는 이들에게 페이스북은 '너무나 무거운 곳'인 것이다. 또한 사생활을 중시하는 젊은 세대에게 페이스북은 조금은 불편할 수 있는 부모님, 선생님과도 만날 수 있는 '너무나 열린 공간'이다. 이들에게는 좀 더 세분화되고 폐쇄적인 새로운 디지털 공간이 필요한데, 페이스북은 그와 맞지 않으니 떠난 것이다. 그런데 여기서 식스센스급의 반전이 하나 있다. 그것은 바로 Z세대가 게시물을 올리는 활동만 하지 않을 뿐이지 페이스북을 떠난 것은 아니라는 것이다. 심지어 Z세대는 페이스북을 많이 사용하고 있다. 더 정확히 말하자면 페이스북이라기보다 '페이스북 메시지'와 '그 외의 기능들'을 잘 사용하고 있다. "대체 왜?" 메시지를 할 거면 카카오톡이 있는데, 뭐 하러 페이스북 메시지를 사용하는지 궁금해 하는 독자들이 대부분일 텐데, 의문을 품는 게 당연하다. 2030세대는 인스타그램 메시지(DM)는 사용해본 적 있어도 페이스북 메시지를 사용한 경험은 거의 없기 때문이다. Z세대는 왜, 어떤 용도로 페이스북을 쓰고 있는 걸까?

Z세대는 페이스북 메시지만 쓰는 것이 아니라, '페이스북 그룹', '페이스북 와치Watch' 등 페이스북의 여러 가지 기능을 잘 쓰고 있다. 이 현상을 이해하기 위해선 Z세대만의 독특한 디지털 채널 사용 형태를 알아야 한다. Z세대는 디지털 네이티브답게 디지털 채널을 자기 목적별로 세세하게 나눠 활용한다. 예를 들어 인스타그램은 그들에게 명

함이자 포트폴리오다. Z세대의 인스타그램 계정을 살펴보면 오히려 게시물이 많이 없는 등 무척 정제돼 있다는 것을 알 수 있다. 시시콜콜하게 먹고 마시는 것들은 드러내지 않는다. 모든 게시물을 나를 대변하는 하나의 '메시지'로 여기고 이를 통해 스스로를 브랜딩하며 명함으로 사용하고 있는 것이다. 그 외 틱톡은 자신의 정체성을 자유롭게 내보이는 채널, 유튜브는 영상 시청 및 정보 습득 채널 등 목적에 따라 서로 다른 디지털 채널을 활용한다.

Z세대에게 페이스북은 소통과 커뮤니티, 그리고 영상이 통합된 채널이다. '영상은 유튜브에 가서 보면 되는데 왜 페이스북을 사용할까?'라고 생각할 수 있는데, 이들에게 유튜브와 페이스북은 별개다. 유튜브는 마음먹고 골라 보는 영상 채널로, 페이스북 와치는 가볍게 보는 짧은 영상 채널로 활용한다. 예를 들어, 잠깐의 이동 시간엔 페이스북 와치를 통해 2~3분 분량의 영상을 본다. 짧은 길이도 길이지만 유튜브와 달리 내가 선택할 필요 없이 자동으로 영상을 보여준다는 점도 장점으로 작용한다. 와치로 큐레이션 된 영상을 보다가 취향에 맞는 크리에이터의 영상을 발견하면 그때 유튜브로 가서 해당 크리에이터를 팔로우한 후 다시 와치로 돌아온다. 그렇게 발견한 크리에이터 영상을 여유가 생겼을 때 다시 유튜브에서 보는 것이다. 또 Z세대는 페이스북 그룹 기능을 커뮤니티 용도로 자주 쓴다. 게임, 뷰티, 영화 등 각 분야의 페이스북 그룹을 팔로우한 후 정보를 얻고 궁금한 것을 묻고 답하는 등 커뮤니티로 활용한다.

마지막으로 Z세대가 페이스북을 사용하는 가장 큰 이유, 페이스북 메신저의 기능을 살펴보자. 온라인 소통을 실제 소통과 흡사하게 여

출처: 페이스북

Z세대는 가볍게 짧은 영상을 볼 때 페이스북 와치를 이용한다. 이들에게 유튜브와 페이스북 와치는 별개다. 유튜브는 마음먹고 영상을 골라 보는 채널이고, 페이스북 와치는 주로 잠깐씩 시간을 때울 때 짧은 영상을 보는 채널인 것이다.

Z세대의 SNS 활용법

밴드	**온라인 스터디 플랫폼** 취미 모임, 취업 스터디 등 같은 목표를 지닌 사람들끼리 모여 함께 공부하는 용도
인스타그램	**포트폴리오** 취업/대외활동 합격을 위해 자신의 관심사나 작업물을 어필하는 용도
인스타 스토리	**아카이브** 자신이 좋아하는 것을 찍어 스토리로 올리고 '하이라이트'로 박제해 둠. 취향을 전시하는 용도
트위터	**생정 게시판** 생활 정보를 스크랩해뒀다가 필요할 때 찾아서 보는 용도
페이스북	**뉴스 스탠드** 기존 언론사 또는 유사 언론사 페이지를 팔로우해두고 피드에 뜬 뉴스를 챙겨보는 용도
페북 스토리	**사교의 장** 인맥을 넓히고 싶을 때, 페이스북 메시지를 할 사람을 찾는 용도

출처: 캐릿

기는 Z세대는 카카오톡이 갑갑하다고 말한다. 메시지를 보낼 때 상대가 메시지를 바로 읽을 수 있는 상황인지 아닌지 알 수 없기 때문이다. Z세대에게는 온라인 소통이 곧 실제 소통이기에 상대가 바로 답을 할 수 있을 때 메시지를 보내고 바로 답을 얻길 바라는데, 이 기능이 카카오톡에는 없는 것이다(아마 곧 생기지 않을까 싶다). 페이스북은 현재 당사자가 로그인해 있는지, 언제 로그인했는지 알려주기에 알맞은 타이밍에 메시지를 보낼 수 있다. 단체 메시지 또한 카카오톡이 내 메시지를 몇 명이 읽었는지만 표시하는 것과 달리, 페이스북 메시지는 누가 읽었는지까지 알려준다. 이렇게 친구들끼리 더 긴밀하게 소통하게 해주기에 Z세대는 페이스북을 선호하는 것이다. 짧은 영상 랜덤 추천, 상대 로그인 기록 알려주기 등의 기능이 우리에겐 별것 아닐 수 있지만, Z세대의 삶에선 아주 중요하기 때문에 여전히 Z세대들은 페이스북을 아주 유용하게 그리고 열심히 쓰고 있다.

아재 스크랩북에서 아재 이코노미로

이렇게 페이스북은 꿋꿋이 살아남아 자신의 몫을 다 하고 있었다. 그렇다면 페이스북의 미래는 과연 어떤 방향으로 흘러갈까? 페이스북은 최근 유료 뉴스레터 플랫폼 '불레틴Bulletin'을 공개했다. 정제된 긴 글과 큐레이션된 양질의 콘텐츠를 가진 자들이 인플루언서로 활동하는 페이스북에 딱 알맞은 서비스를 내놓은 것이다. 페이스북은 불레틴을 통해 크리에이터들이 개인 매체를 시작하고 긴 호흡 글을 쓸 수 있는 도구와 환경을 구축하겠다고 밝혔다. 쉽게 말해, 카카오 브런치의 소셜미디어 버전이라고 생각하면 되겠다. 불레틴의 크리에이터들은 각자 독립적인 웹사이트를 소유하고 개인 브랜드로 활동하며, 구독료를 직접 책정해서 수익을 올리게 된다. 결국, 페이스북은 뉴스레터를 통해 퍼스널 브랜딩 기반의 크리에이터 이코노미를 구축하겠다고 밝힌 셈이다.

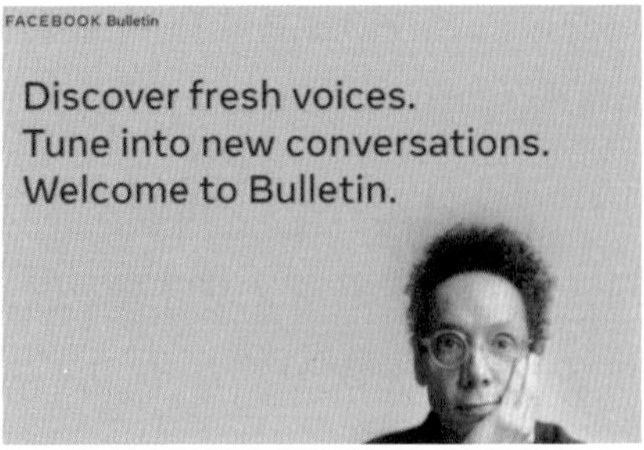

출처: 맬컴 글래드웰의 불레틴

《아웃라이어》, 《블링크》 등으로 유명한 작가 맬컴 글래드웰Malcolm Gladwell의 불레틴 채널.

현재 공개된 크리에이터들은 2명을 제외하면 모두 미국에서 활동하는 이들로 구성돼 있으며 아직은 신규 크리에이터 신청을 받고 있지 않다. 베타 프로그램 이후 불레틴이 한국에 오픈하면 누가 돈을 벌게 될까? 바로 오리지널 콘텐츠를 가진 자들이다. 오리지널 콘텐츠를 가진 크리에이터일수록 하고 싶은 일을 하며 수익을 얻을 가능성이 점점 커지고 있는 것이다. 이렇게 아재들의 스크랩북으로 전락한 줄 알았던 페이스북은 불레틴을 만나 아재 크리에이터들의 '아재 이코노미' 시대를 만들어낼 준비를 하고 있다.

한편, 크리에이터 이코노미 구축보다 더 중요한 페이스북의 미래 방향은 메타버스에 있다. 2021년 하반기 실적 발표 콘퍼런스에서 '메타버스' 용어만 스무 번 이상 사용하던 페이스북 CEO 마크 저커버그는 2021년 10월 31일, 페이스북의 사명을 '메타Meta'로 변경한다고 발표했다(단, 서비스명은 '페이스북'을 그대로 유지한다).

"메타버스는 우리가 지향하는 미래이자 페이스북의 다음 장입니다. 이곳에서 우리는 완전히 새로운 경험과 경제적 기회를 창출할 수 있습니다. 메타버스는 여러분이 그 안에 존재하도록 구현하는 차세대

인터넷이며 소셜 테크놀로지의 궁극적인 표현입니다. 앞으로는 페이스북을 소셜미디어 회사에서 메타버스 기업으로 인식하게 될 것입니다. 여러분들은 디지털 공간에서 사람들과 함께 할 수 있습니다. 아바타와 디지털 객체를 강조하는 것이 우리 자신을 표현하는 방법의 중심이 될 것입니다."

- 마크 저커버그, 페이스북 CEO

앞서 페이스북은 2014년 가상현실 장비 업체 오큘러스Oculus를 인수했고, 2019년 VR 기반의 소셜미디어 플랫폼 호라이즌의 베타 서비스를 시작한바 있으므로 페이스북이 가는 방향성은 확실하다. 하지만 그 뜻대로 갈 수 있을지는 아직 미지수다. 온종일 사람들이 불편한 기계를 쓰고 자연스럽게 일할 수는 없기 때문이다. 하지만 이러한 불편함은 페이스북의 엄청난 인력과 자본을 통해 점차 해결해 나갈 것으로 예상된다. 메타버스를 통해 페이스북이 독자적 플랫폼으로 자리 잡는 그 날을 기대해본다.

빠른 소식통과 덕질의 필수템, 트위터

이제 트위터를 살펴보자. 전작에서 한 번도 언급되지 않을 정도로 SNS 중에서 존재감이 미미해 보이는 트위터는 현재 어떤 역할을 하고 있을까? 대표적으로 두 가지 역할을 이야기할 수 있는데, 먼저 트위터는 '가장 빠른 소식통'의 역할을 한다. 트위터의 핵심은 실시간이다. 필자는 얼마 전 트위터를 시작하게 됐는데, 그 계기는 블록체인을 공부하기 위해서였다. 블록체인 업계에선 빠른 정보를 얻는 것이 매우 중요한데 그 정보들이 트위터에서 가장 먼저 공유되기 때문이다. 해외의 블록체인 전문가들은 트위터를 통해 가장 먼저 정보를 공유하고, 그 중심으로 팔로워들이 모여 리트윗을 하며 소식을 전달하고 있었다. 평소 주변에 트위터를 하는 사람을 보지 못했는데, 블록체인 업계에 있는 이들이 모두 트위터를 사용할 뿐만 아니라 트위터를 중심으로 소통하고 있다는 점이 놀라웠다. 다른 전문 업계도 마찬가지다. AI 분야에 있는 전문가들도 트위터를 적극적으로 활용한다고 전해진다. 트위터는 속보의 역할을 하며 글로벌 소식과 트렌드를 따라가는 이들의 주무대로 사용되고 있다(트위터에서 가장 핫한 스타 일론 머스크를 떠올려보면 위의 이야기들이 바로 이해될 것이다).

트위터의 두 번째 역할은 일명 '덕후들의 커뮤니티' 기능이다. 트위터를 하는 지인에게 "왜 트위터를 하나요?"라는 질문했을 때, 가장 많은 답변이 "덕질하려고요!"였다. 트위터는 덕질의 필수 SNS로 찐팬들이 모여있는 곳이라고 할 수 있다. 트위터 CEO 잭 도시Jack Dorsey가 "트위터가 부활한 비결은 K-팝"이라고 말했을 정도로 찐들의 파워는 실로 어마어마하다. 트위터에선 팬덤을 중심으로 화력을 일으켜 실시간 검색에 오르게 하는 '실검 총공', '실트 총공'이 일어난다(실검 총공은 '실시간 검색어 총공격'의 준말로 포털 사이트에서 지속적으로 똑같은 키워드를 검색해 순위를 올리는 행위를 말한다. 실트 총공은 '실시간 트윗 총공격'의 준말로 앞의 행위가 트위터로 옮겨왔다고 보면 된다). 실트 총공은 다양한 용도로 쓰이는데, '최애('최고로 애정한다'라는 뜻)' 아이돌의 생일이나 앨범 발매 소식 등을 검색 차트에 올리기 위해 많이 쓰인다. 즉, 실시간 검색어를 아이돌을 홍보하기 위한 광고 전광판으로 쓰는 것이다.

트위터는 하나를 깊게 좋아하는 덕후들이 많다 보니 성향이 조금 강해서 진입 초기에는 적응하기 힘들 수 있다. 이미 기존 트위터 이용자들만의 용어가 많이 형성돼 있어 처음 커뮤니티에 들어간 사람들은 보통 이 언어를 익히는 데 3개월 정도가 걸린다고 한다. 그래서 탄생한 신조어가 '닥눈삼'이다('닥치고 눈팅 삼 개월'의 준말. 인터넷상에서 어떤 게시판을 처음 이용하는 사람이 해당 게시판의 문화에 적응할 때까지 글을 쓰지 않고 다른 사람의 글을 지켜보기만 하는 것을 뜻한다. 트위터를 시작한다면 이 단어를 꼭 기억하자). 이렇게 찐들이 모여있기에 트위터는 주 사용자들에게 중독성이 매우 강한 SNS다. 이들은 트위터를 통해 취미, 연예인, 팬덤 등 공통 관심사를 바탕으로 트친들과 긴밀한 관계를 맺고 있다.

트위터의 주 사용자는 **Z세대**인데, 이들 10명 중 6명은 하루에 **10회** 이상 트위터에 접속하며, 절반가량은 하루 **3시간** 이상 트위터를 이용하는 것으로 나타났다. 특히, 온·오프라인의 경계가 모호한 Z세대는 **트친**(트위터상의 친구)과 실제 친구가 다르지 않다고 생각하는 경향이 크다.

그렇다면 트위터의 미래는 어떨까? 트위터의 방향 역시 페이스북과 마찬가지로 '크리에이터 이코노미'라고 할 수 있다. 최근 트위터는 숏폼 영상, 유료 구독 서비스 '슈퍼 팔로우Super follow', 뉴스레터, 오디오 플랫폼 '스페이스Spaces' 등 다양한 콘텐츠 포맷을 론칭했고 이를 실험 중이다. 스페이스 같은 경우 구독자를 상대로 유료 강의도 할 수 있

주 사용자들에게 중독성이 강한 트위터

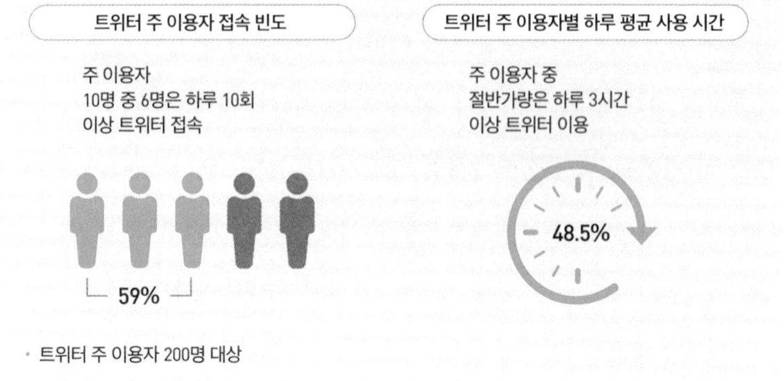

출처: 대학내일20대연구소

어 전문가 크리에이터에게 새로운 수입원이 될 수도 있다. 유료 구독 서비스인 슈퍼 팔로우는 구독자가 크리에이터로부터 독점 콘텐츠, 미리 보기, 배지 등의 혜택을 받을 수 있는 서비스다. 구독료는 월 2.99달러(약 3,500원), 4.99달러(약 6,000원), 9.99달러(약 1만 2,000원) 중에서 크리에이터가 직접 책정할 수 있다. 슈퍼 팔로우 서비스는 미국과 캐나다에서 시범 출시됐고, 현재 200명이 시범 참여 중이다.

이뿐만 아니라 크리에이터에게 직접 돈을 후원할 수 있는 '팁스tips' 기능은 지금까지 발표한 서비스 중 가장 흥미로운데, 후원금을 법정화폐뿐 아니라 비트코인으로도 보낼 수 있게 했다. 앞서 블록체인 커뮤니티가 트위터를 소통의 매체로 사용한다고 이야기했는데, 이를 잘 반영했다고 볼 수 있다. 트위터는 비트코인 후원 기능 외에도 NFT 인증 기능(사용자가 NFT를 보관하는 디지털 지갑을 자신의 트위터 계정에 연결하고 소유권을 증명할 수 있는 기능)도 개발 중이다. 아직 모든 것들이 실험

단계지만, 블록체인 커뮤니티와 찐팬들을 등에 업고 반등을 꾀하는 트위터의 앞날을 지켜보는 일은 매우 흥미로울 듯하다.

페이스북과 트위터의 미래를 점쳐보게 하는 크리에이터 이코노미는 현재 엄청나게 주목받고 있는 단어다. 이 단어가 더 확산되기 위해선 판을 뒤흔드는 '슈퍼 크리에이터'가 탄생해야 한다. 아직까지 국내에서는 크리에이터를 직접 구독하는 문화, 개인의 뉴스레터를 적극적으로 구독하는 문화가 활성화되지 않았지만, 곧 이러한 모습이 자연스러워지는 시대가 올 것이다. 이 이야기는 곧, 앞으로 퍼스널 브랜딩이 무척 중요해질 거라는 뜻이기도 하다. 가까운 미래에는 작은 것이라도 '나만의 스토리', '나만의 콘텐츠'를 가진 크리에이터만이 새로운 무대의 주인공이 될 것이다.

인스타그램,
MZ의 명함이 되다

인스타그램의 전성기는 현재 진행중

"대한민국 소셜미디어 시장의 최강자, 인스타그램의 전성기는 앞으로도 계속될까?"

전작에서 던진 이 질문에 대한 답은 YES다. 2020년에 이어 2021년에도 인스타그램은 SNS 이용률 1위를 차지했다. 인스타그램의 카피캣 전략은 확실하게 통했다. 스냅챗을 모티브로 한 '스토리' 기능은 인스타그램 트렌드로 자리를 굳혔고, 틱톡을 모티브로 한 '릴스Reels' 기능도 고퀄리티 숏 비디오 영역의 탄생과 함께 2030세대에게 새로운 재미를 선사하며 그들을 인스타그램에 오래도록 머무르게 했다. 타 플랫폼의 소중한 아이디어를 흡수해서 몸집을 키우고 광고비를 쓸어 담는 인스타그램을 보며 씁쓸한 마음이 들기도 하지만, 'Winner Takes All', 곧 승자가 모든 것을 독식하는 인터넷 시장의 현실을 생각하면 생존전략을 잘 택했다고도 볼 수 있다. 그럼 작년에 이어 우리나라 SNS의 실세, 인스타그램의 최신 트렌드를 하나씩 살펴보자.

요즘 시대는 인스타그램이 곧 명함

"인스타그램 아이디가 뭐예요?"

요즘 MZ세대의 번호 교환법이다. 인스타그램은 시시콜콜한 일상을 기록하는 일기장에서 이제 개인의 '명함'으로 진화하고 있다. 누군가가 궁금해지면 인스타그램부터 확인하는 사람들이 늘어나고 있는데, 그 이유는 인스타그램을 보면 그가 어떤 사람인지 대략 파악되기 때문이다. 어떤 게시물을 올렸는지, 누구를 팔로우했는지, 누구에게 태그돼 있는지를 보면 그 사람이 가진 취향과 가치관을 짐작할 수 있다. 이를 통해 간접적으로나마 그 사람과 내가 잘 맞는지 아닌지 확인할 수 있고, 불필요한 갈등을 미리 피할 수도 있다. 이처럼 오늘날 인스타그램 계정은 그 사람을 보여주는 명함이다.

Z세대의 인스타그램 계정에 들어가 보면 생각보다 피드에 쌓인 게시물이 얼마 없다는 것을 확인할 수 있다. 게시한지 24시간이 지나면 사라지는 스토리는 자주 이용해도 기록이 남는 피드엔 많은 게시물을 올려두지 않는다. 본인도 다른 사람의 계정을 보고 상대를 파악하고 있고, 마찬가지로 다른 이들도 자신의 계정을 보고 나를 파악할 것

을 알기에 Z세대는 남에게 보여주고 싶은 자신의 모습 위주로 피드를 관리한다. 더 구체적인 취향은 '하이라이트' 기능(스토리를 하나의 카테고리로 묶어 프로필에 아카이브하는 기능)을 통해 명확하게 드러내기도 한다. 요즘 대학생들은 전화번호 대신 인스타그램 QR코드를 공유한다는 것을 알고 있는가? 대학교 OT나 모임에 나가면 자신의 인스타그램 계정으로 연결되는 QR코드를 서로 공유하는 모습을 쉽게 볼 수 있다.

개인과 개인 사이에서 명함으로 통하는 인스타그램. 그렇다면 개인과 기업의 관계는 어떨까? 기업은 개인의 인스타그램을 '포트폴리오'로 바라보고 있다. 기업에서 대외활동 멤버를 모집하거나, 심지어 신입사원을 선발할 때도 지원서에 인스타그램 아이디를 기입하게 하는 경우가 늘고 있는데, 이러한 이유로 포트폴리오 계정을 따로 만들어 운영하는 Z세대가 많아졌다. 인스타그램에 '#포트폴리오'를 검색해 보면 2021년 10월 기준 27만 개가 넘는 게시물이 조회된다. MZ세대가 타 플랫폼이 아닌 인스타그램을 포트폴리오로 사용하는 이유는 인스타그램이 '자랑을 해도 되는 공간'으로 통하기 때문이다. 좋은 곳에 가고 맛있는 음식을 먹은 사진을 올리는 게 자연스러운 공간이기에, 나의 '자랑스러운 결과물'들을 올리기에도 적합하다는 판단이다. 또 인스타그램 피드는 이미지 중심으로 노출되는 구성이라 포트폴리오를 '전시'하기에도 좋다.

인스타그램 계정이 있어야 대외활동을 할 수 있는 상황에서 이제 인스타그램 관리는 스펙 관리의 일부가 됐다. 인스타그램은 개인에게 '선택'이 아닌 '필수'적인 비즈니스 플랫폼이 된 것이다.

출처: 인스타그램

MZ세대는 인스타그램 QR코드로 연락처를 교환한다.

인스타그램이 명함이자 포트폴리오가 됐다는 것은 이제 퍼스널 브랜딩 능력이 선택이 아닌 필수가 됐다는 말과도 같다. 정돈되지 않은 피드는 그 사람을 정돈되지 않은 사람으로 보이게 만들고, 시대에 뒤떨어진 사람으로 인식되게 한다. 지금은 SNS를 이용하는 개인이 포토그래퍼를 넘어 디자이너이자 브랜딩 전문가가 돼야 하는 시대다.

인스타그램이 더이상 자유롭게 일상을 공유하는 공간이 아닌 게 되면서 불편함을 표시하는 사용자도 많은데, 이들은 비공식 계정을 만듦으로써 나름의 돌파구를 찾고 있다. 본인의 공식 계정은 포트폴리오로 활용하고, 비공식 계정은 브랜드 계정을 팔로우하거나 이벤트 참여용으로 사용하는 등 다양하게 인스타를 활용하고 있다.

일상의 순간을 부담 없이 공유할 수 있는 스토리

디자인 감각이 부족하고 나 자신을 연출하는 브랜딩 능력이 미흡한 이들에게 여전히 인스타그램은 어렵고 불편할 수 있다. 그래서 그러한 능력이 부족한 이들은 정말 보여주고 싶은 최소한의 게시물만 피드에 남겨두고 스토리 기능을 주되게 사용하는 트렌드를 만들어냈다.

앞에서 이야기했듯 인스타그램 피드가 명함이자 포트폴리오로 쓰이게 되면서 가벼운 일상들은 스토리에 올리는 사용 패턴이 자리 잡았다. 스냅챗의 카피캣으로 시작한 스토리는 현재 스냅챗보다 더 많은 사용자를 보유하고 있으며, 2021년에 접어들어서는 매일 5억 명 이상의 사람들이 스토리 기능을 사용하고 있다. 드롭시핑(위탁판매) 전문 기업 오벨로Oberlo가 발표한 〈2021년 인스타그램 트렌드〉 자료에 따르면 10개 브랜드 중 8개(78%)가 자신의 브랜드는 인플루언서가 올리는 인스타그램 스토리에 큰 영향을 받았다고 답했다. 스토리가 인플루언서 마케팅의 중요한 요소가 된 것이다.

사람들은 왜 피드보다 스토리 기능을 더 자주 사용할까? 그 이유는 스토리를 통해 팔로워들과 '즉각적인 소통'을 할 수 있고, 업로드 후 24시간이 지나면 게시물이 사라지기 때문에 콘텐츠 작성의 부담이 덜하기 때문이다. 한편, 콘텐츠 작성자가 아닌 소비자의 입장에서도 이제는 피드보다 스토리를 더 많이 보고 있다. 피드에 올라온 게시물의 경우 서로 '좋아요'를 눌러줘야 한다는 무언의 압박감이 있는데 스토리는 그러한 부담이 없다. 페이스북이 진행한 한 설문조사에 따르면 사람들은 스토리 내용이 24시간 내에 사라지기 때문에 오히려 콘텐츠에 더 진정성을 느낀다고 대답했다. 실시간이면서 편집되지 않은 콘텐츠를 선호하는 최근의 트렌드를 스토리가 잘 담아낸 것이다.

스토리는 앞으로 더 발전된 형태로 진화할 예정이다. 2021년 7월, 인스타그램은 스토리 게시물에 적힌 텍스트를 자동으로 감지해 이용자의 모국어로 번역하는 기능을 도입한다고 밝혔다. 스토리 게시물 왼쪽 상단의 계정명 아래 '번역 보기' 버튼을 누르면 게시물 내용이 자동으로 번역된다. 이 기능은 총 90개 이상의 언어를 지원하는데, 한 게시물 내 여러 언어가 사용되더라도 모두 인식하고 일괄 번역한다. 스토리 콘텐츠의 텍스트 번역 기능은 언어 장벽을 초월한 글로벌 소통을 가능하게 하고 해외 아티스트나 크리에이터와 더 가까이 연결될 수 있는 기회를 제공할 것이다.

그 외에 또 하나의 새로운 기능을 준비 중인데, 바로 팬클럽 전용의 스토리 공유 기능이다. 팬으로 지정된 팔로워에게만 스토리를 공유하는 '익스클루시브 스토리Exclusive Story' 기능을 내부 테스트 중에 있다. 트위터에서 자신을 모바일 개발자라고 소개한 알레산드로 파루찌의 트윗에 따르면, 팬클럽 전용 스토리를 공유할 시 프로필 테두리가 보라색으로 나타나며 팬클럽이 아닌 사용자가 해당 스토리를 보려고 클릭하면 "팬클럽 멤버만 이 스토리를 볼 수 있습니다"라는 팝업 창이 뜬다고 설명했다. 아직 계발 초기 단계라 많은 정보를 공유하진 않았지만 위의 내용을 통해 앞으로 인스타그램 스토리가 크라우드 펀딩 플랫폼이자 창작자를 후원하는 멤버십 서비스인 미국의 패트리온Patreon처럼 후원한 사람들에게만 게시물을 보여주는 유료 모델을 내놓지 않을까 예상해본다.

고퀄리티 숏폼 시장의 문을 연 릴스

틱톡 카피캣으로 시작한 릴스 역시 인스타그램의 새로운 트렌드로 자리 잡았다. 저퀄리티 영상이 주가 됐던 틱톡의 한계를 릴스가 '고퀄리티 영상'으로 극복해내며 성장 중이다. 릴스는 주로 필터를 적용하지 않은 깔끔한 영상이 추천에 뜨는데, 이러한 이유는 인스타그램이 콘텐츠의 영상 품질이 알고리즘에 영향을 미치도록 설정했기 때문이다. 인스타그램은 릴스가 다른 콘텐츠들에 비해 더 전문성이 있는 콘텐츠이기 때문에 고해상도, 높은 프레임 수, 오디오 등이 상위 노출에 영향을 줄 수 있다고 밝혔다.

인스타그램은 현재 릴스를 적극적으로 지원하고 있다. 페이스북은 2021년 연말을 전후로 특정한 이정표에 도달한 크리에이터들에게 보상을 주는 보너스 프로그램을 도입한다고 밝혔다. 현재 크리에이터들이 인스타그램에서 일정 금액을 받고 콘텐츠를 납품하는 사례가 늘어나고 있는데, 이와 같은 지원은 앞으로도 더 많아질 예정이다. 따라서 인스타그램 채널을 성장시키고 싶다면 릴스를 적극적으로 활용하는 것을 추천한다. 플랫폼에서 어떠한 서비스를 강화할 때 그 부분을 잘 활용하면, 더 많은 노출을 통해 급속한 성장이 가능하기 때문이다. 매일 콘텐츠를 업로드해도 팔로워가 늘지 않아 고민이던 크리에이터들이 릴스를 통해 단기간에 수만 명 이상의 팔로워를 늘리는 경우도 심심치 않게 있다고 하니 앞으로 릴스에 더욱 집중해보자.

틱톡을 필두로 이제 본격적인 숏폼 시대가 시작됐다. 이러한 상황에서 인스타그램은 숏폼 콘텐츠 경쟁에서 이기기 위해 더욱더 릴스에

출처: 인스타그램

틱톡을 추격하는 인스타그램의 숏폼 '릴스'. 릴스는 시작부터 이미 전 세계 13억 인스타그래머를 확보하고 출발하는 셈이다.

힘을 쏟을 것이다. 어쩌면 얼마 지나지 않아 인스타그램 릴스가 틱톡을 완전히 삼키고 '릴스타그램' 시대를 열게 될지도 모를 일이다.

틱톡은 세상을 어떻게 바꿨는가,
숏폼 시대의 개막

지금은 진격의 틱톡 시대

"틱톡? 10대 청소년들이 사용하는 오글거리는 중국산 앱 아니야?"

혹시 아직도 틱톡을 이렇게 평가하고 있다면, 앞으로 나올 이야기가 매우 놀라울 것이다. 지금 진격의 틱톡은 여러 기록들을 경신하며 유튜브를 무섭게 추격하고 있다. 국내에선 여전히 유튜브가 독보적으로 사용 시간 점유율 1위를 달리고 있지만, 미국과 영국에서는 틱톡의 사용 시간이 이미 유튜브를 앞질렀다. 2021년 5월, 미국의 1인당 월평균 틱톡 사용 시간은 24.5시간으로 유튜브 사용 시간인 22시간보다 2시간 이상 더 길다. 영국 역시 틱톡의 사용 시간이 유튜브를 앞지른 지 오래다. 2021년 7월 기준, 틱톡의 앱 다운로드 수는 전 세계 30억 회를 돌

●●● **국가별 유튜브와 틱톡 사용 시간 비교**

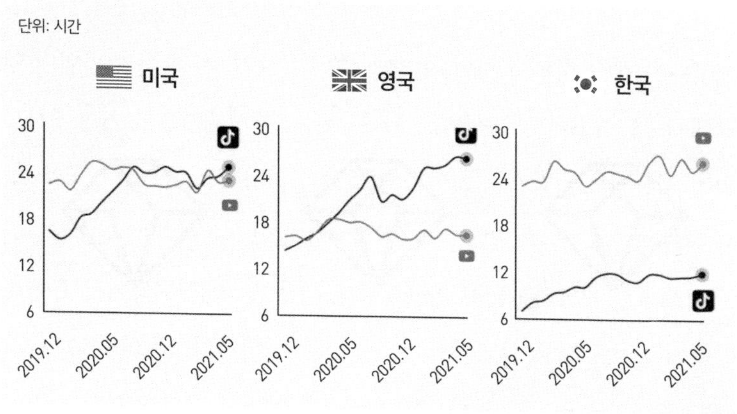

출처: 앱애니

파했다. 이는 SNS 역사상 다운로드 30억 회을 달성한 앱들이 모두 페이스북 계열(페이스북, 페이스북 메신저, 왓츠앱, 인스타그램 등)이었던 것을 고려해 볼 때 더욱더 의미 있는 수치다.

이제, 틱톡이 만들어내는 경제적 규모를 보자. 모바일 데이터 분석 업체 앱애니의 2021년 2분기 조사에 따르면, 틱톡은 전 세계의 모바일 앱 중에서 소비자 지출액과 다운로드 건수 모두 1위를 차지했다(틱톡에서의 소비자 지출액은 보통 '라이브 선물하기'에서 사용자가 선물 아이템을 구매한 것을 말한다. 그 외 라이브커머스, 유료 콘텐츠 시청 등이 있는데 아직 적용되지 않은 분야가 많다). 그동안 개인정보 유출 문제와 미국 퇴출 위기 등 여러 이슈들이 있었음을 생각해볼 때, 틱톡은 꾸준한 저력을 보여주며 무섭게 성장 중이다.

틱톡, 엔터테인먼트 시장을 바꾸다

틱톡은 세상을 바꾸고 있다. 엔터테인먼트, 정치, 사회 등 다방면의 영역에서 그 역할이 재해석되고 있다. 우선, 엔터테인먼트 세계에서도 가장 역동적으로 꼽히는 음악 산업에서의 영향력을 살펴보자. (그 옛날 싸이월드의 대표 BGM이었던 '프리스타일'처럼) 2019년 틱톡을 뒤흔들었던 'Old Town Road'를 굳이 언급하지 않더라도, 지금 틱톡에서 유행한 음악이 빌보드 차트 상위권에 오르는 일은 허다하다. 2020년에는 뉴질랜드 출신의 음악 프로듀서 조시 685Jawsh 685의 가사와 멜로디도 없는 'Laxed(Siren Beat)'란 비트가 틱톡에서 먼저 밈으로 화제를 모으고, 이 비트에 미국의 뮤지션 제이슨 데룰로Jason Derulo가 가사를 얹힌 'Savage Love'가 빌보드 1위를 차지하기도 했다(참고로 'Savage Love'는 BTS가 피처링을 한 곡이기도 하다). 세계 최고의 음악 자존심인 빌보드 차트마저도 틱톡의 트렌드를 뒤쫓는 기묘한 현상이 일어난 것이다.

출처: spothifi.com

틱톡을 통해 큰 주목을 받은 조시 685의 'Laxed(Siren Beat)'.

한편, 틱톡은 신곡뿐만 아니라 역주행의 신화를 만들어내기도 했다. 대표적인 곡이 플리트우드 맥Fleetwood Mac의 'Dreams'다. 1977년에 발표된 이 노래를 한 틱톡커가 사용하며 인기를 끌었고, 원곡 가수 플리트우드 맥이 틱톡 계정을 직접 개설해 패러디 영상을 올리며 본격적인 흐름을 탔다. 결국 2020년 10월 빌보드 차트 21위에 진입하며 깊은 인상을 남겼다. 국내에선 2006년에 발표된 이루의 '까만안경'이 10대 틱톡커들 사이에서 인기를 끌며 멜론 차트에서 역주행했고 노래방 차트 1위를 석권하는 기염을 토했다. 이 외에도 브레이브걸스의 '롤린', 비의 '깡' 역시 그 시작은 유튜브였지만 틱톡에서 챌린지화돼 역주행에 기름을 부었다.

음악 산업에서 틱톡이 가져온 가장 큰 패러다임 중 하나는 '듣는 음악'에서 '참여하는 음악'으로의 변환점을 준 것이다. 일방적으로 음악을 듣기만 했던 대중은 이제 챌린지 문화를 통해 음악에 참여할 수 있게 됐다. 틱톡에서 화제가 되는 곡들은 완성도나 음악적 수준보다는 '흥이 돋는', '율동이 생각나는', '반전의 재미를 주는' 등의 경우처럼 챌린지에 적합한 것들이다. 윌 스미스의 참여로 더 유명해진 '거울 닦기 챌린지'의 배경 음악이었던 'Wipe it down', 빠른 비트에 맞춰 무표정으로 노래하다 웃긴 표정으로 마무리 짓는 챌린지로 화제가 된 'M to the B'와 같은 곡이 있다.

패션업계에서도 틱톡의 역할이 매우 중요해졌다. 틱톡에서 화제가 된 옷들은 유행을 만들며 패션업계를 움직이고 있다. 틱톡의 영향력이 커지며 틱톡 스타가 어떤 옷을 입고 구매하는지에 큰 관심이 쏠렸고, 이로 인해 일반 의류 브랜드뿐 아니라 명품 브랜드들도 틱톡 마케팅을 적극적으로 활용하기 시작했다. 버버리는 누구나 손쉽게 따라 할 수 있는 손동작으로 새 로고 모양을 연출하는 챌린지 '#tbchallenge'를 만들어 브랜드를 홍보했고, 프라다는 틱톡 인플루언서 찰리 다멜리오Charli D'Amelio를 패션쇼에 초청해 자유롭게 영상을 촬영하게 했는데 찰리가 올린 영상이 8,000만 회 이상의 조회 수와 900만 개의 좋아요를 기록하며 강력한 홍보 효과를 얻을 수 있었다. 셀린느는 유명 틱톡커 노엔 유뱅크스Noen Eubanks를 모델로 발탁하며 새로운 변화를 시도했다. 이에 대해 온라인 커뮤니티에선 '인스타 스타 가고 틱톡 스타의 시대 온 듯'의 반응을 보이기도 했다. 한편, 루이비통과 구찌는 '재미'와 '빠른 템포'를 선호하는 Z세대의 특성에 잘 맞게 틱톡 영상을 제작하며 100만 팔로워를 넘어섰다. 루이비통은 비트가 달라짐에 따라 모델과 의상이 바뀌는 영상을 선보였고, 구찌는 런웨이를 걷는 모델처럼 옷을 입는 법을 틱톡 문법에 따라 위트있는 영상으로 만들어 Z세대와 소통했다. 틱톡의 크리에이터 커뮤니티 담당 커드지 치쿰부Kudzi Chikumbu 이사는 "틱톡은 일반 브랜드를 넘어 창의적 표현으로 진화하고 있다"라며 "틱톡은 패션 산업에 즐거움을 주고 그들의 예술과 자기표현에 새로운 길을 열고 있다"라고 설명했다.

이제 틱톡 스타가 됐다는 것은 월드 스타가 됐다는 것과 다르지 않다. 앞서 프라다의 틱톡 마케팅 사례에서 등장했던 댄스 크리에이터 찰리 다멜리오는 틱톡 팔로워 1억 2,000만 명을 자랑하는 월드 스타로서 광고계를 휩쓸고 있다. 틱톡으로 연 40억 원 이상 수익을 올리는 다멜리오는 미국 최대 TV쇼인 지미 팰런Jimmy Fallon의 〈투나잇 쇼〉에 단독 출연했고, 초당 수억 원의 단가로 유명한 슈퍼볼 광고에도 출연했

명품 브랜드 구찌와 루이비통은 Z세대의 문법에 맞는 틱톡 영상을 제작해, 100만 팔로워를 넘어섰다.

출처: 구찌(@gucci)와 루이비통(@louisvuitton) 틱톡

다. 필리핀계 미국인 틱톡커이자 싱어송라이터 벨라 포치Bella Poarch는 틱톡 스타로 급부상하면서 음원을 발매했는데, 해당 음원이 대박을 터트리며 월드 스타로 거듭났다. 그녀가 부른 'Build a Bitch'는 유튜브에 뮤직비디오 영상을 올린 지 하루 만에 조회 수 1,600만 회를 돌파했고, 2021년 10월 현재 3억 1,000만 회의 조회 수를 기록했다. 틱톡을 통해 스타가 된 크리에이터는 모델, 배우, 방송, 브랜드 론칭 등 다양한 활동을 하며 자신의 영역을 넓혀가고 있다.

Z세대가 목소리를 내는 곳

틱톡을 이야기할 때 틱톡의 주 사용 연령층인 Z세대 이야기를 하지 않을 수 없다. Z세대는 개인의 다양성을 인정하고 존중해 각자의 색깔과 개성을 표출하는 것에 두려움이 없는 세대로, 다양한 수단을 사용해 가감 없이 자신의 생각을 전달한다. 이들은 '디지털 액티비스트(운동가)'로서 각종 이슈에 참여하고 제품 불매 운동을 벌이기도 하며 적극적으로 영향력을 행사한다. 그러한 점에서 Z세대의 놀이터인 틱톡은 이제 놀이를 넘어서 사회 문제에 목소리를 내는 장으로서 역할을 하고 있다. 한 예로, Z세대는 2020년 5월 25일 미국 미네소타주 미니애폴리스에서 경찰의 과잉 진압으로 비무장 상태의 흑인 남성 조지 플로이드George Floyd가 사망한 일명 '조지 플로이드 사건'에 크게 분노했다. 그들은 틱톡에서 챌린지 참여, 시위 현장 리포트, 노래 작곡, 프로필 사진 변경 등 다양한 방식으로 사건에 대한 자신의 의견을 표출했다. 틱톡

출처: 틱톡(#blacklivesmatter)

2021년 10월 기준, 틱톡 내의 '#blacklivesmatter' 해시태그로 제작된 영상의 조회 수는 28억 뷰에 달한다.

이 Z세대가 스스로의 목소리를 내고 의견을 표출할 수 있는 창구가 된 것이다.

숏플랫폼 춘추전국시대

틱톡의 영향력을 전적으로 보여주는 예로 거대한 IT 기업들의 플랫폼이 모두 '틱톡화'되는 현상을 들 수 있다. 틱톡의 성장세를 의식한 건지, 새로운 소셜 트렌드를 쫓아가려는 건지 유튜브와 인스타그램마저도 각각 쇼츠Shorts와 릴스라 불리는 틱톡의 카피캣 기능을 내놓았다. 쇼츠와 릴스는 플랫폼 내에서 자체적으로 촬영과 편집이 가능한 1분 내외의 동영상 서비스를 의미하는데, 이 두 서비스는 틱톡과 너무 똑같은 흡사 '복사, 붙여 넣기' 수준의 서비스다.

쇼츠와 릴스 모두 아직까진 대부분의 콘텐츠가 틱톡에서 가져온 영상이라 틱톡화된 느낌이 강하지만, 점차 각기 플랫폼만의 개성을 찾아가고 있다. 특히 앞서 인스타그램 부분에서 이야기했듯 릴스에서는 고퀄리티의 댄스 영상이 인기를 끌며 오히려 틱톡보다 퀄리티가 좋은 영상이 만들어지기 시작했다. 좋은 퀄리티의 영상이 유통된다는 것은 릴스에 숏폼 광고가 몰릴 가능성이 예고된다는 뜻이기도 하다.

릴스와 쇼츠는 숏폼을 키우는 데 진심이라 막대한 비용을 투입해 크리에이터들을 영입하고 영상을 올리도록 동기부여를 하고 있다. 현재 인플루언서로 활동하는 필자 역시 인스타그램과 릴스에 콘텐츠 유통을 계약해 진행 중이다. 인스타그램이 이렇게 인플루언서에게 직접 돈을 썼던 적이 있었나 생각해보면, 지금 얼마나 총력을 기울여 숏폼 키우기에 집중하고 있는지 알 수 있다. BTS의 움직임을 통해 쇼츠의 가능성도 살펴볼 수 있다. BTS는 유튜브와 손을 잡고 '퍼미션 투 댄스Permission to Dance' 챌린지를 쇼츠로 진행하고 있다. 필자 역시 얼마 전 인스타그램 내 공식 유튜브 계정으로부터 직접 퍼미션 투 댄스 챌린지에 참여해달라는 메시지을 받았다. 천하의 유튜브가 쇼츠를 위해 크리에이터에게 DM을 보내고 있다. 이러한 두 플랫폼의 노력을 보며 분명하게 느낀다. "아, 이제 정말 숏폼의 시대가 왔구나."

틱톡이 글로벌 SNS 시장을 주름잡고 있다는 사실은 이미 충분히 설명했다. 그렇다면 한국에서의 성적은 어떨까? 2021년 6월 기준 틱톡의 국내 MAU는 420만 명으로 지난해 7월 377만 명에 비해 43만 명이 늘었다. 현재 틱톡은 '친구 초대 현금 이벤트' 등 공격적인 마케팅을 통해 한국 사용자 확보에 최선을 다하고 있는데(친구 초대 1인당 8만 원씩, 최대 40만 원의 리워드 제공), 아직은 타 플랫폼에 비해 턱없이 부족한 성적이라고 할 수 있다. 그 이유를 들여다보면 중국 앱에 대한 부정적인 인식과 개인정보 유출 이슈가 크다. 2020년 8월, 온라인 커뮤니티를 중심으로 '꼭 지워야 할 중국 앱'이라는 짤이 돌아다녔는데 그중 1순위는 다름 아닌 틱톡이었다. 안 그래도 틱톡은 출시 당시 유튜브에 광고를 지나치게 많이 집행하면서 사람들에게 부정적인 인식을 남겼는데, 이후 개인정보 불법 유출 문제까지 겹치며 아직까지도 부정적 인식의 굴레를 벗어나지 못하고 있다. 스냅챗의 사례를 보면 글로벌에서 성공했다고 한국에서도 꼭 성공하는 것은 아니라는 것을 알 수 있는데, 과연 틱톡도 그러할지 조금 더 지켜봐야 할 듯하다. 틱톡, 릴스(인스타그램), 쇼츠(유튜브)의 대결은 이제 막 시작했다. 과연 승자는 누가 될지 각 플랫폼이 보여줄 내년 성적이 벌써부터 기대된다.

넥스트 소셜미디어와 K-SNS의 부활

후보 1. 커뮤니티의 끝판왕, 디스코드가 왔다

'디스코드Discord'를 알고 있는가? 모른다면 바로 앱스토어에 들어가 설치하라. 소셜미디어의 미래가 바로 그곳에 있으니까.

디스코드는 2015년 게임 개발자 출신인 제이슨 시트론Jason Citron이 '게이머 전용 SNS'로 만든 플랫폼이다. 게이머들이 게임을 하며 편하게 대화할 수 있게 음성, 채팅, 화상회의 기능이 있는 플랫폼을 만들었는데, 처음엔 게이머를 중심으로 사용되다가 지금은 범용 커뮤니티로 확대됐다. 디스코드의 큰 틀을 살펴보면 네이버 카페와 구조가 유사하다. 게임, 음악, 외국어 공부 등 각 분야의 커뮤니티가 형성돼 있고, 해당 채널에 들어가기 위해선 초대가 필요하다. 서비스 운영자는 참여자

들에게 커뮤니티 규칙을 알려주고, 특정한 역할을 부여할 수도 있다. 채팅의 경우 일반 채팅 창에 음성과 화상채팅 기능이 추가돼 있다고 보면 된다.

2021년 7월 기준, 전 세계 약 1억 5,000만 명의 MAU를 보유한 디스코드. 도대체 누가, 왜 디스코드를 쓰고 있는 걸까? 먼저, 디스코드의 사용자를 파악하기 위해서는 Z세대의 SNS 사용 목적이 점차 바뀌고 있음을 알아야 한다. 사회적인 자아를 유지해야 하는 대화에 피로를 느끼기 시작한 Z세대는 더이상 일상을 공유하지 않고, 익명이어도 좋으니 취향이 맞는 소수의 사람과 대화하길 원한다. 이런 Z세대의 입맛에 맞는 SNS가 바로 디스코드였고, Z세대는 지금 취향을 바탕으로 디스코드에 모여 주 사용자층을 형성하고 있다. 디스코드는 인스타그램이나 페이스북처럼 계정을 검색해 친구를 추가할 필요가 없어 편하고, 서버에 봇(음악 재생 등 자동으로 명령어를 수행하는 프로그램)을 추가해 놓을 수 있는 장점을 가졌다.

Z세대가 디스코드를 택한 가장 큰 이유 중 하나는 디스코드가 무료이고 광고가 없다는 점이다. 넘쳐나는 광고에 지친 Z세대에게 디스코드는 청정지역과도 같았고, 그렇게 디스코드는 카카오톡과 함께 Z세대가 기본적으로 쓰는 대화 플랫폼이 됐다. 또 다른 중요한 이유로 고음질의 채팅을 할 수 있다는 기능적 요소가 있다. 카카오톡의 그룹 보이스톡은 음질이 좋지 않아 오랜 시간 대화를 나누기 힘든 반면, 디스코드는 깨끗한 음질로 오랜 시간 대화가 가능하고 음악도 함께 들을 수 있어 Z세대의 주 메신저로 자리 잡을 수 있었다.

메신저·전화·영상통화 부분 국내 사용 시간 상위 앱

순위	20세 미만	20~29세
1	카카오톡	카카오톡
2	디스코드	T전화
3	페이스북 메신저	디스코드
4	T전화	페이스북 메신저
5	텔레그램	텔레그램

2021년 4월 기준(iOS, 안드로이드 통합)

출처: 모바일 인덱스

●●● MZ세대의 소통 앱 사용법

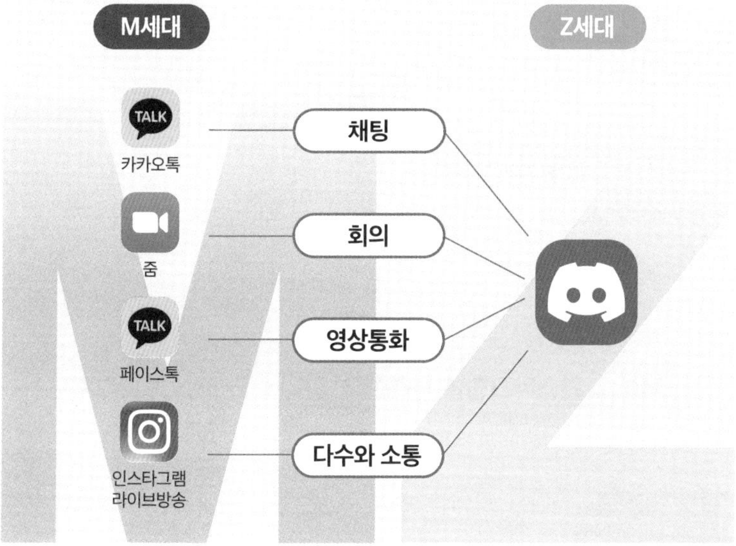

출처: 모바일 인덱스

그렇다면 디스코드의 수익 구조는 어떻게 될까. 그동안 광고가 SNS의 주 수익원이었던 것과 달리 디스코드는 프리미엄 구독 모델로 수익을 창출한다. 디스코드의 기본 기능은 무료지만 사용자들이 원하면 '니트로Nitro'라는 유료 구독 서비스를 선택적으로 이용할 수 있다. 니트로 서비스를 구독하면 고화질, 대용량 영상을 업로드하거나 스트리밍할 수 있고, 프로필과 이모티콘을 커스터마이징해 사용할 수 있다. 뿐만 아니라 니트로 서비스 구독자들은 디스코드 후원자 배지를 받게 되는데, 이 배지를 수집하기 위해 결제를 하는 사용자들도 있다. 2019년 4,500만 달러(약 540억 원)에서 2020년 1억 3,000만 달러(약 1조 560억 원)로 거의 3배 이상 증가한 디스코드의 수익은 앞으로도 계속

이어질 디스코드의 밝은 미래를 예측하게 한다. 2021년 3월, 마이크로소프트가 120억 달러(약 14조 4,000억 원)에 인수를 시도했으나 결국 협상은 결렬됐다. 그러나 이후에도 트위터, 에픽게임즈, 아마존 등이 지속적으로 인수를 시도하고 있으니 디스코드가 계속 독자적 노선을 걸을 수 있을지 아닐지는 좀 더 지켜봐야 할 듯하다. Z세대를 사로잡은 플랫폼이자 넥스트 소셜미디어로 떠오르는 디스코드를 주목하라.

후보 2. 인스타그램을 저격한다! 안티 셀카 SNS 포파라치

"지난 십 년간 우리의 피드는 점점 더 잘 편집된, 완벽해 보이는 방향으로 꾸며져 왔다. 그러나 삶은 찍고 공유할 가치가 있는 많은 불완전한 순간들, 또 완전한 순간들로 가득하다. 우리는 완벽해야 한다는 압박감을 없애려고 포파라치를 만들었다."

- 포파라치

또 하나 주목할 만한 새로운 SNS가 있다. 2021년 5월 말에 출시된 이후 미국, 호주, 벨기에, 스페인 등에서 한때 애플 앱스토어 다운로드 수 1위를 기록하며 두각을 드러낸 포파라치Poparazzi다. 미국 스타트업 TTYL이 개발한 포파라치는 '포토'와 '파파라치'의 합성어로, 포파라치에서는 내가 찍은 사진(셀카)이 아닌 남이 찍은 내 사진으로 피드가 구성된다. 포파라치의 핵심은 '자연스러움'으로 이곳에서는 보정이 불가능하다. 포파라치는 셀카 모드를 지원하지 않으며 반드시 후면 카메라로 촬영한 사진만 업로드 가능하다. 그동안 정제되고 완벽한 모습

출처: 포파라치

"우리 서로 파파라치 할까?" 자연스러움을 메인 컨셉으로 하는 포파라치. 포파라치에는 남이 찍은 나의 사진만 게시할 수 있다.

을 보여줘야 하는 트렌드에 지친 사람들은 서로가 서로의 파파라치가 돼 가장 자연스러운 모습을 담는 포파라치에 뜨겁게 반응했다. 포파라치의 기본적인 이용법은 자신이 찍은 사진에 친구의 아이디를 태그해 친구 피드에 사진을 올리는 방식이다. 태그를 하면 친구 계정에 자동으로 사진이 업로드되며, 우선은 태그를 한 자신과 태그된 친구에게만 사진이 보인다. 태그된 친구가 사진을 승인하게 되면 친구의 피드에 사진이 노출되는 방식이다.

포파라치의 인기를 통해 알 수 있는 것은 사람들은 이제 과한 보정의 사진 필터와 마스크 기능에 지쳤고, 가공된 이미지가 아닌 실제 일상의 모습을 보고 싶어 한다는 것이다. 포파라치를 사용할 때 가장

●●● 인스타그램과 포파라치의 특징 비교

인스타그램	인스타그램	포파라치
캐치프레이즈	세상의 모든 순간을 포착하고 공유	Anti-Selfie
특징	나의 일상 사진, 영상을 내 피드에 게시	남이 촬영한 나의 사진만 내 피드에 게시
카메라 기능	전면, 후면 카메라 모두 사용 가능	후면 카메라만 사용 가능
업로드 방식	자신의 핸드폰에 저장된 사진, 영상을 자신의 계정에 업로드	촬영된 당사자의 ID를 태그 (작성자가 아닌 당사자의 계정에 업로드)

출처: 아주경제

먼저 느껴지는 감정은 '자유로움'이다. 기존의 SNS에서는 있는 그대로의 모습을 펼칠 수 있는 공간이 없었는데, 포파라치는 자연스러운 모습을 드러낼 수 있는 계기를 만들어줬다. 포파라치의 추천 피드를 통해 미국에 사는 평범한 청소년들의 삶을 보다 보면 무척 신선하고 싱그럽다는 느낌을 받게 된다. 인스타그램이 킴 카다시안Kim Kardashian, 카일리 제너Kylie Jenner처럼 나와는 다른 공간에 살고 있는 것 같은 비현실적인 사람들의 세상이라면 포파라치는 '진짜 인간'들이 살아 숨쉬고 있는 세상인 것이다.

미국 경제지 《포브스》에 따르면 2021년 현재 포파라치의 기업가치는 1억 3,500만 달러(약 1,620억 원) 수준으로 매우 높은 평가를 받고 있다. 시간이 지나면서 초기의 폭발적인 인기는 한풀 꺾였지만, 여전히 주요 SNS 중 하나로 주목받고 있는 포파라치가 과연 넥스트 소셜미디어가 될 수 있을지 궁금해진다.

후보 3. 다시 주목받는 K-SNS, 네이버 블로그

Z세대가 요즘 가장 힙하다고 인식하는 플랫폼은 무엇일까? 바로 네이버 블로그다. 2003년 시작해 이제 19살이 된 네이버 블로그가 Z세대의 사랑을 받으며 다시 살아나기 시작했다. 2021년 7월 네이버의 한성숙 대표는 2021년 2분기 실적 발표 콘퍼런스콜에서 "네이버 블로그는 10대와 20대의 새로운 SNS로 재조명받으면서, 이들의 콘텐츠 생산 비중이 40%를 넘었고 지금도 꾸준히 증가 중이다"라고 밝혔다. 블로그가 인기를 얻은 데는 2021년 5월 진행된 네이버 블로그 챌린지(이하 블챌) '#오늘일기'의 영향이 컸다. 블챌 #오늘일기는 2주 동안 매일 블로그에 일기를 올리면 네이버에서 블로거에게 총 1만 6,000원의 네이버 포인트를 지급하는 이벤트였다. 편법으로 콘텐츠를 등록하는 사람이 많아 시작 3일 만에 챌린지가 중단되는 등의 논란은 있었지만 해당 이벤트는 Z세대에 블로그를 확실히 알리는 좋은 계기가 됐다. 블챌 #오늘일기를 통해 블로그만의 매력을 알게 된 Z세대들이 많아졌고 입소문이 퍼지면서 또래 사용자들이 대거 유입됐다. 이로 인해 블로그의 인기가 더 높아졌음은 물론이다.

Z세대는 왜 블로그를 이용하고 있을까? 그 원인을 찾기 위해서는 먼저 그들이 블로그를 힙한 SNS라고 인식하는 이유부터 살펴볼 필요가 있다. 원조 힙스터들의 성지였던 인스타그램이 지나치게 광고와 쇼핑을 내세우며 상업성을 띄게 되자, Z세대는 또래 이용자가 비교적 적고 상업성이 덜한 블로그에 관심을 갖기 시작했다(원래 힙한 사람은 남들이 별로 하지 않는 것을 할 때 희열을 느낀다). 또 온라인 커뮤니티를 통해 최

근 대세로 떠오른 배우 한소희가 블로그를 한다는 것이 알려지며 블로그에 주목하는 이들이 생기기도 했다. 그녀는 블로그를 통해 사소하고 자잘한 일상을 진솔하게 공유했는데, 가공되지 않은 솔직하고 담백한 모습의 그녀는 인스타그램 속 화려한 모습보다 더 힙해 보이기 충분했다. 한편 인스타그램에 비해 부담이 적다는 것도 블로그를 하는 이유 중 하나다. 인스타그램이 포트폴리오가 되면서 편안하게 자신의 일상이나 근황을 남길 수 있는 곳이 사라지게 되자 블로그를 찾는 이들이 많아진 것이다. 반대로, 아예 더 자세한 포트폴리오를 보여줄 목적으로 블로그를 하는 이들도 있다. 2020년부터 기록의 중요성을 강조하는 콘텐츠들이 인기를 끌고 있는데, 일명 '갓생('GOD'와 '인생'의 합성어로 부지런하고 알찬 삶을 사는 것을 뜻함)'을 위해 블로그를 활용하는 것이다.

그렇다면 Z세대는 블로그로 뭘 할까? 먼저, 일주일이나 한 달 단위의 '일상 기록'을 남기는 용도다. 브이로그의 텍스트 버전이라고 생각하면 된다. 월마다 쓰는 일기를 지칭하는 말로 '월기'라는 표현을 쓰기도 하는데, 월기 안에는 협찬이나 광고성 글이 아닌 솔직한 리뷰를 올리기도 하고, 50문 50답 콘텐츠를 작성하기도 하며 일상을 기록한다. 다음으로 진짜 친한 친구들과 '서이추(서로 이웃 추가)'를 하고 비밀 댓글을 남기며 소통하는 용도다. 더이상 진솔한 소통을 하기 어려워진 인스타그램를 대신해 블로그는 친한 친구들과 근황을 공유하고 소통하는 SNS로 다시 자리 잡게 됐다. 마치 예전 싸이월드의 공유 다이어리나 비밀 방명록처럼 이들은 비밀 댓글로 진솔한 대화를 나누며 깊은 관계를 맺고 있다.

한편 블로그는 관심사가 비슷한 블로거와 실제 친구가 되는 창구

2020년 블로거 세대와 남녀 비율

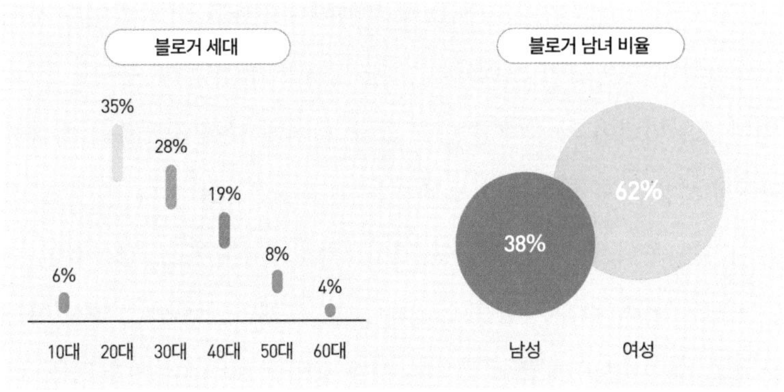

출처: 네이버 블로그 리포트

가 돼 주기도 한다. 블로그에는 보통 긴 글을 올리기에 그 사람에 대해 보다 자세히 알 수 있어 다른 온라인 플랫폼을 통해 대면 만남을 할 때보다 더욱 안심이 된다고 한다. 마지막으로 앞에서 언급했듯이 블로그를 대외활동 및 취업을 위한 포트폴리오로도 활용하는 경우다. 우리가 생각하는 포트폴리오는 딱딱한 PPT 자료나 문서 형식이 일반적인데, 요즘은 SNS 자체가 개인의 포트폴리오라고 생각하기 때문에 아카이빙이 쉽고 카테고리별로 글을 나눠 정리할 수 있는 블로그는 최적의 포트폴리오인 셈이다.

지금까지 '유튜브, 페이스북, 트위터, 인스타그램, 틱톡, 디스코드, 포파라치, 네이버 블로그'까지 다방면의 소셜미디어 플랫폼을 자세히 살펴봤다. 이렇게 다양한 플랫폼을 모두 짚고 넘어가는 이유는 전작의 예측이 정확하게 맞았기 때문이다. 전작 《콘텐츠가 전부다 2》에서 2021년 소셜미디어 시장은 '멀티'의 경향을 더욱 강하게 띨 것이며, 사용자들은 한 가지의 소셜미디어를 주로 사용하기보다는 여러 서비스를 각각의 용도와 목적에 맞게 중복해서 사용할 것으로 예측했다. 2021년의 소셜미디어 트렌드는 그와 딱 맞아떨어졌고, 우리는 지금 '멀티 소셜미디어'의 시대를 살고 있다. 나에게 맞는 플랫폼을 취사선택해서 사용할 수 있다는 점에서 이는 매우 좋은 흐름이다. '양질의 긴 글'이라는 옷이 잘 맞는 사람은 페이스북을 하면 되고, '감성적인 사진'이라는 옷이 좋은 사람은 인스타그램을, '재미있는 짧은 영상'이라는 옷을 입고 싶은 사람은 틱톡을 하면 된다. 만약 나는 모든 옷이 다 잘 맞는다고 생각하면 다양한 SNS 플랫폼을 모두 이용하면 된다.

하지만 문제는 각 플랫폼들은 '사용자들이 분산되는 것'을 원하지 않는다는 사실이다. 그들은 사용자들의 시간을 '독점'하고 싶어 하고, 그로 인해 서로가 서로의 것을 카피해 경쟁하는 현상들이 나타났다. 소셜미디어 판에서 벌어지는 총성 없는 전쟁인 것이다. 그들은 이 전쟁에서 이기기 위해 현재 플랫폼에 더 오래 머무를 수 있게 알고리즘을 더욱더 정교화하고 있고, 결국에는 가장 강력한 마약인 돈을 사용자들에게 나눠주기 시작했다.

선택지가 많아진 상황 속에서, 오늘날 소셜미디어의 힘은 '플랫폼'에서 '크리에이터'로 옮겨가고 있다. 크리에이터 기능을 강화하지 않으면 영향력을 잃을 수 있음을 깨달은 기존 플랫폼들이 앞으로 어떤 묘수를 들고나올지 궁금하다.

지금 가장 핫한 틱톡 크리에이터는 누굴까?
국내외 인기 틱톡커 추천 및 구독 포인트

구분	분야	이름/계정	팔로워(명)	구독 포인트
국내	먹방	먹스나 @a.bite	1,240만	한판 가득 다양한 음식을 채우고 빠르게 먹는 것이 포인트.
국내	요리	청담언니 @chengdamunni	220만	평범한 요리부터 독창적인 요리까지, 음악에 맞춰 30초 내로 알려주는 재밌는 요리법.
국내	개그	온오빠 @korea.on	1,870만	크루들과 펼치는 다양한 상황극. 말을 하지 않아도 다 알아들을 수 있어, 국적 불문, 나이 불문, 누구나 쉽게 즐길 수 있다.
국내	스포츠	더투탑 @the_2top	75만	축구에 틱톡을 입히다! 축구를 모르는 사람도 재미있게 즐길 수 있는 테크닉 축구 콘텐츠.
국내	패션	쥬니 @juneytutela	120만	'○○○ 패션 따라잡기' 콘텐츠 연재 중.
국내	교육	강남허준 박용환 @drharang	270만	건강꿀팁, 말이 아닌 몸으로 직접 알려주기.
국내	댄스	시아 @sia_jiwoo	1,420만	고퀄리티 카메라로 담아내는 틱톡 댄스.
해외	밈	벨라 포치 @bellapoarch	8,400만	표정 하나로 틱톡 셀럽이 되고, 전 세계적인 스타로 거듭난 벨라 포치.
해외	밈	카바네 라메 @khaby.lame	1억1,600만	특유의 한심하다는 표정을 밈으로 만든, '한심좌' 카바네 라메.
해외	크루	XO팀 @xoteam	1,400만	틱톡 대세 크루! 팀 단위의 콘텐츠로 새롭게 탄생하는 최신 트렌드를 만나보자.
해외	챌린지	노바디 소시지 @nobodysausage	1,000만	틱톡에서 유행하는 챌린지를 3D 캐릭터들이 재연해낸다.

• 구독자 수는 2021년 10월 기준

CHAPTER

4

Audio.

노병은 죽지 않는다

클럽하우스 가고, 오디오 콘텐츠 오다
(#똥차 가고 벤츠 오다)

최고 '인싸'에서 최단기 '퇴물' 신세가 된 클럽하우스

2021년은 일론 머스크의 말 한마디가 얼마나 강력한지 보여준 한 해라고 해도 과언이 아닐 정도로, 그가 신문 1면을 장식하지 않은 날이 드물었던 한 해였다. 머스크가 언급했던 수많은 것들 중 아주 빠르게 떠올랐다가 그보다 더 빠르게 잊힌 것이 하나 있으니, 바로 오디오 콘텐츠 플랫폼인 클럽하우스다. 2020년 초반 오픈한 이 서비스는 1년 동안 빛을 보지 못하다가 일론 머스크가 직접 등장해서 다양한 이야기보따리를 풀어놓은 덕분에 순식간에 세계에서 가장 주목받는 플랫폼이 됐다.

클럽하우스는 간단히 말해 '음성형 트위터'라고 할 수 있다. 즉, 글 또는 이미지, 동영상을 올리고 소통하는 방식이 아니라, 대화할 수 있는 '클럽'을 만들고 사람들을 초대해서 이야기를 나누는 방식이다. 클럽하우스에는 스피커(화자)를 지정할 수 있는 방장(모더레이터moderater)이 있는데, 방장이 지정한 스피커는 음성으로 이야기를 이끌어 나가고, 나머지 청취자들은 이 대화를 듣는 시스템이다.

말은 글보다 빠르다. 소셜 미디어 중 속도가 빠른 편에 속하는 트위터와 비교한다 하더라도 클럽하우스는 그보다 훨씬 속도감 있는 소통이 가능했다. 또한, 클럽하우스의 가장 큰 특징 중 하나인 대화가 저장되거나 재생산되지 않는다는 점은 부담 없이 솔직한 대화가 오갈 수 있다는 부분에서 매력 포인트로 작용했다. 클럽하우스의 또 다른 특이점은 '초대'를 기반으로 한다는 것이다. 즉, 기존의 다른 가입자로부터 초대를 받아야만 가입할 수 있다는 것인데, 누구나 스스로 회원가입만 하면 마음대로 사용할 수 있는 타 서비스들과 가장 차별화되는 점 중 하나다.

클럽하우스가 순간적으로 '떡상'하는 데 기여한 일등 공신은 누가 뭐라고 해도 머스크다. 클럽에 직접 등판한 머스크는 비트코인 투자에 대한 이야기부터, 미국 주식 시장을 뒤집어 놓았던 게임스톱 사태, 테슬라를 오랜 시간 괴롭혀 온 공매도에 관련된 이야기까지, 다른 매체에서는 보기 힘든 날것의 이야기들을 말 그대로 '쏟아'냈다. 글자 제한이 있는 트위터에서는 볼 수 없는 내용들을 '초대권을 받은 사람들만' 특별하게 즐길 수 있다는 점에 사람들은 열광했다. 각종 언론에서는 머스크가 클럽하우스에 떴고 그곳에서 그와 소통할 수 있음은 물론, 어디서도 접하지 못했던 이야기보따리를 풀고 있다는 소식들을 재빠르게 실어 날랐다. 머스크에 이어 페이스북의 마크 저커버그도 클럽하우스에 나타났으며 국내에서는 우아한형제들(배달의 민족) 김봉진 의장, 비바리퍼블리카(토스) 이승건 대표 등이 등장하며 그 열기를 더했다. 이런 인기에 트위터나 인스타그램 등지에서 클럽하우스 입장권이 2만 원이 넘는 금액으로 판매되기도 했고(심지어 클럽하우스 입장권을 100만 원에 판매한다는 사람까지 등장해 세간의 관심을 끌기도 했다), 애플 앱스토어에서만 다운이 가능하다는 제약 때문에 시장에서 중고 아이폰의 가치가 급등하는 기현상도 벌어졌다. 관심이 뜨거운 만큼 시장에서 클럽하우스의 가치도 폭등했다. 2020년 하반기 1,000억 원 정도로 추정됐던 기업 가치는 2021년 '일론 머스크가 쏘아 올린 작은 공'을 시작으로 10배나 상승해 1조 원이 됐고, 이후 트위터로부터 약 4조 원에 가까운 인수 제안을 받기에 이를 정도로 수직 상승했다. 이 신선한 서비스의 앞길이 창창해 보이는 것은 너무나 당연한 일이었다.

출처: 클럽하우스 캡처

2021년 1월 31일 있었던 일론 머스크의 등판이 바로 클럽하우스 '떡상'의 시작이었다.

클럽하우스 가고, 오디오 콘텐츠 시대 열리다

지금은 어떠한가. 클럽하우스가 흥했던 것이 정말 2021년 초에 일어난 일이 맞는지 새삼스럽다는 느낌을 받는 독자들이 많을 것이다. 올 한 해를 다 잡아먹을 듯 무서운 기세를 보여주던 클럽하우스는 어쩌다가 '최단기 퇴물'이라는 오명을 뒤집어쓰게 된 걸까?

무서운 상승세가 지속된 지 두세 달이 지나지 않았을 무렵, 시장에서는 클럽하우스에 대한 의구심이 싹트기 시작한다. 개발자 10여 명 수준의 작은 서비스가 갑자기 너무 큰 관심을 받으니, 서비스 운영과 개선에 있어 어려움을 겪고 있다는 이야기부터 언젠가부터 보이지 않는 '원조 클러버' 머스크의 행방까지. 실리콘밸리와 판교의 IT 거물들을 만날 수 있던 클럽하우스는 어느샌가 주식 리딩방, 성대모사 채팅방과 같이 여느 음성 채팅방과 다르지 않은 모습을 보이기 시작했다. 이런 하향세는 숫자로도 나타났다. 한때 애플 앱스토어 전체 앱 순위 1위를 기록하던 영광을 뒤로 한 채, 2021년 5월에는 700위권까지, 7월에는 1,000위권 밖까지 밀려났고, 중고 장터에서 불티나게 팔리던 초대권은 무료 나눔의 대상이 됐다. 순간적으로 불타올랐던 핫한 서비스의 기세가 주춤해지는 현상은 흔히 찾아볼 수 있는 일이었지만, 이 정도로 무섭게 추락하는 경우는 이례적이었다.

클럽하우스의 '최단기 떡락'에 대해서는 '폐쇄성'과 '휘발성', 그리고 '경쟁자'라는 세 가지 이유를 들 수 있다. 첫째, 폐쇄성의 측면에서 클럽하우스는 애플의 운영체제(iOS)에서만 사용할 수 있는 물리적 제약을 지닌 서비스였다. 서비스가 흥행하기 전 iOS 점유율이 절반 이

급감하는 클럽하우스의 월간 다운로드 수

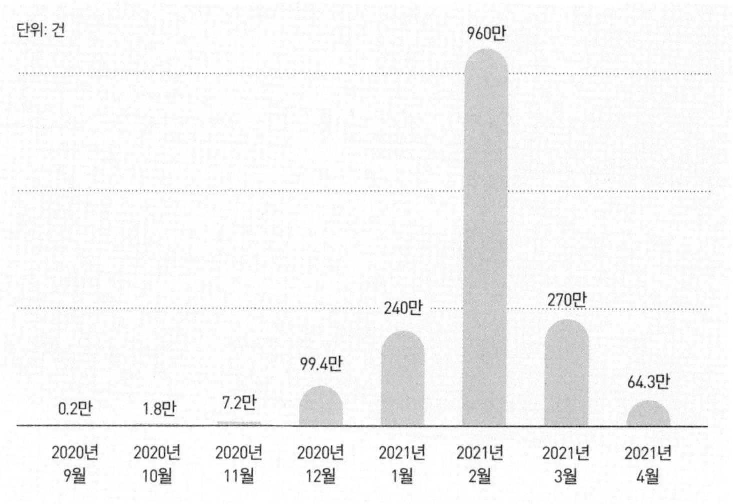

출처: 비즈니스 인사이더

상인 미국에서는 큰 문제가 되지 않았지만, 안드로이드 점유율이 높은 글로벌 시장에서 성장을 거듭하면서 이런 제약은 커다란 장애로 다가왔을 것이다. 이뿐만 아니라 초대권이 없으면 서비스를 이용할 수 없는 제한적 요소까지 고려한다면 클럽하우스는 진입 장벽이 결코 낮다고는 할 수 없는 플랫폼이었다. 물론, 이러한 폐쇄성이 서비스 초반에는 '아무나 들을 수 없는' 오디오 콘텐츠를 제공해 준다는 점에서 대단한 이점으로 작용했던 것도 사실이다. 몇만 원의 돈을 지불하고서라도 클럽하우스의 초대권을 구입하고자 하는 사람들이 있었다는 것은 이 플랫폼에 참여하는 것만으로도 '프리미엄'이 존재할 만큼 독보적인 매력이 있었다는 것을 방증한다.

하지만 예측하지 못한 속도로 사용자 수가 폭등하고 글로벌 서비스로 발돋움하는 그 순간부터 이러한 제약들은 역으로 '족쇄'가 되기 시작했다. 어떤 서비스든 이용자 수가 많아지면 '프리미엄', '특권'의 개념은 흐릿해지기 마련이다. 기존의 사용자들은 나름의 불만을, 신규 사용자들은 여전히 존재하는 진입 장벽으로 인한 불편을 느끼게 되는, 즉 '아무도 만족하지 못하는' 문제가 발생했다. 이 문제는 2021년 5월 안드로이드 운영체제용 앱 출시, 7월 중순에는 초대권 없이 모든 사용자가 클럽에 등판할 수 있도록 서비스를 개선하면서 일부 해결됐지만, 이미 골든타임이 지났다는 인상을 지울 수 없었다. 아이러니한 것은 클럽하우스가 가진 폐쇄성은 그만의 개성이기도 했는데, 이 폐쇄성이 어느 순간에는 해결해야 하는 문제가 됐고, 막상 문제가 해결되고 나니 다른 서비스들과 별다른 것 없는 오디오 플랫폼이 돼버렸다는 것이다.

동전의 양면이 된 '폐쇄성'과 '휘발성'

클럽하우스의 떡락, 그 두 번째 이유는 바로 휘발성이다. 클럽하우스는 콘텐츠를 중심으로 하는 서비스치고는 아주 특이한 부분이 있었는데 바로 기록이나 녹음이 되지 않는다는 점이다. 물론, 이 휘발성은 (아주 역설적이게도) 서비스의 부흥을 이끈 일론 머스크와 같은 유명 인사에게는 매력적인 포인트였다. 유명 CEO, 연예인, IT 기업 종사자들이 모여 속을 터놓는 이야기들을 쏟아낼 수 있었던 이유에는, 그 이야기들이 소위 '박제'돼 문제 요소가 될 여지가 적기 때문이기도 했다. 반면, 유명인이 아닌 사람들에게 휘발성은 마냥 좋기만 한 요소는 아니다. 콘텐츠 크리에이터 입장에서 클럽하우스에서 나누는 대화 하나하나가 모두 콘텐츠인데, 시간을 투자해서 만들어낸 콘텐츠가 저장, 기록, 공유되지 않는다는 점은 단순히 '아깝다'는 수준을 넘어 동기부여의 문제가 된다. 실제 일부 크리에이터들은 시간을 들여 콘텐츠를 준비하고 한두 시간 목이 터져라 이야기했는데, 클럽이 닫히고 나면 남는 게 없어 허탈했다는 아쉬움을 토로하기도 했다. 크리에이터에게 있어 콘텐츠의 재생산은 아주 중요한 수익 창출 요소 중 하나인데, 이런 부분이 근본적으로 막혀있다는 것은 큰 장애 요소일 수밖에 없다.

마지막 이유는 바로 경쟁자다. 앞서 언급한 두 가지 패착 요인은 재미있게도 동전의 양면과 같았다. 먼저 폐쇄성은 클럽하우스가 치고 나갈 수 있는 골든타임에는 족쇄가 됐지만, 서비스 초기 사람들의 관심을 끌 수 있는 이유가 되기도 했다. 휘발성은 일반 유저나 콘텐츠 크리에이터에게 매력적인 요소가 되지는 못했지만, 서비스 흥행에 불을 붙인 머스크와 같은 유명인을 끌어들이는 데 큰 역할을 했다. 그럼 이제, 이 두 가지 요소를 염두에 둔 채로 한 발짝 뒤로 물러나 조금 큰 그림으로 클럽하우스를 다시 바라보자. 어쩌면 이런 생각이 들지도 모른다. "뭐야, 사실 그 두 가지 요소를 빼면 클럽하우스만의 특징이라고 할 것이 없잖아?"

클럽하우스가 대박을 터트리자마자 경쟁자들이 유사한 서비스들을 기다렸다는 듯이 출시한 것을 보면 재미있게도 이 시장의 다양한 플레이어들도 정확히 똑같은 생각을 한 듯하다. 트위터는 2021년 3월 자체 음성 서비스인 '스페이스' 개발을 선언, 5월에 서비스를 오픈했고, 페이스북은 '라이브 오디오룸'이라는 팟캐스트 서비스를 개시했다. 국내에서는 카카오가 '한국판 클럽하우스'라는 슬로건 아래 '음mm' 이라는 이름으로 시장에 도전하고 있다.

출처: 각 사 홈페이지

클럽하우스의 무서운 경쟁자들,
트위터의 스페이스,
페이스북의 라이브 오디오룸,
카카오의 음.

트위터의 스페이스를 예로 들면, 클럽하우스가 좌초했던 문제점을 모두 개선한 '업그레이드 버전의 클럽하우스'라고 불러도 손색이 없다. 스페이스는 트위터 앱 내에서 구동되기 때문에 트위터 계정을 가진 사람이라면 누구나 이용이 가능하다. 기본적으로 억 단위의 이용자를 보유한 트위터와 연동이 돼 있으니, 이를 고려하면 사용자 접근성이 매우 높다고 볼 수 있다. 기능적으로도 한 단계 업그레이드됐다. 청각 장애를 가진 사용자들의 편의를 높이고, 음성 콘텐츠의 특성상 알아듣기 힘든 부분을 해결하기 위해 실시간 자막 기능을 추가했다. 이모티콘 기능을 통해 감정을 표현하는 것도 가능하다. 마지막으로 스페이스는 음성 대화를 30일간 보관하는 정책을 운영한다. 채팅이나 음성 내역이 남지 않길 바라는 사용자들의 의견도 있지만, 그보다 건강하고 안전한 커뮤니티 조성이 우선이라는 게 트위터의 설명이다. 이쯤 되면 이런 생각이 든다. 클럽하우스에 제기된 문제들이 모두 적기에 해결됐다고 한들, 경쟁자들의 이같은 무서운 공격을 과연 견뎌낼 수 있었을까?

남겨진 기회를 노리는 플레이어들

클럽하우스가 물러난 자리에는 새로운 기회가 싹을 틔우고 있다. 꽤 오래전부터 오디오 콘텐츠에 꾸준히 투자해온 스포티파이뿐만 아니라 콘텐츠 시장에 전 방위적으로 손을 뻗고 있는 아마존, 그리고 국내의 팟빵, 네이버와 같은 플레이어들이 그렇다. 비록 클럽하우스는 위에서 말한 세 가지 장애물을 넘지 못하고 역대급 속도로 좌초돼 버렸지만, 짧은 시간 동안 누린 유례없는 전성기는 오디오 콘텐츠 시장의 무궁무진한 가능성을 다시 한번 증명하기에 충분했다.

골드만삭스는 전 세계 오디오 콘텐츠 시장 보고서에서, 2019년 약 29조 원이었던 오디오 시장의 규모가 2030년에는 **86조 원**까지 약 **3배** 가까이 **성장**할 것으로 전망했다.

이 시점에서 다시 한번 돌아보게 되는 것이 스포티파이의 놀라운 혜안이다. 2019년부터 오디오 시장에 '진심'이었던 스포티파이는 꾸준히 오디오 시장에 베팅해온 선두주자다. 2020년 미국의 코미디언 조 로건Joe Rogan에게 자그마치 1억 달러(약 1,200억 원)를 주고 팟캐스트 독점권을 통 크게 사들인 것을 시작으로 그전에 인수했던 김릿Gimlet, 앵커Anchor, 파캐스트Farcast와 같은 기존의 팟캐스트 업체와 더불어 스포츠 팟캐스트 더 링어The Ringer를 인수하며 이미 스트리밍 플랫폼을 넘어 오디오 제국으로의 발돋움을 준비하고 있었다.

지금은 고개를 끄덕일 수 있겠으나 당시만 해도 스포티파이의 행보에 대해 반신반의하는 것이 일반적이었다. 당시 팟캐스트 광고 시장이 우수함을 인정받는 과정에 있었던 것은 사실이지만(팟캐스트에서 집행하는 광고는 다른 플랫폼의 광고보다 구매 전환율이 높다는 연구 결과가 있다), 기본적으로 오디오 시장 규모는 10억 달러(약 1조 2,000억 원)밖에 되지 않았기 때문이다. 이는 비디오 콘텐츠 시장이 오디오 시장의 100배가 넘는 1,100억 달러(약 132조 원)의 규모인 것에 비하면 너무나도 작은 규모였다. 이에 더해 스포티파이가 로건 한 사람에게 투자한 금액이 자그마치 전체 시장 규모의 10%에 해당하는 천문학적인 금액이었던 것도 불안감을 끌어올리는 데 한몫했다. 앞으로 가능성을 무궁무진하게 품고 있는 미래의 시장이라 하더라도, 현시점에 스타 플레이어 단 한 명에게 천문학적인 금액을 투자하는 것이 옳은 결정인지는 또 다른 문제이기 때문이다. 그럼에도 불구하고 스포티파이는 2020년 말, 팟캐스트 시장의 원조였던 애플을 따돌리고 시장 점유율 1위를 차지하며 주변의 우려를 불식시킨다. 이용자 수도 가파르게 증가해 광고 매출 역시 지난해 같은 기간보다 52%나 성장하는 모습을 보여주는 등 오디오 콘텐츠 시장의 가능성을 전 세계에 각인시키는 데 성공한 것이다.

아마존 역시 마찬가지다. 2020년 9월, 아마존은 자체 음악 스트리밍 플랫폼인 아마존 뮤직Amazon Music에 팟캐스트 카테고리를 추가하면서 스포티파이 등 경쟁자들이 입지를 굳힌 팟캐스트 시장의 점유율 확대를 꾀하고 있다. 2020년 12월에는 미국의 팟캐스트 스타트업 원더리Wondery 인수에 4억 달러(약 4,800억 원)를 투자하며, 아마존 뮤직에 오디오 콘텐츠를 확대할 것임을 밝혔다. 지난 2016년에 설립된 원더리는 〈더티 존Dirty John〉, 〈닥터 데스DR. Death〉 등 범죄 실화 시리즈를 포함해 100여 개 이상의 오리지널 콘텐츠를 보유하고 있으며, 고정 시청자 수가 1,000만 명에 이를 정도로 인기 있는 제작사다. OTT 전성시대를 맞이하면서 찾아온 미디어와 콘텐츠의 합종연횡 트렌드가 이제는 오디오 콘텐츠 시장으로 옮겨 왔다고 봐도 무방할 정도다.

국내 오디오 시장도 이 거대한 흐름을 타기 위해 동분서주하고 있다. 2020년 네이버는 '24시간 라이브 오디오'라는 슬로건으로 나우NOW.를 론칭했다. NOW.는 네이버 메인 페이지 하단에 'NOW. 스테이션'을 배치하는 초강수로 서비스를 시작한 이래 무서울 정도로 그 크기를 늘려 왔고, 지금은 음악 차트, 토크쇼, 예능, 라이브 커머스는 물론 전통적인 라디오 형태까지 모두 포괄하는 규모로 거듭났다. 사실상 "네이버가 라디오 방송국을 개국했다"라는 말이 어색하지 않을 정도의 콘텐츠 라인업을 보유하고 있다.

국내 팟캐스트 시장의 전통 강자, 팟빵도 꾸준히 성장하고 있다. 〈나는 꼼수다〉, 〈다스뵈이다〉 등 정치·시사 프로그램을 필두로 4050 중년층이 중심이었던 팟빵은 〈송은이, 김숙의 비밀보장〉, 〈들으면 똑똑해지는 라이프, 듣똑라〉, 〈히든풋볼〉 등 인기 콘텐츠 라인업이 몇 년에 걸쳐 보강되며 전 연령대를 포괄하는 오디오 플랫폼으로 탈바꿈했다. 팟빵에서 발표한 자료에 따르면 팟빵의 청취 시간은 2019년 기준으로 자그마치 1억 7,400시간에 달한다. 이는 전년 대비 207% 증가한 수치로 말 그대로 무서운 성장세를 보이고 있다.

MZ세대 사이에서는 스푼라디오가 대세다. 2016년 서비스를 시작한 스푼라디오는 오디오계의 아프리카TV라고 볼 수 있다. 앞서 언급한 서비스들이 주로 전문가나 유명인 중심의 오디오 콘텐츠를 제작한다면, 스푼라디오는 일반인 DJ가 그 중심에 있다. (아프리카TV가 그랬듯, 유명인보다는 끼 넘치는 일반인 BJ들을 중심으로 성장해온 점이 두 서비스의 공통점이다.) 스푼라디오는 알토스벤처스Altos Ventures, 소프트뱅크 등의 투자자로부터 자금을 확충하며 지속적인 성장세를 보이고 있다. 또한 규모가 커짐에 따라 아프리카TV의 '파트너 BJ'와 유사한 '초이스 DJ(방송 참

『바벨』은 제국과 대륙에 대한 서사다.
언어는 권력이다. 때로 그것은 목숨, 욕망과
죽음에 대한 대한 것이기도 하다. - 〈타임즈〉

바벨
20개의 언어로 떠나는 세계 문명기행

가스통 도렌 지음 | 김승경 옮김 | 456쪽 | 23,000원

세계에 존재하는 약 6,500개의 언어 중 가장 리 쓰이는 20개의 언어를 언어학을 기본으 하여 문화적, 역사적, 사회적, 그리고 정치적 점에서 살펴본다. 한 권의 문명 여행기와도 은 이 책에서 어디서도 접하지 못했던 언어 관한 다채롭고 흥미로운 이야기들을 만나보

"인구는 무엇보다 중요하고 언제나 그래왔다"
모든 역사적 사건의 배경에는
'인구'가 있다

인구의 힘
무엇이 국가의 운명을 좌우하고
세계사의 흐름을 바꾸는가

폴 몰랜드 지음 | 서정아 옮김 | 18,000원

모든 역사적 사건의 기저에는 바로 '인구'가 다. 인구의 변화를 면밀히 살피다 보면 세계 의 변곡점마다 인구가 결정적인 요소로 작용 다는 점을 알 수 있다. 이 책은 세계사적 큰 변 에 주요한 역할을 했음에도 불구하고 그간 저 가되어왔던 인구 문제를 다룬 최초의 대중서다

끝물이라고 여겨지던 '오디오 콘텐츠'를 새로운 투자 대상으로 발돋움시킨 스푼라디오. 일반인 DJ들이 활약하는 서비스로, MZ세대를 중심으로 인기를 끌고 있다.

출처: 스푼라디오

여자 수, 좋아요 수 등의 여러 데이터를 상위권으로 보유한 라이브 DJ)'라는 제도를 활용해 일반인부터 유명인에 이르기까지 다양한 종류의 오디오 콘텐츠를 제작하고 있다. 이처럼 음원 스트리밍 플랫폼의 등장 이후 다이내믹한 변화라고는 찾아볼 수 없던 오디오 콘텐츠 시장은 그동안 받지 못했던 스포트라이트를 최근 한꺼번에 받고 있다. 클럽하우스가 최단기 퇴물이라는 오명을 쓰고 시장에서 밀려나며 남긴 작은 불씨가 이제서야 오디오 콘텐츠 시장을 본격적으로 타오르게 하고 있는 것이다.

당신의 눈을 자유롭게 하리라: Why AUDIO?

이번에는 "대체 왜 오디오인가"라는 조금 근원적인 질문을 던져 보자. 콘텐츠에 '진화 과정'이 있다면, 소리를 기반으로 전달하는 오디오 콘텐츠는 매체를 필요로 하는 그림이나 영상 콘텐츠보다 더 원초적인 단계에 가깝다고 할 수 있을 것이다. 유명한 팝송 'Video killed a radio star'가 등장한 이래, 비디오 콘텐츠는 오디오 콘텐츠보다 늘 우월한 위치에 있었다. 바꿔 말해 비디오는 오디오보다 '한 레벨 위'의 콘텐츠로 여겨져 왔다는 것이다. 그렇다면 AR과 VR, 그리고 메타버스라는 단어가 울려 퍼지는 이 시점에 오디오 콘텐츠가 다시 주목을 받는 이유는 대체 무엇일까? 답은 '시간 점유율Share of Time'에서 찾을 수 있다. 재미있는 통계를 하나 보도록 하자. 2020년, 《테크 앤 미디어 아웃룩Tech and Media Outlook》에서 공개한 보고서는 아래와 같은 수치를 제시한다.

* 미국 성인이 하루에 일을 하며 보내는 시간은 약 32시간이다.
* 18세 이상 성인 중 72%는 최소한 2개 이상의 플랫폼을 이용하며, 18~24세 성인 중 27%는 10개 이상의 플랫폼을 이용한다.
* 2019년 1인당 이용하는 소셜 미디어 플랫폼은 평균 5.8개였고, 2023년 10.2개까지 증가할 것이다.
* 오디오 콘텐츠를 들을 때 다른 일을 함께 하는 사람의 비중은 80%다.
* 오디오 콘텐츠를 들을 때 가장 많이 하는 일은 걷기(36%)와 운전하기(34%)다.

앞에 제시된 통계 자료는 모두 한 가지 중요한 사실을 함의하고 있다. 아직 잘 모르겠다면 미국 성인이 하루 평균 '무언가 일을 하며 보내는 시간'이 자그마치 32시간이라는 점에 집중해보자. 하루는 24시간인데 어떻게 이런 숫자가 나올 수 있었을까?

바로 '멀티태스킹multitasking' 때문이다. 설문에 응답한 사람들은 32시간과 24시간의 차이, 즉 8시간 또는 그 이상의 시간 동안 한 번에 두 가지 이상의 일을 하며 멀티태스킹하는 시간을 보냈다. 2021년 현재, MZ세대의 멀티태스킹 시간은 어떨까? 10개 이상의 플랫폼을 동시에 사용하는 그들의 멀티태스킹 시간이 하루 중 10시간은 족히 넘지 않을까 예상하는 것이 과장은 아닐 것이다.

스마트 디바이스 역시 마찬가지다. 스티브 잡스의 마지막 역작으로 불리는 아이패드부터 TV와 모바일을 연결하는 크롬캐스트Chromecast의 등장, 인공지능 스피커의 보급, 그리고 절대 빼 놓을 수 없는 에어팟을 필두로 시작된 선 없는 이어폰, TWSTrue Wireless Stereo의 시대까지. 이 모든 변화를 멀티태스킹과 떼어 놓고 설명할 수는 없다. 특히 에어팟이 가져온 멀티태스킹 환경의 변화는 단순히 "선이 없어졌다"는 말 하나로 어물쩍 넘어가기에는 너무 거대하다. 선이 사라짐으로써 사람들은 이동할 때, 운동할 때, 심지어 공부하거나 일할 때도 이전보다 더 쉽게 이어폰을 착용한 채 시간을 보낸다.

오디오는 멀티태스킹 트렌드에 가장 적합한 콘텐츠다. 일단 영상을 보지 않아도 되니 눈이 자유롭다. 책을 읽는다거나, 운전을 하거나, 운동을 하는 데에도 전혀 지장이 없다. 무선 이어폰을 한쪽 귀에만 꽂으면 더 많은 일을 할 수 있다. 이어폰을 한쪽 귀에 꽂고 볼륨을 낮춘 채로 업무에 집중하는 회사원들을 보는 것도 어려운 일이 아니다.

여기에 폭발적인 시너지를 낼 수 있도록 한 것이 바로 '콘텐츠가 전부인 세상의 도래'가 아닐까 싶다. 오늘날은 전 세계의 모든 사람이 재미있는 콘텐츠를 만들어낼 수 있는 생산자이자 소비자인 그야말로 진정한 프로슈머Prosumer의 시대다. 세상에는 '꼭 봐야 하는' 콘텐츠들이 너무 많다. 하지만 동시에 우리에겐 주어진 일이 너무나 많기도 하다. 일도 하고 공부도 해야 하며 운동과 독서는 물론 집안일도 열심히 해야 한다. 그런데 나에게 주어진 시간은 늘 한정적이다. 이 모든 콘텐츠를 보면서 해야 할 일들까지 모두 처리할 수는 없다.

오늘 넷플릭스로 〈오징어 게임〉을 정주행하려고 마음먹었다면, 게임 '사이버펑크 2077'은 포기해야 한다. 영화, 드라마부터 게임까지 '눈'을 중심으로 한 콘텐츠들이 사람들의 한정된 시간을 두고 맹렬하게 싸우는 사이, 오디오 콘텐츠는 사람들의 귀로 서서히 스며들고 있다. 운동하면서 영화를 본다거나 공부를 하면서 게임을 하는 일은 불가능에 가깝지만, 운동하면서 팟캐스트를 듣거나, 공부하면서 음악을 듣는 일은 가능하다. 빈틈없이 짜인 현대인의 타임 테이블 사이를 비집고 들어갈 수 있는 힘이 오디오 콘텐츠에는 있다. 심지어 이제는 오디오 콘텐츠를 소비하기 위해 '같이 할 어떤 일'을 찾는 단계에까지 이르렀으니 말이다. 궁극적으로 재미있으면서도 다른 일을 함께 할 수 있는 멀티태스킹에 적합한 콘텐츠로서, 앞으로도 오디오는 더욱더 주목받을 것이다.

라디오 앞으로 모여드는 MZ세대
(설거지 조지러 간다)

아날로그 리터니의 등장

"설거지 조지러 간다"라는 말을 들어본 적이 있는가? 보통 30분 이상, 길게는 한 시간이 넘는 오디오 콘텐츠에서 쉽게 볼 수 있는 댓글이다. 이런 댓글이 달리는 콘텐츠들의 공통점은 무엇일까? 그 답은 영상 없이도, 소리만으로도 콘텐츠를 충분히 즐길 수 있는 '오디오 중심'이라는 점이다. 재밌게도 댓글을 다는 이들은 대부분 MZ세대다. 앞서 오디오 콘텐츠의 가장 큰 강점 중 하나로 멀티태스킹을, 그리고 멀티태스킹에 가장 익숙한 세대로 MZ세대를 꼽았다. 이제는 오디오 콘텐츠를 들을 때 '무언가 같이 하는 것이 없으면 안 되는' 지경에까지 이른 정도니, 이들이 느끼는 익숙함이야 달리 말할 필요가 없을 것이다. 그런데 왠지 이들이 좋아하는 오디오 콘텐츠는 무언가 다른 점이 있을 것만 같다. 그렇지 않은가? 프로그램 방송 시간에 맞춰 라디오 앞에 앉아 혹시라도 내 사연이 읽힐까 설레는 마음으로 들었던 라디오를, 지금의 MZ세대는 싱크대 앞에 서서 신나게 설거지를 '조지며' 듣는 시대가 왔다고 하니 말이다.

결론부터 말하자면 지금 MZ세대에게 인기를 끌고 있는 오디오 콘텐츠는 기성세대가 즐기던 그때 그 시절의 라디오와 별반 다를 것이 없다. 2017년부터 지금까지 정상을 지켜오고 있는 〈송은이, 김숙의 비밀보장〉부터, 웹툰작가이자 스트리머로 유명한 침착맨(이말년)의 〈왕십리로 날아온 편지〉, 그리고 주호민의 〈펄이 빛나는 밤〉과 〈수자 앤 펄〉은 송출되는 플랫폼이 달라졌을 뿐 기본적으로 라디오와 똑같은 형태를 취하고 있다. 프로그램 중간마다 신청곡을 틀어주고, 청취자들이 보내준 사연을 읽어 주기도 하며, 이를 기반으로 상담을 진행하기도 한다. 모두 시청자와의 소통을 기반으로 하는 콘텐츠다.

대표적으로 〈송은이, 김숙의 비밀보장〉에서 다루는 청취자들의 사연은 가벼운 고민부터 밖에서 꺼내기 힘든 속 깊은 이야기까지 다양하다. 송은이와 김숙은 재미있는 사연은 그 누구보다 유쾌한 목소리로, 속 깊은 고민은 공감하고 걱정하는 목소리로 읽어 내려간다. 비록 내 이야기는 아니지만 청취자들은 크리에이터의 목소리와 누군가가 남겼을 마음이 담긴 사연에 주목한다. 〈왕십리로 날아온 편지〉의 경우, 침착맨 특유의 익살스럽고 엉뚱한 피드백이 큰 재미를 주는 콘텐츠다. 무거운 사연마저 침착맨만이 가진 인사이트를 발휘해, 재치 있는 답변을 해주는 것이 백미다. 주호민의 〈펄이 빛나는 밤〉 역시 마찬가지다.

출처: 팟캐스트

팟캐스트의 인기 프로그램인 〈송은이, 김숙의 비밀보장〉, 〈왕십리로 날아온 편지〉, 〈펄이 빛나는 밤〉, 〈수자 앤 펄〉. 과거 라디오의 인기 프로그램처럼 진행자와 청취자들간의 따뜻한 공감식 소통이 인기의 비결이다.

청취자들이 사연과 함께 신청곡을 보내면 사연을 읽어주고 노래를 틀어주는 전통적인 방식의 오디오 콘텐츠다. 정말 별것 없지만 청취자가 보낸 사연을 같이 읽고, 그에 대해 생각하고 소통하는 과정 자체가 주는 '따뜻함'이 큰 매력이다.

DJ 크리에이터들의 맹활약

이 같은 오디오 콘텐츠들은 실질적으로 이전의 라디오 콘텐츠와 별반 달라진 것이 없는데, 왜 MZ세대는 설거지를 조져 가면서까지 여기에 열광하고 있는 걸까? 이에 대한 답변으로 '소통'이라는 키워드를 제시하고자 한다. 혹자는 "댓글, 라이브 방송, 실시간 채팅 등을 통해 그 어느 때보다 소통이 활발한 오늘날에 웬 아날로그식 소통?"이라는 의문을 제기할 수도 있다. 하지만 유튜브 라이브나 아프리카TV, 또는 트위치에서 진행되는 라이브 방송에 참여해 크리에이터와 소통하려는 노력을 단 한 번이라도 해 보았다면, 아마 이런 경험이 한 번쯤은 있을 것이다.

내가 좋아하는 크리에이터 A의 라이브 방송이 켜졌다. 실시간 시청자 수 1만 명은 기본에, 주말이면 5만 명이 넘는 사람들이 함께 부대낀다. 쉴 새 없이 올라가는 댓글에 크리에이터도 눈을 어디에 둘지 모른다. 읽을 새도 없이 넘어가 버리는 채팅창에는 각자 하고 싶은 말만 쏟아내는 사람들로 가득하다. 크리에이터에게 전하고 싶은 이야기를 채팅창에 적어 봐도, 1초가 지나지 않아 이미 다른 채팅에 밀려서 보이지 않는다. 내가 하는 이야기를 크리에이터에게 명확하게 전달하고 싶

출처: 유튜브 캡처

유튜브 라이브 방송에서는 슈퍼챗을 통해 많은 비용을 지출할수록 나의 채팅이 상위에 오랜 시간 노출된다.

다면 도네이션이나 슈퍼챗과 같은 수단을 사용해야 한다. 내가 하고자 하는 이야기의 중요성은 도네이션의 비용이 얼마인가에 달려 있는 것만 같이 느껴진다. 도네이션 비용이 적으면 내가 작성한 메시지는 금방 채팅창에서 사라지고, 더 많은 금액을 지출한 사람들의 메시지가 채팅창에 조금 더 오래 노출된다. 어쩌면 이 '소통의 장'은 자본주의 논리에 먹힌 것 같다는 생각이 들 정도다. 모두가 소통하려 애를 쓰는데 도무지 소통이 되지 않는 것만 같아 답답하기만 하다.

예전부터 많은 라디오 진행자들이 "라디오는 참 따뜻한 매체인 것 같다"라는 이야기를 하곤 했다. 한쪽 방향으로 빠르게 달려가는 무언가가 있었다면 항상 그에 반발하는 또 다른 무언가가 나타나는 것은 인지상정. 그래서일까. 이 시점에 옛날 그 시절의 느리지만 따뜻했던 라디오식 소통을 좋아하는 '아날로그 리터니Analogue Returnee(아날로그로 다시 돌아온 사람들이라는 의미로, 4차 산업혁명을 위시한 디지털 중심의 문화에서 과거의 아날로그식 문화로 되돌아가고자 하는 사람들을 일컬음)'가 등장하는 것은 어쩌면 자연스럽게 느껴진다. 실제 앞서 언급한 〈송은이, 김숙의 비밀보장〉은 물론, 침착맨이나 주호민의 오디오 콘텐츠에 사연을 보내는 시청자는 20대 초중반을 중심으로 10대에서 30대까지 걸쳐 있다. 지금의 MZ세대는 내가 정성스럽게 적어 내려간 사연을, 내가 좋아하는 크리에이터가 찬찬히 읽어 주고, 그에 대한 생각을 목소리로 전하는 '조금은 답답하고 느리지만 따뜻한 소통'을 좋아한다는 것이다.

이처럼 아날로그 리터니 성향을 보이는 MZ세대가 있는 반면 또 다른 소통의 재미를 찾는 MZ세대들이 '원픽'으로 뽑는 서비스는 다름 아닌 스푼라디오다. 영상 기반의 스트리머들이 BJ라고 불리는 데 반해, 스푼라디오의 크리에이터들은 DJ로 불린다. 음성형 아프리카TV라는 별칭에 걸맞게 DJ와 시청자가 오디오를 중심으로 소통하며 콘텐츠를 구성하고, 함께 놀 수 있는 곳이 바로 스푼라디오다.

스푼라디오는 전체 이용자 중 **MZ세대의 비중**이
75% 이상을 차지할 정도로 젊은 플랫폼이다.
스푼라디오가 공개한 자료에 따르면
전체 이용자의 **54.3%**가 **18~23세**이고
25~34세 비중도 23.2%에 달한다.

실제로 30대 중반이 넘은 사용자가 스푼라디오를 써봤을 때 이질감을 느끼는 경우가 상당수 있다고 하니 확실히 MZ세대, 더 좁게는 Z세대가 '놀기 좋은' 오디오 플랫폼임은 틀림없어 보인다.

스푼라디오의 최혁재 대표는 한국콘텐츠진흥원과의 인터뷰를 통해 "비디오 시장의 경우, 전문가들이 만든 콘텐츠를 즐기고 싶으면 넷플릭스에서 영화나 미드를 보고, 가벼운 콘텐츠로 시간을 보내고 싶으면 유튜브로 가잖아요. 오디오 콘텐츠도 똑같다고 생각해요. 전문가가 만든 콘텐츠를 듣고 싶다면 스포티파이나 멜론처럼 뮤지션들의 음악이 올라오는 플랫폼 혹은 팟캐스트의 콘텐츠를 청취하면 되죠. 그런데 내 또래의 일반인이 만드는 재밌는 콘텐츠, 공감할 수 있는 콘텐츠를 즐기고 싶다면 스푼라디오로 오면 됩니다"라고 말했다. 최 대표의 말처럼 스푼라디오의 최대 특징은 누구나, 언제 어디서든지, 부담 없이 라디오 DJ가 돼 방송을 시작할 수 있다는 점이다. (최근에는 배우 김보라의 〈보라다방〉, 아이돌 광희의 〈분노의 칭찬봇〉까지 다양한 연예인과 인플루언서가 출연하는 오리지널 콘텐츠로 그 영역을 확장하고 있다.)

일반인들에게는 불특정 다수의 시청자에게 얼굴을 노출하고 방송하는 것보다 목소리를 중심으로 방송할 수 있는 스푼라디오가 확실히 덜 부담스러운 플랫폼이다. 글로벌 오디션 프로그램인 〈더 보이스The voice〉나 국내의 〈복면가왕〉과 같은 예능 프로그램이 보여줬듯이 '상대의 모습이 보이지 않는 상태에서 목소리를 듣는 것'은 소통과 메시지 그 자체에 더욱 집중하게 하며, 혹시 생길 수 있는 편견을 걷어내는 역할을 해준다. 스푼라디오에서는 편하게 방송할 수 있는 만큼 자작곡이나 책 낭독, ASMR부터 오디오 드라마와 토크 쇼에 이르기까지 다양한 콘텐츠를 접할 수 있다. 이 안에서 시청자 역시 자신의 취향에 꼭 맞는 DJ를 찾을 수 있고, 해당 DJ와 보다 가깝게 소통할 수 있다는 것 또한 스푼라디오의 큰 장점이다. 실제 스푼라디오에 접속해 보면 고등학생부터 대학생까지, 학생 신분의 DJ를 만나는 것이 어렵지 않다. 자신을 직접 드러내지 않고도 사람들과 소통할 수 있고, 장소의 구애를 받지 않으며, 만들고 싶은 콘텐츠를 상대적으로 적은 부담 속에서 만들 수 있다는 강점이 MZ세대에게 어필하고 있는 것이다.

오디오 콘텐츠에 정말로 '진심'인 네이버

네이버 앱을 켜면 화면 하단에 아른거리는 빨간색 로고 NOW.를 본 적이 있는가? 그랬다면, '이게 뭐지?'하고 버튼을 눌러본 경험도 있을 것이다. 이 버튼의 정체는 네이버가 야심 차게 준비한 오디오 플랫폼 NOW.다. NOW.의 등장은 나름 파격적이었다. 새로운 앱을 론칭하는 것이 아니라, 기존의 네이버 앱에 탑재하는 방식을 택했기 때문이다. 조금 의아하기도 할 테지만, 앞서 줄기차게 이야기해온 멀티태스킹의 관점에서 바라본다면 머릿속에 느낌표가 확 떠오를지도 모른다. 네이버는 "NOW.를 BGM(배경음)처럼 들으면서 네이버 앱을 사용하세요"라고 말하고 있는 것이다. 물론, 멀티태스킹을 염두에 뒀다고 해서 NOW.를 과소평가하면 곤란하다. NOW.의 편성표는 전문 라디오 채널을 능가할 정도의 라인업을 보유하고 있다. 24시간 내내 방송하는 스테이션답게 유명인, 기업가, 코미디언, 배우, 아이돌, 싱어송라이터 등

출처: 네이버 앱 캡처

오디오 콘텐츠에 진심인 네이버가 야심 차게 출시한 NOW. 편성표. 웬만한 셀럽은 거의 다 찾아볼 수 있을 정도로 막강한 라인업을 갖췄다.

의 출연진이 거의 전 영역에 걸쳐 다양한 콘텐츠를 송출한다.

NOW.의 콘텐츠 편성표를 둘러보고 나면, '네이버가 오디오 콘텐츠 시장에 상당히 진심인 편'이라는 걸 알 수 있다. 웬만한 기성 라디오 방송국은 말 그대로 '빰 때릴 수 있을 만큼'의 다양한 출연진과 콘텐츠 라인업을 보유하고 있기 때문이다. 레드벨벳 슬기의 〈슬기 ZIP〉, 악동뮤지션 수현의 〈수현의 숲〉, 싱어송라이터 적재의 〈적재의 야간작업실〉은 물론, 경제 유튜버 신사임당의 〈부자가 되기로 결심한 사람들〉, 전 골프선수 박세리의 〈세리자베스〉 등 입맛대로 골라 즐길 수 있는 콘텐츠들이 즐비할 뿐만 아니라, 최근에는 예능을 넘어 경제, 요리, 반려동물 등 더욱 다양한 영역으로 확장에 확장을 거듭하고 있다.

장기화되고 있는 코로나19에 발맞춰 '보이는 라디오'와 같은 영상 라이브 쇼로 영역을 확대한 NOW.의 선택 역시 좋은 반응을 얻고 있다. 오프라인 행사의 재개가 요원해 보이던 와중에 네이버라는 거대 플랫폼의 등에 업혀 대중을 만날 수 있는 NOW.는 분명히 매력적이었다. 대한민국 가요 시장 부동의 원탑 아이유가 선택한 컴백 무대 역시 NOW.였다. 2021년 3월 〈스물아홉살의 봄〉이라는 이름으로 진행된 아이유의 컴백 쇼는 접속자 수 31만 명을 기록할 정도로 대히트였다. 무려 10년 만에 정규 8집을 발표한 가수 성시경도 〈마음을 담아〉라는 이름으로 준비된 NOW.의 특별 편성 프로그램을 통해 컴백했다. 자유로운 포맷하에 팬들과 실시간 소통이 가능한 채널이 존재하는 이상, 이전처럼 지상파 음악 또는 라디오 프로그램을 통해 컴백할 필요성이 없어진 것이다(실제로 성시경의 〈마음을 담아〉는 간단한 술과 안주를 곁들인 방송이었는데, 지상파 프로그램에서는 언감생심 꿈도 못 꿀 일이다). 이들뿐만 아니라 세븐틴, 헤이즈, 몬스타엑스 등의 가수들이 NOW.에서 컴백 무대를 선보였을 정도로 NOW.가 K-팝 스타들에게 있어 '컴백 맛집'으로 자리 잡았음은 분명해 보인다. 화룡점정을 장식한 것은 다름 아닌 BTS다. BTS 역시 〈A Butterful Getaway〉라는 이름의 스페셜 쇼를 통해 신곡 'Permission to Dance'의 글로벌 프리미어를 진행했고, 편안한 분위기에서 멤버 간의 찰떡궁합 케미는 물론 완벽한 라이브 무대까지 소화해 팬들에게 호평을 받았다.

NOW.에 대한 좋은 반응은 숫자로도 증명된다. 지난 1년간 네이버 NOW.의 누적 시청자 수는 **2,000만 명**을 돌파했고, 그 중 특히 **10대 시청자 수**가 2020년과 대비해 **2배**나 증가했다고 하니, MZ세대의 오디오 콘텐츠 취향을 저격하는 데 제대로 성공한 듯하다.

네이버 NOW.가 가진 가장 강력한 장점 중 하나는 바로 대다수의 콘텐츠들이 '오리지널'이라는 점이다. 스포티파이가 조 로건의 팟캐스트를 '스포티파이 오리지널'로 만들기 위해 투자했던 금액을 기억하는가? 물론 NOW.에서 만들어지는 콘텐츠 하나하나가 로건의 콘텐츠만큼 파급력을 갖기는 힘들겠지만, 다른 그 어떤 오디오 플랫폼보다 많고 빠르게 오리지널 콘텐츠를 확보해 나가고 있다는 점을 생각하면 '역시 네이버'라는 말이 절로 나오게 된다.

이에 더해, 네이버의 음원 스트리밍 플랫폼 바이브VIBE와의 시너지도 만만치 않을 것으로 보인다. 실제 네이버는 NOW.와 VIBE 그리고 기존의 오디오 플랫폼인 오디오클립 등을 한데 묶어 튠TUNE 이라는 이름의 새로운 CIC(사내독립기업)를 신설하며 서비스 간 시너지를 극대화하고 있다. NOW.에서 방송이 끝난 오디오 콘텐츠들을 다시 듣기 위해서는 VIBE로 접속해야 하는데, 네이버가 보유하고 있던 오디오 플랫폼들이 비로소 연결되며 모든 소비가 네이버 안에서 다 해결되도록 할 수 있는 순환 구조가 완성돼 가고 있다. (네이버는 2020년 네이버 뮤직을 VIBE로 새단장하고, 2021년에는 네이버 멤버십과 연계한 혜택을 강화하면서, 그동안 포기한 것으로 보였던 음원 스트리밍 사업에 재도전하고 있다.) 라디오 방송국을 방불케 하는 규모로 매일 오리지널 오디오 콘텐츠를 쏟아내고 있는 NOW.가 어떻게 성장해 나갈지 기대할 수밖에 없는 이유다.

I'm inevitable: 오디오 시장을 넘보는 타노스, 유튜브

때껄룩이 열어젖힌 '브금BGM 전성시대'

근래 음악 시장을 가장 크게 뒤흔든 한 사람을 뽑는다면, 누구를 선택할 수 있을까? K-팝을 전 세계적 장르로 끌어올린 장본인이자 하나의 문화 현상이 된 BTS를 뽑는 사람도 있을 것이고, 20대 마지막 앨범을 낸 아이유를 뽑는 사람도, 3대 기획사의 군건한 위치를 뒤흔들고 있는 하이브HYBE의 수장 방시혁을 뽑는 사람도 있을 것이다. 필자는 조금 특이하게도 음악 유튜버 '때껄룩TAKE A LOOK'을 음악 시장을 뒤흔든 '원픽'으로 꼽고 싶다.

2019년 3월 개설된 때껄룩 채널의 경우에도 첫 시작은 여느 음악 유튜버들과 크게 다른 점이 없었다. 〈트렌디한 팝송 추천〉, 〈BTS 노래

1시간 듣기〉와 같은 일반적인 플레이리스트가 주를 이뤘다. 그러다 어느 순간, 유튜브 알고리즘의 선택을 받는 플레이리스트를 업로드하기에 이르니 바로 〈들으면 내심장, 쿵쾅쿵쾅쿵쾅 와그작 와장창〉이라는 독특한 제목의 콘텐츠였다. 국내에서는 생소한 해외 아티스트들의 음악으로 구성된 이 30분짜리 플레이리스트는 말 그대로 대박을 쳤다. 2021년 10월을 기준으로 1,032만 회의 조회 수, 19만 개의 좋아요 수와 1만 5,000개의 댓글이라는 엄청난 반응을 기록한 것이다. 봐도 봐도 적응 안 되는 이름의 이 플레이리스트가 흥한 이유는 대체 무엇일까? 여기에는 크게 세 가지 이유를 들 수 있다.

첫째, 음악을 듣는 방식이 멀티태스킹 중심으로 바뀌면서 무드Mood 기반의 플레이리스트들이 주목받기 시작했다는 점이다. 좋아하는 가수의 신곡이 나오면 음반을 사고, 이를 플레이어에 넣어 약 1시간 정도의 시간을 온전히 음악 감상에 집중하던 방식이 무척이나 생소한 일이 돼버린 요즘이다. 이는 음악을 듣는 행위가 이전에는 그 자체로 목적성을 지니는 '주' 행위였다면, 이제는 멀티태스킹을 기반으로 한 '보조적' 행위가 됐다는 것을 보여준다. 청소할 때 듣는 음악, 작업할 때 듣는 음악, 캠핑장에서 듣는 음악 등 다양한 상황적 요소에 맞춰, 그 분위기에 잘 어울리는 음악을 마치 BGM처럼 재생한다. 이러한 변화는 몇 년 전부터 영역을 확대해 온 ASMR이나 백색소음 콘텐츠의 확장으로 볼 수 있다. 이들은 집중을 도와주는 적당한 소음 역할을 하는데, 소음이나 노이즈를 제거한 고음질 음원이나 고퀄리티 콘텐츠가 무조건 더 좋은 것으로 생각했던 음원 제작사와 유통사의 입장에서는 아이러니한 일이 아닐 수 없다. 이런 트렌드의 연장선상에 등장한 것이 다름 아닌 '로파이'다. 앞서 소셜미디어 챕터에서 소개했듯이 로파이는 의도적으로 음질을 낮추거나, 생활 소음에 가까운 노이즈를 넣어 '배경음'으로서의 역할을 최대화할 수 있도록 만든 것인데, 때껄룩은 이를 기반으로 한 플레이리스트의 상징과 같은 존재다.

때껄룩의 플레이리스트를 보면 기존의 흔한 콘텐츠들과 확연히 대비되는 제목을 달고 있다. 〈클릭하는 순간 여름 냄새나며 기억 조작되는 팝송 모음〉과 같은 플레이리스트는 보통 〈재즈 힙합 TOP 20〉과 같은 건조한 문장으로 표현된 기존의 것들과 확연히 구별된다. 〈우리가 이 도시의 주인공은 아닐지라도〉도 마찬가지다. 이 40분짜리 플레이리스트는 COLDE(R&B), 선우정아(싱어송라이터·인디), 혁오(밴드)부터 ADOY(일렉트로닉)까지 아주 넓은 범위의 장르로 구성돼 있다. 이러한 리스트들을 기존의 장르 중심의 문법으로 설명한다는 것은 거의 불가능에 가까운데, 그 이유는 다양한 음악들을 한데 묶어 놓은 중심이 다름 아닌 '무드'이기 때문이다. 한 유

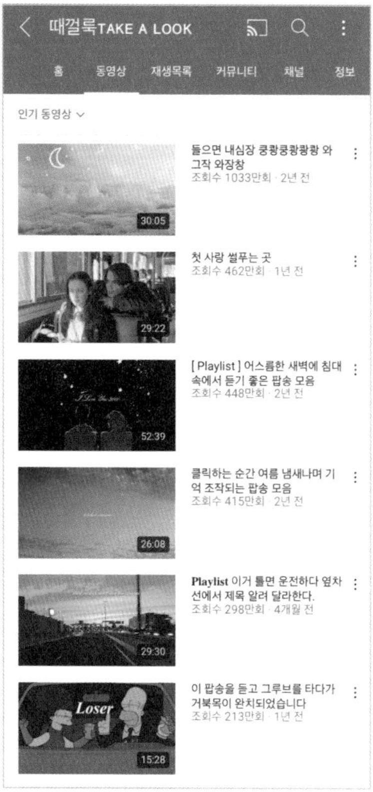

출처: 때껄룩 유튜브 채널

때껄룩의 인기 플레이리스트.

튜브 음악 크리에이터는 자신이 무드 기반의 플레이리스트를 만드는 과정에 대해 이렇게 설명했다.

"이러이러한 상황에 듣는 플레이리스트가 있으면 좋겠다는 생각이 떠오르면 기록해 두고, 일상 속에서 적합한 노래들을 발견하면 쌓아 둔다. 플레이리스트를 만들 수 있을 정도가 되면, 기승전결에 따라 순서를 조정하고 혹여나 뜻이 왜곡되거나 선정적인 곡은 없는지 검토한다. 간혹 곡들의 내용을 이용해 작은 스토리텔링을 만들기도 한다."

음악 플레이리스트를 구성하는 과정 자체가 가수나 음악을 조명하던 방식에서 듣는 사람의 무드를 고려한 방식으로 완전히 탈바꿈한 것이다. "조명이 하나둘씩 들어오고 사람들은 왁자지껄한 시간을 보내는 서울의 밤 한가운데, 자취방에서 쓸쓸히 맥주 한 캔 마시며 이런저런 생각을 하는 한 청춘은, 그 무드에 딱 맞는 〈우리가 이 도시의 주인공은 아닐지라도〉 플레이리스트를 들으며 시간을 보낸다"라는 한 구독자의 감상평처럼, 사람들은 지금 나의 상황, 시간, 장소, 기분을 맞춤으로 표현해주는 플레이리스트에 뜨거운 사랑을 보내고 있다.

둘째, 플레이리스트 페이지에 댓글을 남기고 읽는 행위 자체가 또 다른 하나의 놀이가 됐다는 점이다. 때껄룩의 플레이리스트는 제목 그 자체부터 재치 넘치지만, 진정한 재미는 구독자들이 작성한 댓글에 숨어 있다고 해도 과언이 아니다. 앞서 언급했듯이 때껄룩이 추천하는 플레이리스트가 사랑받는 이유는 센스있는 제목과 선곡된 음악이 크리에이터가 표현하고자 한 '무드'를 정확하게 담고 있기 때문이다. 그리고 그 무드에 잔뜩 취한 구독자들은 그들만의 언어로 자신의 느낌을 자유롭게 풀어 놓는다.

"타지에서 온 사람들은 안다. 서울이 얼마나 외롭고 낯선 곳인지,
이곳에서 상처도 받고 나에게 지독한 외로움을 주지만 결코 떠날 수 없는 곳.
힘내 보자, 내일도."
"진짜 이 밤에 딱 어울리는 플레이리스트. 첫 곡부터 십센치라니 미쳤잖아요.
광주 십 대 여중생 방에서 숨쉰 채 발견."

- 때껄룩의 플레이리스트 〈우리는 서울의 밤 분위기를 사랑해〉 댓글 중

때껄룩의 플레이리스트를 가장 재미있게 즐기는 방법은 음악을 듣는 것과 동시에 구독자들이 남겨 놓은 댓글들을 하나하나씩 같이 읽어 나가는 것이다. 구독자들이 다양한 종류의 댓글을 남기며 생긴 문화 중 하나가 바로 '주접 댓글' 문화다. 말 그대로 댓글로 주접을 떤다는 이야기다. 일부러 말도 안 되는 상황이나 과장된 것에 비유해 크리에이터에 대한 애정 또는 덕심(팬의 마음)을 표현하거나, 콘텐츠를 즐기며 벅차오르는 감정을 장문으로 재미있게 풀어낸 경우도 있다. 물론 이런 주접 댓글뿐만 아니라, 속 깊은 곳에 있던 따뜻한 이야기를 풀어놓는 댓글도 있고 드라마의 한 장면을 떠올리며 단편 소설 같은 문장을 써 내려가는 사람들도 있다. 특정 무드의 음악을 듣는 사람들이 머릿속에 떠오르는 감정들을 마음껏 쏟아낼 수 있는 창구가 돼 주는 것이다. 한 플레이리스트에 남겨진 구독자의 댓글은 많은 것을 설명해 준다.

"이렇게 많은 사람들이 하나의 영상에 모여 자신의 이야기를 할 수 있다는 게 새삼 따뜻하게 느껴져요. 항상 고마워요, 때껄룩님."

마지막 세 번째는 매력적인 이미지나 영상, 즉 섬네일Thumbnail의

존재다. 유튜브는 영상을 기반으로 한 플랫폼이기에 음악 플레이리스트라 하더라도 사진이나 영상을 넣는 게 가능한데 이는 플레이리스트의 무드를 한층 더 강화시켜주는 역할을 한다. 때껄룩의 〈첫사랑 썰푸는 곳〉이라는 플레이리스트는 음악이 가진 무드를 증폭시켜주는 수단으로 미드 〈길모어 걸스Gilmore Girls〉의 장면 일부를 가져와 섬네일로 활용했다. 무드 중심의 플레이리스트는 적절한 섬네일을 만나고 나서야 비로소 폭발적인 시너지를 만들어 낸다. 요컨대, 구성하는 음악들에 잘 어울리는 이미지나 영상이 부족한 1%를 채워주는 역할을 한다는 것이다. 역설적이면서도 재미있는 사실은 오디오 콘텐츠는 글과 이미지를 덜어냄으로써 전성시대를 맞이했지만, 유튜브의 음악 플레이리스트에서 볼 수 있듯이 '오디오 콘텐츠의 완성'을 위해서는 시각적 자료의 역할이 필요하다는 점이다.

때껄룩뿐만 아니라, 섬네일을 적극적으로 활용해 큰 인기를 얻고 있는 음악 플레이리스트 유튜버들 역시 지속적으로 등장하고 있다. 유튜버 '리플레이LEEPLAY'는 본인이 직접 찍은 사진을 기반으로, 이미지와 연관된 플레이리스트를 만든다. 뮤지션 파슬스Parcels의 곡을 담아 놓은 〈Parcels와 1980년대 파리의 출근길〉이라는 플레이리스트에는 자신이 파리에 여행 갔을 때 찍은 사진을 섬네일로 쓰고, 〈우리 나중에 몽골 여행가면 별 보면서 같이 듣자〉라는 플레이리스트에는 몽골 여행 사진을 쓴다거나 하는 식이다.

리플레이가 움직이지 않는 사진의 감성을 듬뿍 담았다면, 영상의 매력을 마음껏 발산하는 플레이리스트들도 있다. 유튜브 채널 'BAVERSE STUDIO'가 대표적이라고 할 수 있다. BAVERSE STUDIO

출처: 때껄룩, 리플레이 유튜브 채널

때껄룩, 리플레이 등 무드를 중시하는 음악 유튜버들의 플레이리스트는 매력적인 섬네일로 완성된다.

는 특정 상황과 장소에 연예인, 뮤지션과 같은 유명인들을 함께 출연시켜 음악 플레이리스트를 구성한다. 예를 들면, 래퍼 개코가 본인이 좋아하는 BMW 올드카를 손 세차하며 듣는 음악 모음, 또는 밴드 새소년의 리더 황소윤이 코인 세탁소에서 빨래를 돌리며 듣는 음악 모음과 같은 형태다.

영상과 이미지가 만들어내는 시너지는 플레이리스트 자체의 퀄리티를 올려줄 뿐만 아니라, 그동안 수익 측면에서 답답한 부분이 있었던 음악 플레이리스트 유튜버들에게 새로운 길을 열어 주고 있다. 다른 유튜버들과 달리 음악 플레이리스트 유튜버들은 수익을 낼 수 있는 창구가 거의 없다시피 했다. 높은 조회 수를 기록한 콘텐츠를 제작해 유료 광고가 삽입되더라도, 해당 광고비는 플레이리스트를 구성하고 있는 음원, 바꿔 말해 각각의 음원권자에게 정산되기 때문이다. 100만 구독자를 보유한 유튜버라 하더라도, 음악 플레이리스트는 어느 정도 '취미활동'와 '뿌듯함'의 영역에만 머물렀던 것이 현실이다. 이런 상황 속에서 한 줄기 빛이 된 것이 섬네일, 즉 이미지와 영상인데, 플레이리스트를 구성하는 음원을 통해서는 불가능했던 수익 창출이 시각 콘텐츠를 통해서는 가능했기 때문이다. 유튜버 리플레이가 라이프스타일 브랜드 '일일시호일'과 진행한 콜라보가 좋은 예시다. 일일시호일은 와인을 비롯해 피크닉에서 쓸 수 있는 라이프스타일 아이템을 준비하고, 리플레이가 제품을 촬영해 피크닉 무드에 어울리는 음악으로 구성한 플레이리스트의 섬네일로 사용하는 방식이었다. 그 외에도 코인 거래소 광고를 받아 만든 때껄룩의 〈비트코인, 주식 수익률 1,000%의 비밀〉과 같은 플레이리스트도 좋은 예시다. 즉, 유튜버들이 음원에 대한 저작권자가 아니므로 영상에 포함된 광고를 통해서는 수익이 발생하지 않지만, 외부 광고주를 통해 수익을 낼 수 있다. 이처럼 수익 창출의 길이 조금 더 넓어진다면, 제2, 제3의 때껄룩도 얼마든지 등장할 수 있을 것이다.

오디오 시장을 덮치는 타노스, 유튜브

영화 〈어벤저스〉의 빌런 '타노스'는 이런 말을 했다. "I'm inevitable(나는 필연적 존재다)." 자신이 마치 자연재해와 같이 피할 수 없는 존재라는 것이다. 오디오 시장에서도 그 영역을 무섭게 확대하고 있는 유튜브는 타노스로 불리기에 부족함이 없어 보인다. 앞서 음악 트렌드로 소개한 때껄룩, 리플레이, BAVERSE STUDIO 모두 유튜브를 기반으로 활동하는 크리에이터다. 이들이 유튜브에서 활동하는 이유는 유튜브가 만들어 놓은 무시무시한 생태계, 바로 '콘텐츠 선순환 구조' 때문이다. 우수한 콘텐츠를 만들어서 좋은 반응을 얻으면, 유튜브는 그에 대해 금전적인 보상을 한다. 보상의 방식도 명쾌하다. 조회 수 등 콘텐츠의 인기도에 따라 수익이 결정된다. 이 간단한 동기부여 시스템이 사실상 지금까지 유튜브를 압도적인 플랫폼으로 이끌어 온 일등 공신이다.

실제 현업에서는 애플이 팟캐스트 시장을 처음 개척한 '선구자'였음에도, 그 플랫폼 안에서 콘텐츠를 열심히 생산해 온 크리에이터들이 적절한 보상을 받을 수 있는 구조가 만들어져 있지 않아 다른 플랫폼에 따라 잡히는 지경까지 왔다는 불만을 토로하기도 한다. 애플 팟캐스트에도 '콘텐츠 제작 → 광고 유입 → 창작자 보상'과 같은 유기적인 시스템이 구축돼 있었다면, 누구도 쉽게 넘볼 수 없는 오디오 플랫폼의 철옹성이 됐을지도 모르는 일이다.

유튜브하면 빼놓을 수 없는 또 한 가지는 플랫폼 안에서 도저히 벗어날 수 없게 만드는 마성의 '추천/연관 콘텐츠 알고리즘'이다. 유튜브의 '알고리즘 신'은 콘텐츠와 콘텐츠를 연결하며 더 큰 시너지를 만들어낸다. 만약 아이유의 '라일락'을 들었다면 이후에는 라이브 버전, 어쿠스틱 버전, 다른 아티스트의 커버 버전 등 수많은 다른 콘텐츠가 추천된다. 다른 음원 스트리밍 플랫폼에서는 정식으로 출시된 아이유의 '라일락' 음원은 무제한으로 들을 수 있지만, 수백 개가 넘는 다른 버전의 '라일락'은 들을 수 없다. 한 가지 맛 아이스크림과 31가지 맛의 아이스크림 프랜차이즈가 대결했을 때, 승자가 누가 될지는 뻔한 일이다. 실제로 대학내일의 MZ세대 연구 플랫폼인 캐릿Careet에서 진행한 조사 결과에 따르면 이미 Z세대는 음악을 듣기 위해 음원 스트리밍 플랫폼보다 영상 스트리밍 플랫폼을 더 선호한다고 한다.

업계의 반응도 심상치 않다.
유튜브의 미니 오디오 버전이라고 할 수 있는 **유튜브 뮤직**은
벌써 국내 음원 스트리밍 플랫폼인 **지니**와
플로FLO의 MAU를 앞질렀고,
멜론을 잡기 위해 무서운 속도로 달려가고 있다.

코리안클릭의 자료에 따르면 2021년 9월 기준 MAU는 멜론 430만 명, 유튜브 뮤직 288만 명, 지니 250만 명, FLO 232만 명이다.

이 시장에서 살아남기 위해 기존 플레이어들도 사력을 다하고 있다. 시장 점유율 1위 멜론도 오리지널 오디오 콘텐츠를 보강하며 플레이리스트 활성화에 나섬은 물론, 카카오 브런치의 콘텐츠를 오디오북으로 제작하는 등 그 영역을 확장하고 있다. FLO는 최근 오디오 콘텐츠 확대에 2,000억 원을 투자하겠다는 계획을 밝히면서 오리지널 팟캐스트, 오디오 드라마 제작에 심혈을 기울이고 있다. 2021년 9월 지니뮤직은 오디오북 스타트업 '밀리의 서재'를 인수한다고 발표했다. 밀리의 서재는 누적 회원이 350만 명(2021년 5월 기준)에 달하는 국내 최

●●● **최근 한 달 내 음악을 듣기 위해 이용한 플랫폼**

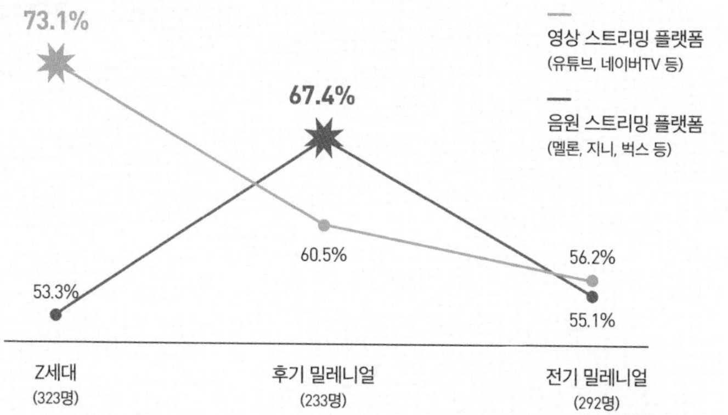

응답대상: 최근 한 달 내 음악 청취 플랫폼 이용자 848명

출처: 대학내일20대연구소

대 규모의 전자책/오디오북 콘텐츠 플랫폼으로, 지니가 음원 스트리밍을 넘어 본격적으로 오디오 콘텐츠 분야의 석권을 노리겠다는 야망을 보여주는 사례라고 할 수 있다.

유튜브라는 타노스가 등장한 지금, 이미 게임의 승패는 한쪽으로 기운 게 아닌가 싶기도 하다. 하지만 기억해보자. 최강 빌런인 타노스에 맞서 어벤져스의 히어로들은 상상하지 못했던 방법을 통해 결국 승리를 거뒀다. 예상치 못했던 어떤 요소가 단번에 불리한 상황을 완전히 반전시킬 수 있는 것이 바로 이 콘텐츠 판인 만큼, 조금 더 넓은 시각으로 시장을 지켜봐도 괜찮지 않을까.

아무도 가보지 않은 길로 향하는
콘텐츠 개척자들

새로운 한계에 도전하는 오디오 콘텐츠

이번엔 국내 팟캐스트의 원조 격인 팟빵으로 눈을 돌려보자. 갈수록 불타오르는 오디오 콘텐츠 시장에서 팟빵이 꺼내든 새로운 카드는 바로 '오디오 매거진'이다. 눈을 사로잡는 화려한 비주얼이 장점인 매거진과 오디오라니, 참 안 어울리는 두 단어의 조합이라고 생각할 수도 있겠다.

오디오 매거진은 한 마디로 월 단위의 구독형 팟캐스트 콘텐츠라고 할 수 있다. 팟빵은 기존에도 유료 팟캐스트들을 제공해 왔지만, 매거진이라는 말에 걸맞게 매월 아주 잘 제본된 한 권의 책과 같은 콘텐츠를 제공한다는 점이 가장 큰 특징이다. 오디오 매거진의 첫 포문을 연 것은 언론인 김어준의 〈월말 김어준〉이다. 팟빵은 정치, 사회적 이

출처: 팟빵

김혜리 기자가 펴내는 오디오 매거진 〈조용한 생활〉.

슈가 많았던 2021년인 만큼 〈월말 김어준〉이 나름의 성공을 거뒀다고 자평했는데, 이에 힘입어 《씨네21》의 김혜리 기자가 제작하는 두 번째 오디오 매거진 〈조용한 생활〉도 론칭했다.

〈조용한 생활〉을 소개하는 문장은 짧고 강렬하다. "당신을 위한 한 달 치 BGM." 한 달 치 BGM이라는 표현에 잘 맞게 〈조용한 생활〉은 1시간 정도의 재생 시간으로 구성된 소챕터가 여러 개 모여 한 권의 매거진을 구성하고 있다. 매월 호당 평균 10~12개의 에피소드가 있으니, 확실히 월 단위로 듣기에도 부족하지 않은 분량이다. 다양한 주제와 그에 맞는 출연진, 그들이 알려주는 지식의 깊이, 그리고 그들과 재미있게 대화하기 위해 부단히 준비한 김혜리 기자의 진행 솜씨 역시 일품이다. 〈조용한 생활〉은 김혜리 기자의 본업인 영화 리뷰에서부터 책, 건축, 식문화, 취향, 일상 등에 대한 이야기들을 폭넓게 다루는데, 기존 오디오 콘텐츠에서 접할 수 없었던 다채로운 주제와 높은 수준으로 주목을 받았다. 2021년 2월 창간호 론칭 때는 '프리랜서 계약서 잘 쓰는 법'을 주제로 만화가 강풀과 김민아 노무사가 함께 출연해 이야기를 나눴다. 사회 초년생들이 '돈을 내고서라도 듣고 싶은' 이야기를 오디오 콘텐츠로 꾸몄다는 것이 인상적이다. 한편 장영철, 전숙희 건축가와 함께 '건축의 재발견'이라는 이름으로 코너를 진행하기도 했다.

네이버 NOW.가 소통 중심의 가볍고 편안한 콘텐츠를 지향한다면, 팟빵의 오디오 매거진은 조금은 무겁지만 구조적으로 잘 짜인 콘텐츠와 가깝다고 할 수 있다. 실제 팟빵의 정경훈 본부장이《바이라인 네트워크》와 진행한 인터뷰에 그 방향성이 잘 드러나 있다. 오디오 매거진이라는 독특한 형태의 콘텐츠에 적지 않은 금액의 월 구독료를 부과한 이유에 대한 기자의 질문에 그는 "이건 명품이다. 1,000만 원으로 하려다가 7,900원의 구독료를 매겼다"라고 대답하며, "지식이 너무 난무하니 정제된 지식이 여기에 있다고 알려주고 싶었다. 정확하고, 흡수력 좋고, 재미있고. 기꺼이 시간과 비용을 쓸만한 게 여기에 하나 있다고 표시하고 싶어 가격을 매겼다"라고 덧붙였다. 오디오 매거진의 한 달 구독료로 '계약서 쓰기에 대한 1시간 컨설팅', '건축가와 함께하는 전시회 관람' 등의 비용이 모두 포함돼 있다고 생각하면, 오히려 합리적인 가격이라고 느낄 법도 하다.

이번에는 또 다른 영역인 '오디오 드라마'로 눈길을 옮겨 보자. 사실 오디오 드라마는 '라디오 드라마'라는 이름으로 〈제5공화국〉이나 〈라디오 삼국지〉와 같은 작품을 2000년대 초반부터 방영해 왔을 정도로 나름의 역사를 가지고 있는 분야다. 적지 않은 시간 동안 오디오 중심의 드라마가 만들어져 왔다는 이야기는 결국 분명한 수요가 존재하고, 언젠가 '포텐을 터뜨릴 수 있는' 기회의 영역으로 여겨져 왔다는 뜻이다. 제작자들 입장에서 꾸준히 눈독을 들였던 또 다른 이유 중 하나는 역시 비용이다. 유명 배우의 출연료부터 세트, 장비, 편집, 각종 스태프들까지 천문학적인 비용이 투입되는 일반 드라마와 달리 오디오 드라마는 뛰어난 각본과 성우만 있다면 비교적 수월하게 만들어낼 수 있는 콘텐츠다. 편당 10~20억은 우스운, 말 그대로 '쩐의 전쟁' 양상에 접어든 비디오 시장에서, 편당 평균적으로 몇백만 원 단위로 제작이 가능한 오디오 드라마는 분명 매력적이었다. 그러나 현실은 냉정한 법. 기성세대 중심의 좁은 시청 층이라는 한계와 시장을 리드할 수 있는 텐트폴 콘텐츠의 부재로 만년 유망주로 남아 있는 상황이다.

웹소설, 웹툰과 불가분의 관계

2021년에 다시 주목받는 오디오 드라마 시장은 이전과는 분명히 다른 모습을 보이고 있다. 가장 큰 차이점은 역시 시청층의 변화다. 지금 이 시장을 리드하는 것은 다름 아닌 MZ세대다. 제5공화국을 거슬러 MZ세대라니, 너무 급작스럽지 않은가? 사실 이 변화의 중심에는 웹소설과 웹툰이 있다. 흥미롭게도 2021년의 오디오 드라마 시장은 웹소설, 그리고 웹툰과 떼려야 뗄 수 없는 관계를 맺고 있다. MZ세대가 선호하는 웹소설과 웹툰을 원작으로 작품을 만드니, 팬덤을 이루고 있던 기존 소비자들이 자연스럽게 오디오 드라마로 유입되는 것이다. 네이버 오디오클립은 2018년부터 인기 웹소설이나 웹툰의 오디오화를 적극적으로 진행하는 대표적인 플랫폼이다. 콘텐츠별로 19~29세의 시청 비중이 적게는 30%에서 많게는 60%에 달할 정도라고 하니, 오디오 드라마의 메인 소비자들이 MZ세대임은 부인할 수 없는 사실인 듯하다. 특히 유명 웹소설을 원작으로 한 〈재혼 황후〉의 경우 13~18세의 시청 비중이 가장 높을 정도로 어린 연령층에 폭발적인 반응을 끌어냈으며,

또 다른 웹소설 원작의 〈울어 봐, 빌어도 좋고〉는 19~29세의 시청 비중이 30%에 육박함은 물론 누적 재생 693만 회를 기록할 만큼 놀라운 성적을 보여줬다. 이처럼 네이버 오디오클립의 '웹소설과 웹툰의 오디오화 전략'은 분명한 성과를 거두고 있다. 성공한 원작을 기반으로 콘텐츠를 재생산함으로써 기존 오디오 드라마 시장의 한계점 중 하나로 지적한 '텐트폴 부재'의 문제도 어느 정도 해결해가는 중이다.

특히 누적 다운로드 1억 4,000만 회, 평점 10점 만점은 물론 '40억 원 매출 웹소설'이라는 대기록을 남긴 〈재혼 황후〉의 경우, 2018년부터 꾸준히 노하우를 쌓아 온 오디오클립의 시너지가 폭발한 대표적인 사례로 볼 수 있다. 오디오클립은 2020년에도 하일권 작가의 웹툰 〈두근두근두근거려〉와 플라비 작가의 웹소설 〈그대 곁에 잠들다〉의 성우에 배우 이제훈, 유인나, 가수 EXO의 찬열 등 호화스러운 캐스팅 라인업을 선보이며 콘텐츠의 부흥을 위해 다양한 시도를 해 왔는데, 이제서야 그 빛을 보고 있는 셈이다.

이제 막 비상을 시작한 오디오클립은 전작 《콘텐츠가 전부다 2》의 웹툰 챕터에서 설명한 '콘텐츠 원재료' 면에서도 주목해볼 필요가 있다. 웹소설과 웹툰은 기존의 비디오 콘텐츠에 비해 제작 비용이 훨씬 저렴하다. 그뿐만 아니라 '상상력은 최고의 그래픽카드'라는 말처럼 기존 틀을 뛰어넘는 이야기들을 자유롭게 풀어낼 수 있는 장점을 가진 매체다. 이 같은 상황에서 지금의 오디오 드라마는 웹소설이나 웹툰이 비디오 콘텐츠로 가기 전, 테스트베드의 역할을 할 수 있을지도 모른다는 기대를 받고 있다. 물론 기존에도 많은 드라마 제작사에서 오디오 콘텐츠 제작사에게 "드라마로 가기 전에 오디오로 먼저 감을 좀 잡

출처: 네이버 시리즈

2018년 네이버 시리즈에서 연재를 시작한 인기 웹소설 〈재혼 황후〉. 누적 다운로드 수 1억 4,000만 회를 기록한 메가 히트작으로, 오디오 드라마로도 만들어져 인기를 끌었다.

고 갈 수 없겠냐"라는 요청이 있었지만, 여기에는 부정적인 의견이 많았다고 한다. 우선 현실적으로 성공 여부를 가늠할 수 있을 만큼 볼륨감 있는 오디오 드라마가 없었던 데다가, 시기상 오디오만의 장점을 극대화할 수 있을 정도로 노하우가 쌓이기 전이었기 때문이다. 그렇기 때문에 웹소설로 시작해 웹툰, 오디오 드라마, 드라마(예정)로 모두 재생산된 〈재혼 황후〉의 성공 모델은 오디오 드라마의 새로운 가능성을 꿈꾸기에 충분할 것 같다.

음악 시장에 불어오는 NFT 열풍

최근 어떤 산업이든 빼놓을 수 없는 마법의 단어를 꼽자면 역시 'NFT'가 그 중심에 있을 것이다. 가상자산의 일종인 NFT는 '대체 불가능한 토큰Non Fungible Token'이라는 뜻으로 디지털 콘텐츠에 고유한 표식을 부여하는 기술이다. 디지털 콘텐츠에 고유한 표식을 부여한다는 것은 어떤 의미일까? 기본적으로 디지털 콘텐츠는 복제가 가능하기 때문에 '원본을 소유한다'는 개념을 갖기가 불가능했다. 구글에서 디지털화된 반 고흐의 〈해바라기〉를 검색하면 백만 개가 넘는 이미지가 노출되는데, 누구도 이 중에서 어떤 것이 원본인지 증명할 방법이 없었다. 실물 원본은 암스테르담의 반 고흐 미술관에 전시돼 있지만, 디지털화된 콘텐츠의 경우 원본을 증명할 방법이 없었기 때문이다. 이때 특정인이 디지털 콘텐츠의 원본을 소유한다는 개념을 가능케 하는 것이 바로 NFT다. 블록체인 기술을 활용해 특정 디지털 콘텐츠에 복제가 불가능한 고유의 인식 값을 부여하고 소유권 정보를 기록하는 방식으로, 조금 더 직관적으로 표현하자면 디지털 콘텐츠에 원본이라는 도장을 쾅 찍는 것이 바로 NFT다. '원본 도장'이 찍힌 NFT 파일은 일반 디지털 파일과는 다르게, 원본의 소유권과 판매 이력 등의 정보가 블록체인에 모두 저장되기 때문에 복제가 불가능하다.

다시 음악을 비롯한 오디오 시장으로 눈을 돌려 보도록 하자. 사실 음악 시장은 아주 오랜 시간 동안 '원본', '소유'에 대한 개념이 강하게 자리 잡고 있는 영역이었다. TV를 통해 음악을 듣는 게 가능하긴 했지만, 기본적으로 내가 좋아하는 가수의 음악을 듣기 위해서는 LP, 테이프, CD 등 음악을 담고 있는 매체를 소유해야 했기 때문이다. 하지만 디지털 음원 스트리밍 시대가 도래하면서 음악에서 소유의 개념은 희박해졌다. 가수들이 100만 장, 200만 장의 앨범을 팔아 치우며 전성기를 누리던 시대는 사라진 지 오래고, 데뷔한 지 10년, 20년이 지난 유명 가수들도 앨범 5만 장 이상을 팔기가 쉽지 않다. 실물 음반을 내는 것 자체에 의의를 두거나, 팬들을 위한 서비스 차원에서 음반을 제작한다는 개념이 자리 잡아 가는 요즘이다.

이런 상황에 대해 한 시장 관계자는 "음악이란 콘텐츠는 놀이공원의 놀이기구처럼 체험하는 '체험재'가 됐다"라고 진단했다. 놀이공원에서 자유이용권을 끊고 정해진 시간 동안 놀이기구를 마음껏 즐길 수 있는 것처럼, 이제는 스트리밍 플랫폼의 정기 이용권을 통해 원하는 음원을 무제한 들을 수 있게 됐다. 체험재가 돼버린 음악 시장은 그 빛과 어둠이 분명하다. 일반 소비자들 입장에서는 상대적으로 적은 비용으로 전 세계의 음악을 마음껏 들을 수 있다는 장점이 있다. '히트곡'을 보유하고 있는 뮤지션 및 창작자들 역시 많은 수의 유료 가입자를 보유하고 있는 플랫폼을 통해 적지 않은 금액의 저작권료를 정산받는 것이 가능하다. 하지만 문제는 상위 5~10%의 창작자를 제외한 뮤지션 및 창작자들의 경우, 스트리밍 플랫폼을 통해 정산받는 금액이 충분치 않다는 점이다. 최소한 소유의 시대에는 음반을 팔고, 음반 판매량에 대한 수익을 얻을 수 있었지만, 체험재가 돼버린 음악 시장에서는 그것마저 쉽지 않은 일이 돼 버린 것이다.

기본적으로 스트리밍 플랫폼은 '이익 공유Revenue Share, RS'라고 불리는 방식으로 수익을 정산한다. 100만 명의 유료 가입자가 매월 1만 원의 이용료를 지불하는 스트리밍 플랫폼이 있다고 가정하면, 매월 100억 원의 매출이 발생한다. 이 중 각종 필수 운영비 등의 고정 비용을 제한 후 최종적으로 80억 원의 이익이 발생했을 때, 해당 비용을 스트리밍 재생 순위대로 창작자들에게 분배하는 것이 바로 이익 공유 정산 방식이다. 이 방식은 일견 합리적으로 보이지만, 히트곡이나 강력

●●● **음악 플랫폼에서 음원과 스트리밍의 관계**

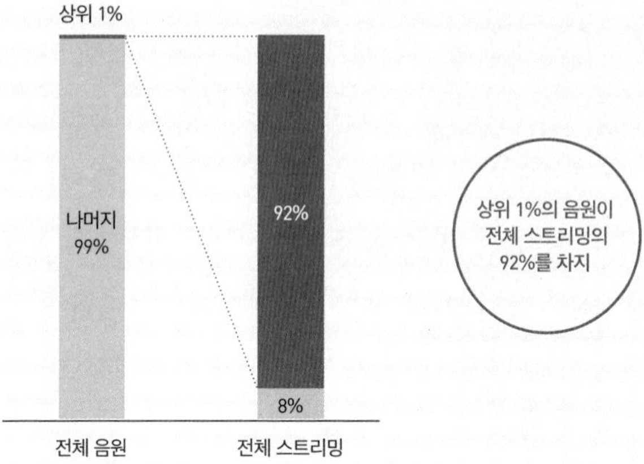

출처: Technology & Media Outlook 2020

한 팬덤을 갖지 못한 뮤지션에게는 반갑지만은 않은 것이 사실이다. 음원 시장 역시 2 대 8, 더 심하면 1 대 9 수준의 상·하위 격차가 유지되는 곳이기 때문이다. 차트 상위에 진입할 수 있는 강력한 음원들은 많은 노출, 더 많은 재생이라는 선순환의 고리에 들어갈 수 있지만, 중소규모 또는 인디 창작자들의 경우 이 시스템에서는 가져갈 수 있는 수익이 매우 한정적일 수밖에 없다. 이런 구조적 문제에 더해, 부족한 스트리밍 저작권료를 메워주던 라이브 공연과 같은 오프라인 채널이 코로나19로 인해 셧다운되며 많은 뮤지션들이 경제적인 어려움과 맞닥뜨리게 된 점도 큰 문제가 됐다.

체험재로 전락해버린 디지털 음원을 다시 소유 중심의 패러다임으로 바꿀 수 있다는 기대를 품게 하는 것이 다름 아닌 NFT다. 블록체인을 기반으로 하는 NFT는 복제가 불가능하다는 것뿐만 아니라, 중개자 없는 거래가 가능하다는 특징이 있다. 스트리밍 플랫폼 없이 팬과 창작자가 직거래를 할 수 있는 것이다. 이를 통해 창작자는 이익 공유 구조하에서는 가져갈 수 없었던 수익 창출의 기회를 얻게 된다. 팬들 역시 이전에는 얻지 못했던 특별한 경험을 얻을 수 있는데, 복제가 불가능한 NFT의 특성상 이를 통해 판매되는 굿즈나 음원은 모두 '한정판'의 성격을 띠기 때문이다. 팬은 단순히 상품이나 서비스를 구매하는 것을 넘어, 이를 투자 수단으로 활용할 수도 있다. 자신이 좋아하는 아티스트의 한정판 굿즈와 음원을 NFT로 구매해서 소유하게 됨과 동시에, 어떤 일로 해당 아티스트의 인기가 높아지게 되면 가치 상승분을 소비자가 같이 누릴 수 있는 구조가 형성되는 것이다. 각 상품이나 서비스별로 원본 도장이 찍혀 있으므로, 창작자와 직접 소통할 수 있는 기회를 얻게 되는 것은 덤이다.

기존 스트리밍 산업을 벗어난 NFT 기반의 음원 시장 형성이 긍정적인 시선을 받고 있는 이유는, 소비자와 창작자 모두가 이득을 볼 수 있는 윈윈 구조이기 때문이다. 물론 지금까지 이 사이에서 중개자 역할을 하던 기존의 스트리밍 플랫폼에게는 이 상황이 마냥 달갑지만은 않겠지만 말이다.

NFT와 K-팝은 찰떡궁합?

NFT를 중심으로 한 음원 시장의 변화는 먼 미래의 일이 아니다. 이미 대형 기획사들도 이 시장에 큰 관심을 두기 시작했다. 국내 4대 연예기획사 중 하나인 JYP엔터테인먼트(이하 JYP)가 블록체인 업체 두나무와 K-팝 NFT 플랫폼 사업을 위한 업무 제휴를 맺은 것이 대표적이다.

JYP의 박진영 대표는 자신이 보유한 지분 2.5%를 두나무에 매각했고, 두나무는 주식 매매를 통해 JYP에 총 365억 원을 투자했다.

실제로 K-팝은 NFT와 찰떡궁합일 것이라는 예상이 대다수인데, 그 중심에는 이미 한정판의 가치를 인정받고 있는 앨범 또는 굿즈 문화가 있다. 글로벌 이커머스 기업 아이프라이스iPrice가 2020년 말에 발표한 보고서에 따르면, K-팝 굿즈의 시장 규모는 이미 연간 1,500억 원 규모로 성장했으며, 이 중에서도 블랙핑크, 트와이스, BTS의 팬들은 연평균 900달러의 금액을 아이돌에게 소비한다고 한다(이 중 굿즈의 비중은 약 30% 수준으로 집계됐다). 이처럼 K-팝의 팬덤이 큰 역할을 할 수 있을 것으로 보이는 NFT 시장이기에 JYP의 이번 결정이 더욱 주목받고 있다. 현재 JYP에는 트와이스, ITZY, 2PM, 데이식스, 스트레이키즈 등이 소속돼 있는데, 이들 아티스트의 앨범뿐만 아니라 한정판 굿즈 등이 NFT화 될 수 있는 가능성이 아주 높아진 셈이다. 실제로 BTS의 소속사인 하이브가 두나무와 함께 'BTS 굿즈'를 NFT로 발행하기로 했다는 소식이 전해지면서 주식 시장에 큰 파장을 가져오기도 했다.

이 뿐만 아니다. 가수 세븐은 2021년 7월, 신곡 '모나리자'를 NFT로 발행했다. NFT로 발행된 만큼, 이 곡은 기존의 스트리밍 플랫폼에서 찾아볼 수 없다. 단 한 사람에게만 판매되는 한정판 앨범이 된 것이다. '모나리자'는 최저 가격 1,000만 원으로 비공개 경매를 진행했는데, 낙찰자에겐 '나만을 위한' 한정판 음원에 대한 권리뿐만 아니라, 음원 스트리밍 수익을 얻을 수 있는 디지털 저작권이 부여된다. 선미, 어반자카파 등이 소속된 어비스컴퍼니도 NFT 플랫폼 디파인과 업무 협약을 체결했으며, 2021년 최고의 역주행 실적을 기록한 브레이브걸

출처: nftmania

NFT로 발행된 가수 세븐의 신곡 '모나리자'. 단 한 사람에게만 판매되는 한정판 앨범이다.

스, 부캐 열풍의 끝판왕 매드몬스터 역시 NFT 콘텐츠를 발행했다. 전 세계에서 주목을 받은 밴드 이날치의 '범 내려온다' 역시 NFT로 발매되는 등 음원 시장에서 새로운 시도가 계속되고 있다. 한편 NFT 기반의 음원 콘텐츠들은 해외에서 보다 구체적인 성과를 보여준다. 2010년 그래미 어워드 3관왕을 수상한 미국 밴드 킹스 오브 리온Kings of Leon은 2021년 3월, 새 앨범 〈When You See Yourself〉를 NFT로 발매했다. NFT 고유의 인식 값이 담긴 디지털 음원과 일러스트, 실물 음반인 LP를 패키지로 제공했는데, 킹스 오브 리온은 이 앨범을 통해 2주 만에 약 200만 달러(약 24억 원)의 이익을 거둔 것으로 알려졌다.

캐나다 출신 팝스타 위켄드The Weeknd는 아트 경매 플랫폼 니프티 게이트웨이Nifty Gateway를 통해 음악과 영상이 혼합된 한정판 아트 컬렉션을 경매에 부쳐 229만 달러(약 27억 5,000만 원)의 수익을 올렸고, 일렉트로닉 댄스 음악 프로듀서이자 '3LAU'라는 필명으로 더 유명한 DJ 저스틴 블라우Justin Blau는 미공개 음악이 포함된 NFT 앨범을 발매해 1,700만 달러(약 204억 원)라는 천문학적인 수익을 거두는 데 성공한 것으로 알려졌다. 공연을 할 수 없는 코로나19 환경에서 뮤지션들이 쏘아 올린 또 다른 가능성의 신호탄이자 쾌거가 아닐 수 없다.

귀 호강 제대로 시켜줄
'콘텐츠가 전부다'만의 비밀 플레이리스트

해가 지날수록 더욱 풍성해지는 플레이리스트 시장이다. 본 챕터에서는 인상적인 플레이리스트를 선보이는 유튜브 채널로 '때껄룩', '리플레이' 등을 언급했는데, 지면의 한계가 아쉬울 정도로 소개하고 싶은 다른 채널들이 참 많았다.

출처: 나얼의 음악세계, 안테나 유튜브 채널

우선 국내 남성 보컬의 대표주자로 일컬어지는 '김나박이(김범수, 나얼, 박효신, 이수)'에서 '나'를 맡고 있는 아티스트 나얼의 유튜브 채널이다. '나얼의 음악세계'라는 이름의 이 채널에서는 나얼이 직접 소유한 LP 앨범을 재생해 주는데, 이를 통해 시청자들은 소울 음악의 기반이 되는 여러 가지 장르의 곡들을 들어볼 수 있다. 평소 나얼은 후배 가수들에게 전하는 인터뷰 등에서 '내가 좋아하는 아티스트의 앨범을 돈 주고 사는 것에 대한 행복과 중요성'에 관해 이야기하곤 했는데, 그가 그렇게 모아온 컬렉션들을 이제는 유튜브를 통해 손쉽게 들을 수 있는 기회가 생긴 것이다. '나얼의 음악세계'를 보고(듣고) 있으면 이런 생각이 든다. '모두가 AI 알고리즘과 그에 기반한 추천 시스템을 대단하다 이야기하지만, 사실 난 그런 거 다 필요 없고 그냥 나얼이 추천해주는 음악이 듣고 싶어.'

한편, 최근 카카오가 지분을 인수하면서 화제가 된 안테나 뮤직의 유튜브 채널도 흥미롭다. 비대면 시대를 맞아 공연 기회가 없어진 많은 아티스트들이 유튜브를 중심으로 콘텐츠를 제작하기 시작했는데, 안테나 뮤직 역시 소속 아티스트들이 준비한 1시간 정도의 플레이리스트를 만들어 유튜브 채널 '안테나'에 공개하고 있다. 소속 아티스트 상당수가 싱어송라이터인 만큼, 비주얼적으로나 음악적으로나 완성도 높은 콘텐츠를 통해 만족스러운 경험을 맛볼 수 있다.

CHAPTER

5

Game.

즐기면서 돈도 벌게 하라

2021년 대한민국 게임 시장 톺아보기

맹독성 K-과금, 한계에 직면하다

대한민국 게임 업계가 심상치 않다. 게임계 '3대장'으로 불리는 3N(넥슨, NC소프트, 넷마블) 중에서도 근 20년 역사의 '리니지'를 이끌어온 NC소프트가 흔들리는 모습을 보여주고 있다. 2020년으로 시계를 돌려 보면, '리니지M' 그리고 '리니지2M'을 앞세운 NC소프트의 실적은 놀라울 정도였다. 2020년 연 매출 2조 4,000억 원, 영업이익은 8,200억 원을 기록했고, 이는 2019년 대비 70% 이상 증가한 수치였다. 이 중 효자 역할을 한 것은 다름 아닌 리니지 형제를 필두로 한 모바일 게임들이다. (구글 플레이스토어 국내 매출 1, 2위를 나란히 기록한 리니지 형제는 NC소프트 매출의 80%를 책임지는 것으로 알려져 있다.) 특히 2019년 11월 출시된 리니지2M은 가히 충격적이라 할 만큼 놀라운 성적을 보여줬다. 출시 초반 100억 원대의 '일' 매출을 기록한 데 이어, 2020년 상반기에도 하루 평균 30억 원 수준의 매출이 발생했다. 2020년 출시 3년 차를 맞은 리니지M 역시 2,000억 원 수준의 분기 매출을 기록하며 녹슬지 않은 역량을 과시했다. 당시 NC소프트의 시가 총액은 22조 원이 넘었고, 상장 게임사 중 최초로 국내 시총 상위 10위 기업 명단에 이름을 올리기도 했다. 게임 회사가 역사와 전통을 자랑하는 굴지의 대기업인 현대자동차와 LG생활건강을 제칠 줄 그 누가 상상이나 했을까. 그때까지만 해도 NC소프트를 비롯한 3N의 쾌속 질주를 의심하는 사람은 사실상 없었다고 봐도 무방하다.

그로부터 딱 1년이 지난 지금, 예상했던 장밋빛 미래는커녕 한 주에 100만 원으로 고공 행진하던 주가는 50만 원대까지 말 그대로 바닥 없는 추락을 경험하고 있다. 22조 원에 이르던 시가 총액은 13조 원까지 주저앉아, 그 사이 무서운 기세로 치고 올라온 카카오나 네이버와 같은 거대 플랫폼 기업에게 자리를 내주기에 이르렀다. 별다른 신작 게임이 없었던 작년과는 달리, 2021년은 야심 차게 준비한 신작 게임이 2개나 출시됐다는 점에서 이러한 결과는 더욱더 충격적이다. 조금씩 하향세를 보이던 리니지의 빈자리를 든든하게 채워줄 것으로 예상됐던 2개의 신작, '트릭스터M'(5월 출시)'과 '블레이드 앤 소울 2'(8월 출시)는 반짝 '오픈빨'을 보여줬지만 이내 게이머들의 외면을 받으며 고전을 면치 못하고 있다. 영원히 성공 가도를 걸을 것만 같던 NC소프트는 갑자기 왜 이런 충격적인 성적표를 받아들게 된 것일까?

●●● **주가가 급락하는 NC소프트**

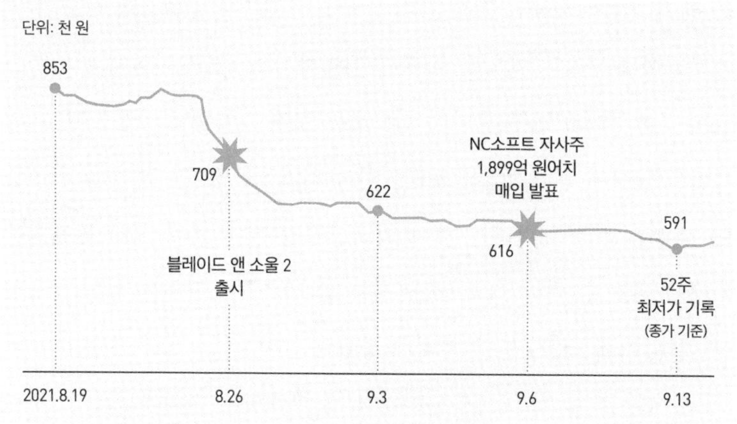

출처: 한국거래소

국내 게임의 과금 구조 변천사

이 상황을 이해하기 위해서는 게임 업계의 비즈니스 모델 변천사와 이 부분에서 '극한의 경지에 다다랐다'라고 평가받는 한국형 모바일 게임의 과금 시스템, 즉 'K-과금'에 대해 분석해볼 필요가 있다. 스마트폰과 모바일 게임이 등장하기 전, 게임사가 돈을 버는 방식은 아주 간단했다. 비디오 게임(콘솔 게임)의 경우 플레이스테이션PlayStation이나 엑스박스Xbox, 그보다 더 이전 세대에는 패미컴Famicom이나 메가 드라이브Mega Drive와 같은 콘솔을 구매하고, 콘솔 안에 삽입할 수 있는 게임 팩이나 CD를 별도로 구매하면 됐다. PC 게임 역시 마찬가지로 CD를 구매하는 최초 비용만 지불하면, CD가 물리적으로 손상되지 않는 한 게임은 말 그대로 영원히 즐길 수 있는 콘텐츠였다. 이 방식은 가장 간편하고 직관적이었지만, 수익성 측면에서는 아쉬운 점이 많았다. CD 또는 팩이라는 매개체의 특성상 타인에게 전달이 가능했기에 다수의 구매자들이 친구들과 게임을 바꿔 플레이하거나, 중고 시장에 판매함으로써 구매금액의 일부를 다시 회수하는 것이 가능했기 때문이다. 게임 개발사 입장에서는 게임을 플레이한 유저가 100명이라면 게임 판매량도 그에 상응하길 바라는 것이 인지상정일 텐데 실제 게임 판매량은 플레이 유저 수 대비 50%, 더 낮게는 30% 수준에 그치는 일도 발생하곤 했다. 이에 더해, 불법 복제가 횡행하던 시절에는 소위 '국민 게임'이라는 타이틀을 얻은 게임들마저 실제 판매량은 기대에 훨씬 미치지 못해 게임사가 수익을 내지 못하는 경우도 있었다.

다음으로 살펴볼 것은 바로 온라인 게임, 더 좁혀서 이야기하자면 PC 통신 또는 광랜 기반의 다중 접속 역할 수행 게임인 MMORPG Massively Multiplayer Online Role-Playing Game다. 인터넷이 한창 보급되던 시절 등장한 넥슨의 '바람의 나라', 그리고 NC소프트의 리니지가 대표적이다. 다중 접속이라는 말에 걸맞게, 기존의 솔로 플레이 중심의 비디오, PC 게임과는 다르게 여러 명이 한 게임에 동시에 접속해서 즐길 수 있다는 것이 특징이다. 다양한 사람들이 모이다 보니 게임 시나리오를 따라서 열심히 플레이하는 사람도, 그저 게임 서버에 모인 사람들과 수다를 떨면서 시간을 보내는 사람도 등장했다. 기존의 게임이 정해진 경로대로 '엔딩'을 향해 가는 플레이였다면, 이제는 굳이 정해진 경로대로 게임을 진행하지 않아도 게임이라는 무대 위에 올라가 있는 사람들 간의 상호과정, 그 자체가 콘텐츠가 될 수 있었다. 실제로 게임 플레이에는 큰 관심이 없이, 게임상에서 수다 떨며 노닥거리기 좋아하던

출처: 넥슨, NC소프트

1996년 출시된 '바람의 나라'와 1998년 출시된 '리니지' 시즌 1. '다중 접속 게임'의 새 장을 연 게임으로 평가받는다.

젊은 남녀가 결혼에 골인했더라는 사례를 언론에서 접할 수 있었던 것도 바로 이 시기다.

'월정액' 개념의 등장

이처럼 한 명 한 명의 게이머, 즉 사람이 게임의 중심으로 들어오면서 과금 시스템 역시 달라질 수밖에 없었는데, 이때 등장한 것이 바로 '유저 단위의 월정액' 개념이다. 게임에 접속하기 위해서는 계정이 필요하고, 이 계정 단위로 이용권을 구매해야만 게임을 이용할 수 있게 된 것이다. 최근 많은 산업 분야에서 '구독 경제'가 가장 뜨거운 비즈니스 모델로 떠오르는 이유 중 하나는 매월 따박따박 안정적으로 들어오는 현금(구독료)만큼 매력적인 것이 없기 때문이다. 지금과는 비교할 수 없을 정도로 영세했던 당시 게임사들의 입장에서 유료 월정액 모델 도입은 분명 어려운 결정이었지만, 결과적으로 이를 통해 꾸준한 현금 흐름의 기반을 닦음으로써 사세 확장에 큰 역할을 했음은 분명한 사실이다.

게임 업계의 비즈니스 모델은 스마트폰을 앞세운 모바일 시대가 도래하며 또 한 번 변화를 맞게 된다. 앞서 언급한 월정액 구조는 충성도가 있는 일부 고객을 통해 안정적인 수익을 올리기 좋았지만, 아래 두 가지 측면에서 취약한 부분이 있었다.

첫째, '진입장벽'이 높았다. 게임을 즐기기 위해서 유저들은 매월 3~4만 원의 금액을 지불해야 했다. 1990년대 후반에 출시된 게임을 즐기기 위해 내는 돈이라고 하기엔 적지 않은 액수였기에, 비용적 부담은 게임 유저의 폭을 넓히는 데 커다란 장애가 됐다. 특히 스마트폰의 보급이 활성화되면서 사실상 1인 1PC를 손안에 들고 다니는 세상이 도래하고, 스마트폰 안에서 게임을 비롯한 모든 콘텐츠를 소화하려는 예비 고객군이 늘어난 상황에서 이 같은 단점은 더욱 도드라져 보일 수밖에 없었다.

둘째, '안정적인 수익'만 올릴 수 있었다. 게이머들이 소비하는 시간과 지출하는 금액에도 파레토 법칙(사회 현상의 80%는 소수의 20%로 인해 발생한다는 경험 법칙)은 적용된다. 똑같은 월정액 유저라도 누군가는 하루 1시간씩 가볍게 게임을 즐길 수도 있고, 누군가는 게임 랭킹 1위를 지키기 위해 하루 24시간 접속 상태를 유지하는 게이머일 수도 있다. 이들의 지불용의Willing to Pay를 보다 자세히 들여다보면, 전자인 라이트 유저의 경우 월정액 금액 정도에 수렴할 것이고 후자인 헤비 유저는 (랭킹 1위를 유지하는 데 도움이 된다는 가정하에) 월정액의 10배, 100배 이상의 금액을 지불하고자 하는 용의가 있을 것이다. 만약 유저

게임 과금 모델의 발전

구분	비디오/PC게임	온라인 게임	모바일 게임
시기	1980~1990년대	1990~2000년대	2010년대
특징	공유 및 중고판매 가능 끝(엔딩)이 있음	계정 단위 과금 끝(엔딩)이 없음	전 국민에게 보급된 스마트폰 무과금/과금 선택 가능
과금	일회성 과금	월정액	부분 유료화

들의 지불용의에 따라 차별적으로 매출을 발생시킬 수 있다면, 게임사의 수익성은 한 단계 뛰어오를 수 있을 것이 분명했다.

이러한 두 가지 한계점을 극복하기 위해 등장한 것이 바로 '부분 유료화' 시스템이다. 부분 유료화 시스템은 기본적으로 게임을 이용하는 데는 별다른 비용이 필요하지 않고, 게임 내에서 일부 추가적인 기능 또는 혜택을 얻고자 할 때 추가 결제가 필요한 시스템이다. 뭔가 거창해 보이지만 스마트폰을 이용해 앱스토어에서 게임을 다운로드하고 즐기는 우리에게는 이미 너무나 익숙한 시스템이다. 한 시대를 풍미했던 '애니팡'이 좋은 예시다. 애니팡을 플레이하는 데 별도의 비용은 필요하지 않지만, '하트'가 모두 소진되고 나면 다시 하트가 충전될 때까지 일정 시간 기다려야 한다. 이때 유료 결제를 통해 대기 시간을 단축할 수 있는 선택지를 가질 수 있는데, 이런 방식이 대표적인 부분 유료화 모델이다. 라이트 유저라면 이 부분에서 별다른 비용을 투입하지 않을 것이고, 헤비 유저라면 하트를 모두 다 소진하고 난 뒤, 몇 번이라도 유료 결제를 통해 하트를 다시 충전하려 할 것이다.

모두 알다시피 이 같은 새로운 과금 모델의 시도는 대성공이었다. 결제가 의무가 아니었기에 하루 유저 최대 1,000만 명, 동시 접속자 200만 명이라는 놀라운 기록과 더불어, 하트 유료 구매에 따른 매출액이 하루 2억 원 수준에 달했던 것으로 알려져 있다. 비단 애니팡뿐만 아니라 국내에서 인기 있는 온라인/모바일 게임의 과금 구조가 대부분 유사한 형태라는 것, 또 게임사들이 이를 통해 매년 조 단위의 매출을 만들어 낸다는 것만으로도 부분 유료화 모델의 강력함을 엿볼 수 있다.

Time to win에서 Pay to win으로

다시 원래의 이야기로 돌아와 보자. NC소프트의 추락과 대한민국 게임 비즈니스 모델의 변천사는 대체 어떤 관계가 있는 것일까. 부분 유료화 시스템이 가져온 긍정적인 효과들은 분명했지만, 시간이 지날수록 게임의 무게 중심이 과금 구조로만 편중되면서 문제가 발생하기 시작했다. 부분 유료화 시스템을 채택한 게임은 대개 'Time to win'과 'Pay to win'의 두 가지 방향으로 구조를 설계할 수 있는데, 과금 구조로 무게 중심이 이동됐다는 것은 게임이 Pay to win 방향으로 이동했다는 것을 뜻한다. 즉, 게임을 시작한 초창기에는 무과금 플레이가 가능하지만, 어느 순간부터 유료 결제가 없이는 게임 진행이 어렵거나 경쟁에서 도저히 이길 수 없는 상황을 맞닥뜨리게 된다는 것이다. 물론, 게임사도 공짜로 하는 장사가 아닌 만큼 무과금 유저와 과금 유저 간의 밸런스 조정은 필요하다. '돈 쓰는 사람이 돈 쓰는 맛을 느낄 수 있게끔' 만드는 것 역시 중요한 요소다. 하지만 문제는 대한민국 게임

부분 유료화 시스템을 채택한 게임의 구조

Time to win

- 게임에서 승리하기 위해서는 시간이 필수적.
- 즉, 무과금 유저라도 시간을 충분히 들인다면 유료 결제 유저를 넘어서는 것이 가능. 유료 결제는 시간을 절약해 주는 등 부가적인 수단으로만 작용.

Pay to win

- 게임에서 승리하기 위해서는 과금이 필수적.
- 즉, 무과금 유저가 유료 결제 유저를 넘어서는 것 자체가 불가능한 구조.

유저 확대 중심 ←→ 과금 중심

의 과금 유도는 '맹독성 K-과금'이라고 불릴 만큼, 오랜 기간에 걸쳐 그 균형을 무너뜨려 왔다는 점이다.

'린저씨'라는 말을 아는가? 린저씨는 '리니지하는 아저씨'의 준말이지만, 조금 더 적나라하게는 '리니지에 돈을 엄청 많이 쓰는 큰손 중년 아저씨'를 뜻한다. NC소프트의 리니지 형제가 만들어내는 연 매출은 약 1조 원 정도로 알려져 있다. 리니지M과 리니지2M의 MAU가 각 20만 명, 도합 40만 명이라고 가정하면, 게이머 한 명이 1년 동안 리니지에 쓰는 돈이 250만 원이라는 단순 계산이 나온다. NC소프트 관계자에 따르면 과금 상위 10% 고객의 경우 한 달에 1,000만 원 이상은 우습게 쓰는 경우도 있다고 한다. 이는 사람의 심리를 자극하도록 치밀하게 설계된 과금 모델 자체의 힘도 있겠지만, 게임을 지속하기 위해서는 일정 수준 이상의 지출이 사실상 강제되는 부분이 있기 때문이기도 하다. 리니지를 하기 위해서는, 말 그대로 목돈을 싸 들고 준비해놓지 않는 이상은 원하는 게임 진행이 어려울 만큼 이미 Pay to Win의 영역으로 그 무게 중심이 쏠린 것이다. 그럼에도 불구하고 게임사가 게임 개발과 운영에 들이는 많은 노력과 비용을 알기에, 지금까지 게이머들은 어느 정도 수준의 과금 구조를 용인하며 게임을 즐겨 왔다. 게임사와 유저들이 아슬아슬한 긴장의 끈을 계속 유지해 왔던 것이다. 그런데 바로 2021년, 이들 간의 갈등이 폭발하는 사건이 일어나게 된다.

분노하는 린저씨: 리니지 문양 롤백 사건

리니지M에는 캐릭터의 능력을 향상시킬 수 있는 '문양 시스템'이 있다. 이 문양은 총 여섯 가지 종류로 구성돼 있으며, 각각의 문양은 30개의 문양 구멍을 가지고 있다. 유료 결제를 통해 30개의 문양 구멍을 모두 채우면 문양이 완성되는데, 이 문양을 순서대로 총 6개 모두 완성시켜야만 최종적으로 캐릭터가 강화되는 시스템이다. 문제는 문양의 완성을 위해 채워야 하는 30개의 문양 구멍이 '확률형 뽑기'로 구성돼 있다는 점이었다. 구멍 채우기 시도 횟수가 정해져 있어 30개의 구멍을 다 채우는 데 실패한 경우에는 다른 문양을 완성하는 게 불가능했기에, 초기화 아이템을 추가로 구매해 문양 구멍을 채우는 작업을 다시 반복해야 했다. 보통 문양 1개를 완성하는 데에는 5,000만 원, 6개를 모두 완성시키려면 자그마치 3억 원 정도가 들어간다고 하니, 맹독성 K-과금의 위엄이 실로 엄청나다고 느껴지는 순간이다.

NC소프트도 이 문양 시스템의 방식이 너무하다 싶었던 걸까. 문양 시스템의 난이도가 하향되는 업데이트가 진행된다. 이 업데이트 패

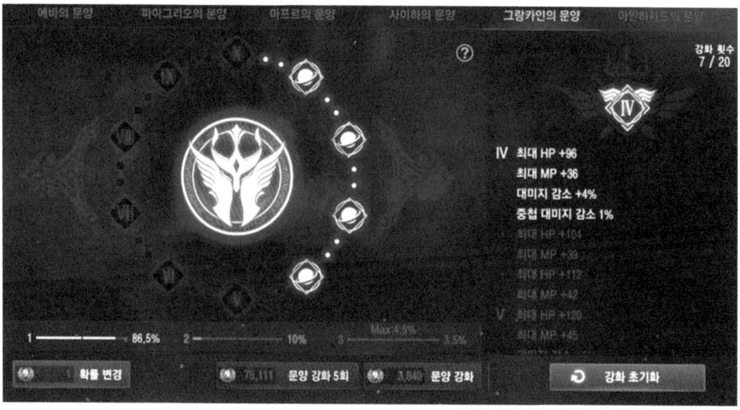

출처: 리니지M 플레이 가이드북

'리니지M'의 문양 시스템. 하나의 문양이 꽉 채워져야 다음 문양에 도전할 수 있다.

치를 통해 기존 대비 20% 수준인 약 6,000만 원 정도의 금액으로 전체 문양을 완성할 수 있게 됐다. '그러면 모두가 행복해진 것 아냐?'라는 생각이 들었다면 아주 큰 오산이다. 기존에 투입된 비용과 그로 인해 형성된 게임 내 경제 시스템을 건드린 이 시점이 바로 대형 사고를 가져오는 트리거가 됐기 때문이다. 기존에 천문학적인 돈을 쏟아부어 가면서 문양을 완성했던 헤비 유저들이 NC소프트에 대항해 공개적으로 불만을 제기하며 과금 중단을 선언했다. "나는 리니지의 헤비 유저고, 억 단위의 금액을 문양 시스템에 투자했는데, 이런 충성 고객들을 더 챙겨주긴커녕 역차별을 하고 있다"라는 것이었다. 실제로 이들 중에는 총 과금액이 10억 원대 이상으로 알려진 상위 1%의 헤비 유저들도 있던 것으로 알려졌다.

이러한 반발에 NC소프트는 "기존 고객과의 형평성을 과하게 해치는 부분이 확인됐다"라는 언급과 함께 서버를 '롤백Roll Back'했다. 즉, 서버를 문양 작업의 난이도가 하향되기 전의 시점으로 되돌리고, 업데이트 후 문양 아이템을 구매한 유저들에게 게임 내 화폐인 '다이아'로 환불을 진행했다. 개편된 문양 시스템에 과금을 했던 게임 유저들이 현금으로 환불해 줄 것을 요구했는데도 불구하고, 업데이트의 일방적 취소, 현금 환불이 아닌 게임 내 화폐로 환불이라는 안이한 대처에 또 한 번 불만이 폭발해버리고 만다.

2021년 3월, 리니지 유저들은 '개돼지 해방 전쟁'이라는 이름으로 트럭 시위 비용을 모금했고, 총 2대의 트럭이 NC소프트 본사와 국회의사당에 배치됐다. 트럭에는 NC소프트에 사과를 요구하는 메시지가 강하게 노출됐다. 전면에는 "택진이 형 출두해, 신사답게 사과해, 보름 안에 환불해"라는 문구가, 측면에는 "문양 롤백 환불 거부, 고객상담 접견 거부, 고객들과 소통 거부. 우리들은 알고 싶다. 소비자의 알 권리. NC소프트에 사회적 책임을 요구합니다", 후면에는 "사지 않겠습니다. 제작하지 않겠습니다"라는 문구가 담겼다. 이 강력한 메시지를 담은 트럭이 본사 사옥과 국회의사당을 온종일 빙빙 돌면서 리니지 이슈는 전격 사회화됐다. 그리고 바로 이 지점부터 앞서 언급한 NC소프트의 바닥 모르는 추락이 시작된다. '문양 롤백 사건' 이후 리니지 형제들의 MAU는 약 25% 정도 감소한 것으로 알려졌으며, 실제 게임 내 유명한 헤비 과금러들 역시 이탈한 것으로 알려졌다. 리니지를 굳건히 유지시켜 온 린저씨 팬덤의 균열은 NC소프트에서 반전을 위해 준비한 신작 게임에도 부정적인 영향을 미쳤다. 블레이드 앤 소울 2와 트릭스터M 역시 과도한 과금 유도로 '리니지 라이크Like(리니지 시리즈와 유사한 게임성과 과금 모델을 가진 게임)'라는 꼬리표가 붙으면서 기대에 미치지 못하는 실적을 보여주고 있다.

관련 업계의 많은 사람들은 드디어 터질 게 터졌다는 말을 한다. 어느 순간부터 재미있는 게임을 만드는 것은 뒷전으로 한 채, 어떻게 유저들이 더 많이 돈을 내게 만들 수 있을지 효율적이고 자극적인 방법만 연구하는 것 같다는 우려가 꽤 오랜 시간 계속돼 왔기 때문이다. 이제는 맹독성 K-과금이라는 말이 어색하지 않을 만큼 먼 길을 와버린 대한민국 게임. 게이머들은 지갑을 열도록 압박하고 강요하는 듯한 K-과금 모델에 피곤함을 느낀다. 새로운 게임이 나와도 '그놈의 과금 DNA'는 그대로다. '그저 게임을 즐기고 싶은' 순수한 게이머들이 설 자리는 좁아져만 간다. 이제는 정말 한계에 도달한 듯한 대한민국 게임 시장 앞에는 과연 어떠한 변화가 기다리고 있을까.

게임, 더 넓은 콘텐츠의 바다를 항해하다(feat.GOTY)

대한민국은 게임 선진국일까?

여러분의 생각은 어떤지 궁금하다. 글로벌 게임 시장에서 대한민국의 위치는 어느 정도일까? 대한민국은 e-스포츠의 선구자이자 1세대 프로게이머로 이름을 날린 '스타크래프트'의 임요환부터 '리그 오브 레전드'의 영원한 영웅 페이커까지 쟁쟁한 스타를 보유하고 있다. 다른 게이머들은 또 어떤가. 게임 하나에 진지하게 빠져들면 그 누구보다 넓고 깊게 파고드는 한국 유저들이다. 지난 2012년 블리자드가 '디아블로 3'를 출시하며 "노멀 난이도 클리어에 6개월은 걸릴 것이다"라고 공언했던 것을 비웃기라도 하듯, 한국 게이머들이 고작 6시간 만에 해당 레벨을 클리어해내는 데 성공하며 화제를 만들어낸 바 있다. 이쯤 되면 글로벌 게임 시장에서 대한민국의 위상 역시 '선진국'과 같다고 해도 과언이 아니겠다는 생각이 든다. 하지만 이번에는 조금 다른 기준으로 이 문제를 바라보려 한다. 조금은 정량적으로, 다시 말해 숫자를 기준으로 글로벌 게임 시장을 살펴보도록 하자. 게임 콘텐츠 시장 규모도 하나의 지표가 될 수 있고, 증시에 상장해 있는 주요 게임사들의 시가 총액 환산액이 지표가 될 수도 있을 것이다. 다음 표는 주요 국가의 증시에 상장된 주요 게임사들의 시가 총액을 정리해 놓은 것이다.

이를 통해 국내 게임사들이 글로벌 수준에서도 상당한 규모인 것을 알 수 있다. 전 세계적으로 모르는 사람이 없는 일본의 닌텐도나, 스타크래프트를 시작으로 게이머들의 큰 사랑을 받아온 액티비전-블리자드Activision-Blizzard, 'FIFA' 축구 게임으로 유명한 EA 등을 제외하면, '한국 게임사들이 딱히 꿀릴 게 없는데?' 싶은 생각이 든다. 우리보다 한참 앞서 있다고 생각한 일본의 게임 명가들, '철권' 시리즈를 보

국가별 주요 게임사 시가 총액 현황(2021년 8월 기준)

한국		일본		미국		유럽	
넥슨	20.7조 원	닌텐도	68.9조 원	액티비전-블리자드	72.8조 원	유비소프트	8.3조 원
크래프톤	19.8조 원	반다이 남코	16.5조 원	EA	43.7조 원	CDPR	5조 원
NC소프트	17.6조 원	코나미	9.2조 원	TAKE2 Inter	20.5조 원		
넷마블	11.3조 원	캡콤	8조 원				
카카오게임즈	5.8조 원	코에이테크모	7.8조 원				
		스퀘어에닉스	7.6조 원				
시총 계	75.2조 원	시총 계	118조 원	시총 계	137조 원	시총 계	13.3조 원

유한 반다이 남코Bandai-Namco, 축구 게임 '위닝 일레븐' 시리즈로 유명한 코나미KONAMI, 한때 세상을 휩쓸었던 '스트리트 파이터' 시리즈의 캡콤CAPCOM까지 우리나라 3N의 시가 총액과 비교하면 한 수 아래라고 봐도 무방할 정도다. 이에 더해 '배틀 그라운드'의 성공으로 증시 상장에 성공한 크래프톤과 모바일 플랫폼 강점이 있는 카카오게임즈의 가세로 국내 게임사는 어디 내놓아도 뒤지지 않을 정도의 규모를 자랑한다. 물론, 주요 게임사의 시가 총액이라는 정량적 지표가 모든 것을 설명해 주는 것은 아니다. '포트나이트'로 유명한 에픽게임즈EPIC games와 같이 주식 시장에 상장하지 않아 명확한 정보를 얻을 수 없는 기업도 있고, 중국의 텐센트처럼 게임계의 큰손임과 동시에 다양한 산업을 포괄하는 상장사도 있기 때문이다. 그럼에도 불구하고 국가별 주요 게임사의 시가 총액과 같은 수치는 '국가' 단위로 게임사, 그리고 게임 시장의 경쟁력을 살펴보기에는 나쁘지 않은 지표임이 분명하다.

다시 한번 이야기의 방향을 조금 바꿔 보자. 잘 만든 영화는 영화제와 시상식에서 상을 받는다. 소위 '세계 3대 영화제'라고 불릴 정도의 권위 있는 행사가 있기도 하다. 이러한 영화제의 화제성과 상징성은 두말할 필요가 없을 정도로 크다. 영화계만큼 대중적이지는 않지만, 게임계에도 이런 시상식이 있다. 'Game of the year(이하 GOTY)'라는 시상식은 매년 '최고의 게임'을 뽑기 위한 목적으로, 기존의 유명한 영화제의 시스템을 카피해서 만들어졌다. 영화제도 다양한 종류가 있듯이, GOTY 역시 하나의 기관에서만 선정하는 것은 아니다. 다양한 게임 관련 기관과 협회 그리고 전문가들이 선정에 참여하며, 일반 네티즌들의 투표를 통해 수상이 결정되기도 한다. 판매량부터 스토리의 완

●●● GOTY 블로그에서 집계해 최종으로 선정된 게임들

연도	작품명	제작사(국가)
2013년	더 라스트 오브 어스 1	너티독(미국)
2014년	드래곤 에이지: 인퀴지션	바이오웨어(캐나다)
2015년	더 위쳐 3	CDPR(폴란드)
2016년	언차티드 4	너티독(미국)
2017년	젤다의 전설: 야생의 숨결	닌텐도(일본)
2018년	갓 오브 워 4	산타모니카 스튜디오(미국)
2019년	데스 스트랜딩	코지마프로덕션(일본)
2020년	더 라스트 오브 어스 2	너티독(미국)

출처: gotypicks.blogspot.com

성도, 게임 인터페이스나 시스템의 참신성 등 수상작을 결정하는 요소도 가지각색이다. 워낙 다양한 기관에서 각자의 GOTY를 선정하는 통에 각종 시상식과 협회, 언론 매체에서 선정된 GOTY를 집계해서, '올해의 진짜 GOTY' 1개를 선정하는 블로그까지 등장하기에 이르렀다. 이 블로그에서 선정한 GOTY는 공신력 있는 기관이나 업계 전문가가 선정한 것은 아니지만, 게이머들의 폭발적인 관심을 받은 작품들을 연도별로 살펴볼 수 있다는 장점이 있다. 위의 표는 2013년부터 2020년까지 블로그에서 선정한 GOTY 작품들이다.

앞서 살펴본 정량적 지표와는 사뭇 다르게 느껴지지 않는가? 3N을 앞세운 대한민국 게임 군단의 리니지나 바람의 나라는 물론 배틀

그라운드와 같은 게임도 찾아보기 어렵다. 수상작들의 면면을 살펴보면 한국이 강한 모습을 보이는 모바일 분야의 게임이 없다는 사실도 알 수 있다. GOTY 수상작들의 대부분은 PC나 콘솔 위주의 비디오 게임이며, 서사가 강한 스토리라인을 기반으로 명확한 시작과 끝(엔딩)이 있는 경우가 많다. 물론, 영화도 유명 영화제의 수상작과 실제 대중들이 열광하는 작품 사이에 괴리가 있기 마련인 만큼 GOTY 수상작 역시 대중들이 실제 즐기는 대세 게임과는 차이가 존재하지 않겠냐고 반문할 수도 있다(너무나 당연한 일이다). 그런데 이 GOTY 수상작들을 '콘텐츠'라는 관점으로 바라보면 얘기가 조금 달라진다.

2013년 GOTY 선정 작품인 '더 라스트 오브 어스 1'은 인간을 숙주로 하는 동충하초의 변종이 퍼져 다수의 사람이 감염되거나 숨지고 사회가 무너진 후, 그때로부터 20년 뒤의 세상을 배경으로 하고 있다. 주인공인 조엘과 엘리가 미국의 동부에서 서부로 약 1년여에 걸친 횡단 여정을 떠나면서 게임이 시작된다. 두말할 필요가 없는 명작인 더 라스트 오브 어스는 게임을 클리어하고 나면 조엘과 엘리의 이야기에 완전히 몰입된 자신을 발견할 수 있을 만큼, 게임 그 자체의 재미뿐만

콘텐츠로 재탄생된 GOTY 수상작들

작품명	콘텐츠 종류	내용
더 라스트 오브 어스	드라마	2020년 HBO 제작 발표 (페드로 파스칼 주연)
더 위쳐	드라마	2019년 넷플릭스 오리지널 공개 (헨리 카빌 주연)
언차티드	영화	2022년 개봉 예정 (톰 홀랜드 주연)

아니라 탄탄한 서사 구조를 갖추고 있다. 각종 매체나 평론가들의 반응도 대단했다. "오직 이 게임을 하기 위해서만이라도 플레이스테이션을 구매할 가치가 있다"라는 평부터, 영화가 아님에도 불구하고 이를 올해 최고의 영화로 선정한 매체도 있는가 하면 영국의 영화 잡지《엠파이어Empire》는 1941년 작 영화 〈시민 케인〉과 비교하며 이보다 더 좋을 수 없다는 찬사를 보내기도 했다.

GOTY에 선정된 게임들은 게임성과 서사, 완결성 등
다양한 요소를 기반으로 평가된다.
게임마다 그 특징이 다양하겠지만, 이들의 가장 큰 공통점은
'좋은 게임'을 넘어 **'좋은 콘텐츠'**라는 점이다.

좋은 콘텐츠라는 표현을 한 이유는 이들 게임에서 게임적인 요소들을 제거하고, 창의적인 캐릭터와 스토리 라인의 정수만 다시 뽑아낸다 해도 이 소스들이 여전히 최고의 퀄리티를 자랑하기 때문이다. 이를 바탕으로 웹툰이나 드라마, 영화를 만든다면 어떨까? 매력적인 세계관 설정, 캐릭터, 그리고 물 흐르듯 흘러가는 스토리까지, 다른 형태의 콘텐츠로 다시 제작된다고 해도 전혀 부족할 것이 없어 보인다. 실제로 GOTY에 선정된 게임들을 플레이해보면 내가 게임을 한 건지, 한 편의 대서사의 주인공이 돼 이 이야기의 끝을 보고 온 건지 헷갈릴 정도로 완성도가 뛰어난 작품들이 많다. 이 콘텐츠들은 게임으로 먼저 플레이됐지만, 어떤 매체로 변환되더라도 사랑받을 수 있는 최고의 원재료들이다. 위대한 콘텐츠는 잘 가공된 IP가 되고, 잘 가공된 IP

출처: 너티독

생존이라는 키워드로 탄탄한 서사 구조를 가지고 있는 게임 '더 라스트 오브 어스'. HBO의 드라마로 제작 중이다.

는 시간이 지나도 잘 팔리는 '베스트셀러'가 된다. 앞서 언급한 더 라스트 오브 어스는 페드로 파스칼Pedro Pascal 주연의 HBO 드라마로 제작 중이며, '더 위쳐'는 헨리 카빌Henry Cavill 주연의 넷플릭스 오리지널로 2019년 시즌 1 공개 후 현재 시즌 2 제작을 앞두고 있다. '언차티드'는 스파이더맨으로 유명한 톰 홀랜드Tom Holland 주연의 영화로 제작돼 2022년 개봉 예정이다. 언급한 3개 작품 중 가장 최근 작품은 언차티드로 2016년 작인데, 분명 최신 게임이라곤 할 수 없는 연차다. 하지만 게임 자체는 구작의 반열로 접어들고 있을지 몰라도, 콘텐츠 관점에서 이들은 여전히 수많은 사람들의 가슴을 설레게 하고 있는 신작이다. 이 게임들이 영화나 드라마로 제작된다면, 기존 게이머들을 포함해 더욱더 많은 사람들에게 사랑받을 수 있는 콘텐츠이자 IP로 발돋움할 것이다. 자, 이제 다시 질문을 던져 본다. 여러분이 생각하는 게임 선진국의 기준은 무엇인가, 그리고 과연 대한민국은 게임 선진국이라고 할 수 있을까?

게임은 더 멀리, 더 오래가고 싶다

K-과금 모델은 분명 성공적이었다. 여전히 해외 게임사들이 보면 혀를 내두를 정도의 놀라운 수익성을 보여주고 있다. 앞서 NC소프트의 대표 게임, 리니지에 사람들이 쏟아붓던 돈의 규모가 기억나는가? 돈을 많이 쓰는 헤비 유저들은 리니지에만 연간 억 단위로 돈을 쓴다. 정말, 돈 하나는 기막히게 잘 버는 게임인 셈이다. 물론 취약한 고리도 있다. 20만 명의 유저가 연 5,000억 원의 수익을 만들어 낸다고 하니, 다른 회사로 치면 매출은 잘 나오는데 판매처가 아주 적다는 흠을 갖고 있는 셈이다. 결코 바람직한 그림은 아니다. 특정 판매처에 대한 의존도가 높을수록, 그가 이탈했을 때에 후폭풍을 감내하기 쉽지 않음을 우리는 잘 알고 있다. 실제 게임사들은 최상위 헤비 과금러들이 게임에서 이탈하는 것만큼 무서운 일이 없을 것이다. 회사 매출의 많은 부분을 차지하는 큰손이 거래처를 옮기겠다고 하는 것이나 다름이 없기 때문이다. 그렇다면 이 문제를 극복하기 위해서는 어떻게 해야 할까?

첫째, 게임이 더 큰 IP로 확장될 수 있도록 콘텐츠적 요소를 극대화하는 방법이 있다. 2013년 작인 더 라스트 오브 어스가 지금도 명작으로 불리고, 콘텐츠 자체의 가치를 인정받아 드라마로 제작되는 예가 대표적이다. 8년 전에 출시된 게임과 그 연관 콘텐츠가 2021년에도 계속해서 회자되고 소비되는 것은 게임 그 자체만으로 봤을 때는 있기 힘든 일이다. 많은 게임들은 출시된 지 6개월에서 1년 내에 그 수명을 다한다. 그래픽, 기술, 하드웨어가 빠른 속도로 발전하면서 시간이 지난 게임은 '구형 게임', '옛날 게임'이라는 불명예를 뒤집어쓰기에 십상이다. 실제로 더 라스트 오브 어스의 그래픽을 지금과 비교해보면 명확한 차이를 느낄 수 있다. 하지만 콘텐츠적 가치가 높은 게임이다 보니 그 뒤를 계속해서 이어 나가는 것이 가능하다. 2020년에는 (유저들로부터 무서운 혹평을 받긴 했지만) '라스트 오브 어스 2'가 후속작으로 출시되기도 했고, HBO에서 제작 중인 드라마 역시 회당 제작비가 1,000만 달러 이상으로 밝혀지며 미드 팬들로부터 많은 기대를 모으고 있다. 이번 드라마가 성공한다면 더욱 확장된 세계관을 기반으로 한 후속작이 나올 수도 있고, 특정 에피소드나 캐릭터에 집중한 스핀오프 작품이 등장할 수도 있다. 넷플릭스를 통해 전 세계에서 히트한 〈킹덤〉의 갓이 아마존에서 불티나게 팔리고, 〈오징어 게임〉의 핑크색 점프수트나 초록색 추리닝이 핼러윈을 앞두고 매진 열풍을 이끌어 나가는 것처럼 작품과 연관된 상품이나 굿즈의 판매가 활발해질 수도 있는 일이다.

두 번째는 조금은 뻔한 이야기다. 게임다운 게임, 즉 '게임성'에 더 집중해야 한다는 것이다. 대한민국 게임 판에도 틀에 박힌 K-과금 구조를 벗어나 새로운 시도를 하는 게임들이 있다. 2014년 출시된 펄어비스의 '검은사막'이 좋은 예다. 비록 앞서 언급한 게임들처럼 스토리적으로 높은 평가를 받지는 못했지만, 검은사막은 자체 개발한 게임 엔진(검은사막 엔진)을 기반으로 높은 수준의 그래픽과 게임성을 자랑하는 PC 기반의 MMORPG다. 검은사막은 2019년 '크로스 플레이Cross Play' 전략을 내세우며 PC 게임 시장을 넘어서 콘솔 시장, 즉 엑스박스와 플레이스테이션으로 플랫폼 확장을 시도했다. 크로스 플레이란 기존 PC에서만 즐길 수 있던 게임을 플레이스테이션이나 엑스박스와 같은 비디오/콘솔 게임으로도 이용할 수 있음은 물론, 각기 다른 플랫폼에서 플레이하는 유저들이 서로 만날 수 있게끔 하는 방식이다. 이러한 검은사막의 도전은 국내에서는 거의 사장된 것이나 다름없던 비디오 게임 영역에 다시 도전하는 것이라 세간의 관심과 우려를 한몸에 받았다. 알다시피 비디오 게임은 '일회성'에 가까운 소프트웨어 판매가 수익의 가장 큰 비중을 차지한다. 이를 생각해볼 때, 검은사막의 결정은 단기적인 수익 창출에만 매달린 것이 아니기에 게임 업계로부터 많은 응원을 받기도 했다.

다행히 검은사막은 글로벌 시장에서도 나쁘지 않은 평가를 받고 있는데, 2021년에는 《포브스》가 선정한 '올해 즐겨야 할 플레이스테이션 5와 엑스박스 시리즈 엑스용 MMORPG TOP 10' 목록에도 이름을 올렸다. 《포브스》는 "콘솔로 출시된 모든 MMORPG 게임 중 최고의 전투를 구현했다"라며 "모든 캐릭터가 신나는 경험을 제공하고, 상당한 재미를 느낄 수 있었다"라는 평을 했다. 검은사막이 세계적으로도 좋은 반응을 얻을 수 있었던 데는 Pay to win 요소를 최소화한 것이 중요하게 작용했다고 판단된다. 아무리 우수한 게임성과 그래픽을 자랑한다고 해도 돈을 내야만 일정 단계 이상을 넘어갈 수 있는 구조의 게임이라면 Time to win 구조의 게임에 더 익숙한 전 세계 게이머들에게 좋은 평가를 받기 어려웠을 것이다.

출처: 펄어비스

2019년 콘솔 버전 출시 이후 일본 플레이스테이션 스토어 랭킹 1위를 차지한 '검은사막'. Time to win 방식이 조금 더 적용된 합리적 과금 방식을 도입해 글로벌 시장에서 성공을 거두었다.

실제로 검은사막의 과금은 '납득할 만한 수준'이라는 평이 대다수다. 달리 말해, 편의성을 대가로 한 과금 유도 정도라는 것이다. 이런 식의 과금 시스템, 즉 부분 유료화에 대해 거부감이 큰 일본의 게임 시장에서 서버 오픈 이후 플레이스테이션 스토어 7일 연속 1위를 기록할 정도라고 하니 납득할 만한 수준이라는 말이 정확하다 할 수 있겠다. 물론 무과금 플레이가 가능한 검은사막이 억대 금액을 월 단위로 과금하는 게이머들이 만들어주는 단기적 수익을 벌어들일 순 없을 것이다. 하지만 꾸준히 서비스 지역과 유저 규모를 확대한 결과, 7년이라는 오랜 시간 계속해서 명맥을 유지하는 콘텐츠가 됐다. 제작사 펄어비스에 따르면 검은사막의 수익은 안정화 궤도에 올랐고, 매 분기 1,000억 원이라는 적지 않은 금액을 따박따박 쌓아 올리는 '효자 상품'이 됐다고 한다. 어려운 환경을 타계하는 가장 좋은 방법은 바로 '정공법'임을 다시 한번 증명한 셈이다.

넷마블과 코웨이, NC와 유니버스, 그들의 고민은?

넷마블과 NC소프트 역시 그 누구보다 '더 오래가는 방법'에 대해 오랜 기간 고민해 온 기업들이다. 넷마블은 지난 2019년 다소 엉뚱하고도 파격적인 투자를 감행했다. 다름 아닌 정수기 렌털로 유명한 코웨이 인수전에 뛰어들기로 한 것이다. 인수는 일사천리로 마무리돼 넷마블은 렌털 사업에 진출하게 됐다. 많은 사람들이 넷마블의 결정에 의구심을 보였지만, 결과적으로 이 딜은 나쁘지 않은 성과를 보여주고 있다. 게임 업체들이 '안정적이고 오래가는 수익원'에 보이는 집착은 그 DNA에 새겨져 있다고 해도 과언이 아니다. 우리 게임에 많은 매출을 가져다주는 헤비 과금러가 언제까지나 우리 게임만 즐긴다고 보장할 수도 없고, 새로운 기술과 그래픽으로 무장한 신규 게임이 우리 게임을 '구닥다리'로 만들어버릴 위협에도 노출돼 있다. 적지 않은 시간과 자원을 투자해 만든 기대작이 오픈 1년이 채 되지 않아 사양길로 접어들 수도 있다. 이런 걱정을 달고 사는 게임사들에게 안정적인 수익을 만들어 줄 수 있는 비즈니스에 대한 갈구는 어찌 보면 당연해 보이기도 한다. 코웨이의 렌털 사업은 한번 고객을 유치하면 해당 고객이 해지하지 않는 한 꾸준하고 안정적인 현금 흐름을 만들 수 있다는 게 장점이다(일반적으로 렌털은 기본 2~3년에서 수십 년까지도 유지된다). 실제로 코웨이는 인수된 뒤로 계속해서 손익이 개선되고 있으며, 넷마블 역시 이를 통해 더욱 공고한 자금 흐름을 구축했다. 그뿐만 아니라, 넷마블의 AI, 빅데이터 기술 등을 확장 적용하며 서서히 양사 간의 사업 시너지 효과를 창출해 내고 있다.

넷마블 방준혁 의장의 인척인 방시혁 의장이 이끄는 연예기획사 하이브 또한 든든한 버팀목이다. 넷마블은 하이브의 지분 약 24%가량을 보유한 2대 주주다(1대 주주는 약 40%가량을 보유한 방시혁 의장이다). 넷마블이 하이브의 2대 주주로 자리매김하기까지는 방준혁, 방시혁 두 사람의 친인척 관계도 있었겠지만, 업계에서는 넷마블 방준혁 의장의 승부사 기질이 발동했던 것으로 이야기된다. 결과적으로 이 승부수는 기대 이상의 효과를 냈다.

한편, NC소프트가 눈독을 들인 것은 다름 아닌 'K-팝 팬덤' 시장이다. 2020년 NC소프트가 야심 차게 론칭한 '유니버스'는 온·오프라인의 팬덤 활동을 모바일 기반으로 즐길 수 있는 플랫폼이다. AI, 캐릭터 스캔, 모션 캡처 등 NC소프트의 게임 개발 및 운영을 통해 검증된 기술을 엔터테인먼트 콘텐츠와 결합해 제공하는 것이 특징이다.

유니버스의 핵심 서비스는 '프라이빗 메시지'와 'FNS Fan Network Service'다. 프라이빗 메시지는 유니버스 앱 대화창을 통해 가수가 손수 작성한 메시지를 팬이 받아볼 수 있는 기능이며 FNS는 팬과 아티스트 사이에 글과 이미지, 영상 등을 남길 수 있는 SNS 공간이다. 유니버스가 준비한 비장의 카드로는 아이돌의 목소리를 그대로 재현한 AI 음성으로 원하는 시간에 전화를 하는 '프라이빗 콜'도 있다. 비록 서비스 초반 잦은 장애와 매끄럽지 않은 통화, 더군다나 적지 않은 금액인 월

출처: NC소프트

아티스트와 팬을 연결해주는 플랫폼인 NC소프트의 '유니버스'. 아티스트가 팬 개인에게 인스턴트 메신저를 사용해 메시지를 보내는 프라이빗 메시지 서비스를 제공하며, 유니버스만의 독자적인 오리지널 콘텐츠도 보유하고 있다.

7,900원이라는 가격으로 많은 비판을 받았지만, 서비스 론칭 6개월이 넘어간 현재는 어느 정도 안정화된 모습이다.

시장 일각에서는 "왜 갑자기 엔터테인먼트?"라며 생뚱맞다는 반응을 보이는 경우도 있었으나 사실 NC소프트는 수년 전부터 다양한 시도를 해 왔다. 2015년에는 블레이드 앤 소울에 등장하는 캐릭터인 진서연을 주인공으로 한 〈묵화마녀 진서연〉이라는 뮤지컬을 선보였고, 2016년에는 SM 소속의 첸백시(EXO의 첸, 백현, 시우민으로 구성된 유닛 그룹), 레드벨벳과 함께 블레이드 앤 소울의 OST를 발매했다. 2016년부터는 뮤직페스티벌이자 문화 축제인 '피버페스티벌'을 매년 개최하고 있으며, 'NC SOUND'라는 게임 OST, 음악 전용 유튜브 채널을 운영하고 있기도 하다. "생뚱맞게 엔터테인먼트 사업에 손댄다"고 하기에는 나름의 짬밥이 있는 셈이다. 실제 유니버스는 2021년 6월 1,000만 다운로드를 돌파했고, MAU는 약 330만 명, 이 중 해외 이용자 비중이 80% 달한다는 소식을 전했다. 초반의 난항을 딛고 어느 정도의 성과를 내고 있는 것으로 보인다.

물론, 비판적인 시각도 존재한다. 유니버스라는 이름에 걸맞게 아티스트와 팬을 이어주는 '이전에는 없던 플랫폼'이 될 것이라는 기대도 있었지만, NC소프트가 기존에 운영하던 온라인 게임의 비즈니스 모델을 그대로 팬덤 플랫폼으로 이식한 것이 아니냐는 지적이 대표적이다. 유니버스의 유료 월정액 멤버십에 가입했다고 해도, 추가적인 콘텐츠를 즐기기 위해서는 서비스 내 화폐인 '러브'를 사용해야 하는 경우가 많다. 러브를 통해 내가 좋아하는 아이돌이 등장하는 나만의 뮤직비디오를 만들거나, 내 아바타를 나의 '최애' 스타일처럼 꾸미는 것도 가능하지만, 마치 "팬이라면 이 정도는 쓸 수 있잖아?"라는 식으로 과금을 과도하게 유도하는 느낌이 들어 거부감이 든다는 것이다. 서비스의 주된 이용층이 MZ세대, 그중에서도 주머니 사정이 넉넉하지 않은 Z세대라는 점을 감안한다면 충분히 나올 수 있는 비판이다.

더 멀리, 더 오래가고 싶은 게임사들의 꿈은, 세부적인 방향은 다르겠지만 결국에는 콘텐츠라는 하나의 키워드로 귀결되고 있다. 머지않은 미래, 대한민국에서도 GOTY를 수상하는 영광을 누리기를, 중국의 텐센트와 같은 게임 기반의 거대한 기업체가 등장하기를 기대해본다.

'2021 GOTY'의 영광은 과연 어떤 게임이 차지할까?

최근 게임 커뮤니티에서 가장 많이 회자된 게임으로는 폴란드의 게임 스튜디오 CDPR에서 출시한 '사이버펑크 2077(2020년 12월 출시)'과 게임 고인물이라면 누구나 두 손 모아 기다리던 블리자드의 '디아블로 2: 레저렉션(2021년 9월 출시)'이 있다. 두 게임 모두 시장의 큰 관심을 받았지만, 필자에게 올해 가장 기억에 남는 게임을 묻는다면 헤이즈라이트 스튜디오Hazelight Studio가 제작하고 EA가 유통한 '잇 테이크 투It Takes Two(2021년 3월 출시)'를 꼽고 싶다. 게임을 플레이해 본 유저들이 모두 입을 모아 "처음부터 GOTY 받으려고 이 악물고 만든 게임"이라고 평할 정도인데, 직접 플레이를 해보면 누구라도 그 표현에 공감할 듯하다. 오스카상에 목말랐던 레오나르도 디카프리오가 영화 〈레버넌트〉를 찍었을 때, '이번엔 진짜 상 타려고 단단히 마음먹었구나'라는 생각이 드는 것처럼 말이다. 스토리나 게임성 자체가 워낙 치밀하고 정교하게 만들어져 있음은 물론, 눈물 쏙 빼는 스토리라인까지 보유하고 있어 명작으로 인정할 수밖에 없다.

잇 테이크 투는 제목처럼 반드시 2명이 있어야만 플레이가 가능하다. 게임 난이도 자체가 어려운 편은 아니라, 초보자라고 하더라도 조금의 시간만 들이면 협력을 통해 게임을 진행해 나갈 수 있다. 게임의 주제가 주제인 만큼, 친구나 연인, 부부가 함께 플레이하기에도 좋다. PC로도 플레이가 가능하지만 하드웨어의 요구사항이 높은 편이다. 플레이스테이션이나 엑스박스 콘솔을 보유한 게이머들은 한 번쯤 타이틀을 구매해서 플레이해봐도 좋을 듯하다.

✱ GOTYGame Of The Year: 한 해 발매된 게임 중 가장 훌륭한 게임에 수여하는 상을 통칭하는 말로 주로 비디오 게임을 대상으로 선정한다. 보통 10월부터 각 매체가 후보를 선정하며, 11월부터 집계가 시작된다.

출처: EA

이제는 스타 디렉터와 개발자의 시대

넥슨은 다람쥐를 뿌려라 vs. 강원기 디렉터 나와라

"넥슨은 다람쥐를 뿌려라!"

국내 1세대 MMORPG 게임인 넥슨의 바람의 나라에서 볼 수 있던 이야기다. 당시 초보 사냥터에 등장하는 '다람쥐'를 잡기 위해 유저들은 주문처럼 이 말을 되뇌었다. 레벨을 올리기 위해서는 사냥을 해야 하는데, 당시에는 다람쥐가 씨가 마를 정도로 유저가 많았던 것이다. 위 표현에서 알 수 있듯이, 과거에는 게임 내 요청사항이 있거나 고마운 일 또는 화나는 일이 있을 때 소환하는 대상이 항상 게임 회사였다. 넥슨이라는 회사가 이 게임을 만들고 운영하고 있으니 회사를 대상으로 이야기를 하는 것이 당연해 보인다. 한편 NC소프트 리니지의 경우에는 NC소프트 대신에 '택진이 형'이라는 말이 조금 더 보편적으로 쓰였다. 이는 NC소프트 대표인 김택진이라는 인물이 맨바닥부터 일궈낸 성과 때문에, 시장에서 'NC소프트=김택진'이라는 공식이 성립했기 때문이다.

갑자기 왜 이런 이야기를 하는지 궁금한 독자들도 있을 것이다. 근래 있었던 일 중 앞서 언급한 리니지 문양 롤백 사건과 유사한 게 있었으니 바로 '메이플스토리 확률 조작 사건'이다. 해당 사건 역시 리니지의 사례와 유사하게 확률형 아이템과 과금 구조에서 이슈가 있었다. 이번에 주목하고자 하는 부분은 이 사건의 세부적인 내용이 아닌 조금은 다른 부분인데, 바로 사건이 종료되면서 열린 '메이플스토리 유저 간담회'가 그것이다. 이 간담회는 운영진 측과 유저 대표 측이 만나 확률형 아이템 이슈와 더불어 향후 게임 운영에 대한 이야기를 나누는 자리였다. 흥미로운 포인트는 운영진 측을 대표해서 나온 것이 넥슨의 아무개 임원이 아니라 '메이플스토리'를 운영하는 메이플스토리 운영팀, 그중에서도 게임을 총괄하고 있는 강원기 디렉터였다는 점이다.

간담회 일정이 공지됨과 동시에 강원기 디렉터는 해당 영상에서

출처: 컨셉킹 유튜브 채널

넥슨이라는 단어가 들어갈 자리를 대체한 강원기 디렉터.

콘텐츠 시장이 성숙할수록 현장에 가까운 크리에이터들이 주목받는다.

“이제서야 고객님과 만나 뵙고 대화를 나누는 자리를 마련했다는 것과 너무 오래 기다리게 만들어 죄송하다”고 사과했다. 이어서 “이번 일을 계기로 개발팀이 고객과의 소통에 많이 소홀했음을 깨달았다. 지금부터 하나씩 바꿔 나가겠다”라는 말을 전했다. 발생한 사건 사고에 대해 게임을 총괄하는 디렉터가 사과하는 것이 당연한 것처럼 생각되기도 하지만, 사실 게이머들 입장에서는 생소한 느낌이 드는 것도 사실이다. 보통 이런 사과문의 경우 CEO나 회사의 이름으로 작성되는 경우가 많기 때문이다. 위의 예시가 비록 유쾌한 사례는 아니지만, 게임과 유저가 연결되는 접점이 ‘회사’에서 이제는 해당 게임을 총괄 운영하는 ‘디렉터’로 본격적으로 그 대상이 바뀌고 있음은 분명해 보인다.

콘텐츠 시장이 성숙할수록 유통사나 개발사, 제작사가 아닌, 현장에서 콘텐츠를 직접 만들고 운영하는 사람들이 주목받는다. 크게 고민할 필요 없이 우리 주변에 있는 드라마나 영화 시장을 보면 쉽게 이해할 수 있다. 과거 ‘미국 영화’, ‘일본 영화’, ‘한국 영화’ 등 국가별 카테고리로 콘텐츠가 구분되던 시기가 있었지만, 지금은 ‘쿠엔틴 타란티노 작품’, ‘봉준호 감독 작품’과 같은 기준이 전혀 어색하지 않다. 국가,

제작사, 유통사 등의 거시적인 개념보다는 콘텐츠를 실제로 진두지휘하며 만든 사람이 누군지가 더 중요한 요소가 된 것이다. 특히, 영화나 드라마와 같이 충분히 성숙한 콘텐츠 시장의 경우 감독을 넘어 작가, 각본가가 주목받는 단계까지 이르렀다. 2021년을 강타한 〈펜트하우스〉 시리즈를 집필한 김순옥 작가, 감독이나 연출보다 더욱 주목받는 〈킹덤〉의 김은희 작가, 〈응답하라〉 시리즈부터 〈슬기로운〉 시리즈까지 숱한 히트작을 만들어 온 이우정 작가까지, 어느새 대중들은 이들의 이름을 기억하기 시작한 것이다.

스타 디렉터가 등장하다, 로스트아크의 '빛강선'

게임 영역에서는 디렉터가 게임을 기획하고 전체적인 개발과 운영 방향을 조율하면서 감독의 역할을 한다. 메이플스토리의 사례에서 볼 수 있듯이 이제 조금씩 그 이름을 알리고 있는 한국의 게임 디렉터들과는 달리, 해외에서는 꽤 오래전부터 스타 디렉터나 스타 개발자가 그 존재감을 뽐내고 있었다. 이는 해외의 비디오, 컴퓨터 게임 시장이 훨씬 성숙했기 때문이기도 하고, 팀보다는 스타 플레이어가 조금 더 중시되는 문화적 차이 때문일 수도 있다. 실제로 해외 대작 게임들의 경우, 제품 상단이나 포스터에 '아무개 디렉터 작품'이라는 딱지가 붙어 나오는 경우도 상당히 많다. "순순히 금을 넘기면 유혈 사태는 발생하지 않을 것입니다"라는 대사를 하는 간디 밈으로 유명한 시드 마이어Sid Meier 디렉터의 '문명' 시리즈도 디렉터 딱지가 붙어있는 대표적인 작품이다. 시드 마이어는 PC 게임계의 전설적 개발자를 꼽을 때 늘 세 손가락에 들어갈 정도로 영향력 있는 인물이다. 영화계에서 유명 감독의 작품이 일정 수준의 티켓 파워를 보장하듯 마이어가 제작한 게임은 일정 수준 이상의 퀄리티를 보장한다는 인식이 있다. '바람의 나라', '리니지', '카트라이더', '서든어택' 등 한국 게임사에 한 획을 그은 게임들의 디렉터나 개발자가 누구인지 알지도 못하는 경우가 대다수임을 생각하면 그 차이가 새삼 크게 느껴진다.

옆 나라 일본만 해도 널리 알려진 스타 디렉터나 개발자를 보유하고 있다. 마리오의 아버지로 유명한 미야모토 시게루宮本茂가 대표적이다. 그가 제작에 참여한 게임으로는 '슈퍼 마리오', '동키콩Donkey Kong', '젤다의 전설The Legend of Zelda'과 같은 명작들이 있다. 미야모토가 커리어 초창기에 프로그래밍을 제외한 게임 디자인, 캐릭터 디자인 등 대부분의 작업을 사실상 혼자 작업해서 만든 게임이 동키콩이라는 일화는 전설처럼 내려온다. 동키콩에 등장한 메인 캐릭터가 바로 슈퍼 마리오의 마리오다. 미야모토는 닌텐도의 철학 중 하나인 '백 명의 범재보다 한 명의 천재'라는 말을 대표하는 입지전적인 인물인 셈이다.

'메탈 기어Metal Gear' 시리즈의 아버지인 코지마 히데오小島秀夫 역시 빼놓을 수 없는 스타 디렉터다. 박찬욱 감독이 "살면서 3명의 천재를 만났다. 바로 마틴 스콜세지, 쿠엔틴 타란티노, 그리고 코지마 히데오다"라는 인터뷰를 남긴 것으로도 유명하다. 그만큼 코지마는 디렉터, 감독이라는 단어가 잘 어울리는 제작자 중 한 명이다. 손에 땀을 쥐게 만들 정도로 박진감과 스릴이 일품인 잠입 액션 게임, 메탈 기어는 5편이 넘는 시리즈가 모두 평점 8~9점 이상을 기록할 만큼 우수한

출처: The Guardian, The Gamer

세계적으로 유명한 게임인
'문명'과 '메탈 기어' 시리즈를
개발한 시드 마이어(위)와
코지마 히데오(아래).
그들의 이름은 흥행의
보증 수표와 다름 없다.

성적을 거뒀다. 메탈 기어 시리즈는 게임 그 자체로도 큰 성공을 거뒀지만 서사 자체가 좋은 반응을 얻었고, 실제로 수많은 팬들을 감동시킨 결과 게임을 기반으로 한 소설이 출간될 정도였다(이 소설은 코지마의 엄청난 광팬임을 자처한 스릴러 작가 이토 케이카쿠伊藤計劃가 집필했다). 소설은 게임 내에서 진행된 스토리 라인에 팬의 시선으로 캐릭터의 심경이나 행동의 의미를 덧붙여, 소설 한 권만으로도 메탈 기어 시리즈의 정수를 느낄 수 있다는 평이 많았다. 메탈 기어 시리즈 이후에도 코지마의 작품 활동은 계속돼 2019년 GOTY를 수상한 '데스 스트랜딩'으로도 이어졌다. 코지마 게임의 가장 큰 특징 중 하나는 그가 만든 게임에는 항상 'A Kojima Hideo Game' 또는 'A Kojima Hideo Production'이라는 문구가 붙는다는 점인데, 그가 쌓아 올린 빛나는 커리어에 힘입어 게이머들에게는 일종의 '재미 보증 수표'처럼 통하기도 한다.

최근 국내에서도 큰 주목을 받고 있는 게임 디렉터가 있다. 바로 스마일게이트가 서비스하는 '로스트아크'의 금강선 디렉터다. 기업 중심의 게임 개발 문화가 지배적인 한국에서 정말 '무슨 사건이 터지지 않는 한' 디렉터의 얼굴을 보는 게 쉬운 일은 아니었다. 이러한 틀을 깨부순 금강선 디렉터는 '관종'이라는 말을 들을 만큼 소통을 중시하는 인물 중 하나다. 적어도 아직까지는 그의 관종 성향이 한국 게이머들의 사랑을 받고 있는 것으로 보이는데, 이는 한국의 게이머들이 정말 오랫동안 '게이머들과 말이 통하는 디렉터'를 염원해왔기 때문이기도 하고, 그가 약속한 말들이 실제로 지켜지고 있기 때문이기도 할 것이다.

2019년, 로스트아크 1주년 간담회에 한 유저가 임신한 몸으로 참석해 "로스트아크 OST로 태교를 하고 있다"고 밝힌 일이 있었다. 이어서 같은 해 연말, 해당 유저는 온라인으로 열린 유저 간담회 '로아온 페스티벌'에도 100명의 비대면 참여자 중 한 명으로 참석했는데, 이번에는 태어난 아기와 함께 자리하는 가슴 뿌듯한 명장면을 연출했다. 1주년 간담회 당시의 사연을 기억하고 있던 금강선 디렉터는 질의응답 시간에 해당 유저와 이야기를 나누며 태교로 들었던 로스트아크 OST 앨범을 선물하겠다고 약속했는데, 이후 실제로 자필 편지가 동봉된 로스트아크 OST 앨범을 선물하며 게이머들의 가슴을 따뜻하게 만들었다.

소통을 즐기는 디렉터답게 여러 행사에서 보여준 인상 깊은 이야기들로 '어록'이 만들어질 정도다. 단기적인 과금 유혹에 흔들리지 않고, 게이머들이 진정으로 즐길 수 있는 게임을 만들겠다는 취지의 "저희는 계속해서 게임을 만들겠습니다"라는 말을 한 영상에서는 "그저

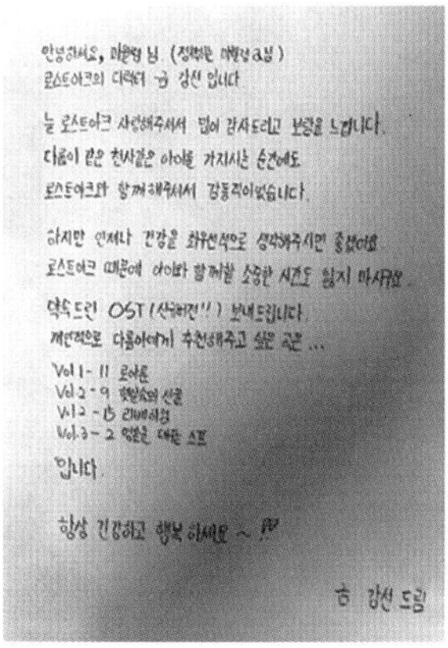
안녕하세요, [illegible] 님. ([illegible])
로스트아크의 디렉터 금강선 입니다
늘 로스트아크 사랑해주셔서 많이 감사드리고 보람을 느낍니다.
다음이 같은 천사같은 아이를 가지시는 순간에도
로스트아크와 함께해주셔서 감동적이었습니다.
하지만 언제나 건강을 최우선적으로 생각해주시면 좋겠어요.
로스트아크 때문에 아이와 함께할 소중한 시간도 잃지 마시구요.
약속드린 OST (사인버전!!) 보내드립니다.
개인적으로 다음이에게 추천해주고 싶은 곡은...
Vol 1 - 11 [illegible]
Vol 2 - 9 [illegible]
Vol 2 - 15 리베하임
Vol 3 - 2 [illegible]
입니다.
항상 건강하고 행복하세요~!!
금 강선 드림

출처: 스마일게이트

'빛강선' 으로 불리는 로스트아크의 금강선 디렉터와 그가 유저에게 보낸 자필 편지.

빛이다", "빛강선"과 같이 그를 찬양하는 댓글을 쉽게 찾아볼 수 있다. 또 흥미로운 것은 "로스트아크라는 게임에 관심을 갖게 된 계기가 게임 때문이 아니라 금강선 디렉터가 가진 태도와 자세 때문이었다"라는 반응 역시 상당수라는 점이다. 보통 게임 리뷰에서 "게임은 너무 좋은데 개발 방향이나 운영이 너무 맘에 들지 않아 게임을 못 해 먹겠다"라는 반응이 일반적이라는 점을 생각하면 금강선 디렉터가 얼마나 이례적인 성원을 받고 있는지 알 수 있는 부분이다.

"정확하게 말씀드리겠습니다. 이 부분 정확하게 말씀드리면, 저희 설계 실수입니다."
"그때 뭐 괜히 또 현질하지 마시고, 이거 갖다가 끼워 놓으시면 좋을 것 같아서……."
(이렇게 퍼주면 뭐가 남느냐는 질문에)
"아, 우리 모험가(로스트아크 유저)분들께서 남으시죠."

- 금강선 디렉터의 명언 어록

전작《콘텐츠가 전부다 2》 웹툰 챕터에서, 시장이 한 단계 더 도약하기 위해서는 '연봉 100억 작가'가 등장해야 한다는 이야기를 한 적이 있다. 초고액 연봉자 한 명이 탄생하는 것은 단순히 한 개인의 영광을 초월하는 획기적 사건이다. 한 시장에서 스타가 등장하면 이는 그 산업을 송두리째 흔들 정도의 강한 임팩트를 주기 때문이다. 제2, 제3의 100억 원대 연봉자가 등장할 수 있다는 가능성을 제시함과 동시에 은연중에 그런 사람을 배출할 수 있는 시장의 잠재력을 보여주는 것이다. 그뿐만이 아니다. 해당 업계의 위상이 한 단계 상승하면서 그를 롤 모델로 삼아 커리어를 꿈꾸는 뉴비들도 등장하기 시작한다. 뉴비들이 많아지면 인재들이 교육받고 성장할 수 있는 생태계가 구성된다. 사설 학원도 등장하고, 대학에서는 관련 학과가 신설되며, 기업에서는 이들을 육성할 수 있는 다양한 플랫폼도 만든다. 이들이 잘 커서 스타로 자라면 천문학적인 금액을 벌어올 수 있다는 게 이미 증명된 시장이니 말이다. 이렇게 시장에 하나의 건전한 순환 구조가 만들어지는 것이다. 이 원리는 게임판에도 똑같이 적용될 수 있다. 해외처럼 스타 게임 디렉터의 이름을 딴 게임 스튜디오가 만들어질 것이고, 흥행 보증 수표 같은 디렉터의 이름을 떡하니 달고 등장하는 게임들이 성공가도를 달릴 것이다. 개성과 창의력이 넘치는 재야의 개발자들도 다양한 시도를 해볼 수 있는 기회가 열린다면, 한국 게임들이 마주하고 있는 '과금의 덫'에서 벗어날 수 있는 제3의 길이 열릴지도 모를 일이다.

게이머들 왈,
"대체 메타버스가 뭔데?"

메타버스는 그저 '키워드 장사' 일까

최근 주식 시장에는, 포함되기만 하면 주가가 무섭게 치솟는 마법의 단어가 있다. 바로 '메타버스'다. 위키피디아에 따르면 메타버스는 가상, 초월이라는 의미인 '메타Meta'와 세계, 우주라는 의미를 가진 '유니버스universe'를 합성한 신조어로 현실 세계와 다른 가상 세계를 일컫는 말이다. 듣기만 해도 4차 산업혁명의 냄새가 강하게 풍기지 않는가? 그런데 이제 세상에 등장한 이 따끈따끈한 신조어를 보고, 그 누구보다 탐탁지 않은 시선을 보내는 이들이 있으니 다름 아닌 게이머들이다. 실제 게이머들 사이에서 심심찮게 들을 수 있는 말이 있다. "대체 메타버스가 뭔데? 게임이랑 뭐가 그렇게 다른데?"

MMORPG가 세상에 등장한 이래, 메타버스라는 단어가 존재하지 않았더라도 게이머들은 이미 메타버스에서의 삶을 자연스레 즐기고 있었다. 리니지를 즐기던 게이머는 게임 안에서는 또 다른 자아를 가진다. 대리님, 부장님 대신 군주님, 법사님, 성주님으로 불리는 건 당연한 일이었다. 게임에 접속하는 순간 나는 영지에 살고 '아덴'이라는 화폐를 사용하는 리니지 세상의 시민 중 한 명일뿐이다. 게임 내 세계관을 훨씬 큰 규모로 확장시킨 '월드 오브 워크래프트World of Warcraft(이하 WOW)'는 진정 메타버스라는 단어가 어울리는 게임이었다. 얼라이언스와 호드라는 두 개의 파로 나누어져 종족 간의 대립이 이뤄지는 하나의 사회에서 나는 서울시 한남동에 사는 인간 홍길동이 아닌, 호드에 강한 적개심을 가진 얼라이언스 '밥장사'였을 뿐인 것이다(밥장사는 사업가 백종원이 WOW에서 사용한 ID로 알려져 있다). 이미 게이머들은 현실 세계와는 완전히 다른 판타지의 가상 세계에서 내 삶을 일구고 있었던 셈이다. 이런 그들 앞에 메타버스라는 단어를 들고 와선 전례 없던 새로운 기술이 등장한 것처럼 떠드는 증권가 애널리스트들이 그저 키워드 장사꾼처럼 보였을 수도 있을 것이다.

얼마나 많은 일을 제약 없이 해낼 수 있는가

다시 한번 메타버스라는 단어, 그중에서도 세상을 일컫는 유니버스 부분에 조금 더 초점을 맞춰 보도록 하자. 게임 세상 속에서 대부분의 사람들은 '목적성'을 지닌다. 보통 '게임을 한다'라는 행동의 목표는 미션 또는 퀘스트를 처리하고, 그다음 단계로 넘어가 궁극적으로는 '최종 미션'을 클리어하는 것이다. 하지만 현실의 삶은 그렇지 않다. 대입이

출처: 슈카월드, 김성회의 G식백과 유튜브 채널

메타버스라는 단어가 존재하기도 전에 게이머들은 이미 메타버스에서의 삶을 자연스레 즐기고 있었다. 과연 메타버스는 기존 온라인 게임과 어떤 점이 다른 걸까.

나 취업, 결혼처럼 인생에도 정해진 단계가 있는 것처럼 보이기도 하지만, 사람마다 행복의 지표와 목적이 다르므로 삶의 모양도 각기 다르다. 당연히 모두가 동의하는 최종 미션 같은 것들도 존재하지 않는다. 게임에서의 최종 미션은 대부분 최종 보스와 싸워 이기는 것이지만, 우리 세상에서는 그 최종 보스가 돈, 행복, 여유, 평화 그 어떤 것도 될 수 있기 때문이다. 게임은 '가상 세계'라는 측면에서는 메타버스의 일종이라고 볼 수 있으나, '메타버스=게임'이라는 공식을 성립시키기에는 세상의 너무 일부분만을 담고 있는 것이다. 결국, 복잡다단한 인간 세상을 가상 세계로 수평 이동시킨 것을 메타버스라고 한다면 기존의 MMORPG나 온라인 게임의 메타버스보다 더 큰 개념으로 볼 수 있다. 오늘날 메타버스를 가르는 가장 큰 기준점 중 하나는 (비록 쓸데없고 의미 없을지라도) 얼마나 그런 일들을 다양하게, 또 많이 할 수 있는가에 달렸다고도 할 수 있겠다.

또 다른 '나'를 만나는 제페토 세상

메타버스 플랫폼의 선두주자라고 할 수 있는 제페토Zepetto를 통해 힌트를 얻을 수 있다. 네이버Z가 2018년 출시한 제페토는 전 세계 200여 개 국가에서 2억 명 이상의 이용자를 확보하고 있는 초대형 메타버스 플랫폼이다. 제페토 세상에서는 메타버스라는 말에 걸맞게 아바타를 통해 그 어떤 제약도 없이 다양한 사람들을 만나고, 공간을 탐험하는 것은 물론, '빌더'가 돼 메타버스 세상에 나만의 공간을 만들어내는 것도 가능하다. 2020년에는 아이돌 블랙핑크가 제페토에서 가상 팬 사인회를 개최해 큰 화제를 모은 바 있다. 팬 사인회에 참여한 이용자 수만

4,600만 명이 넘고, 제페토 아바타를 활용한 'Ice Cream' 댄스 퍼포먼스 뮤직비디오는 한 달 만에 유튜브에서 7,200만 조회 수를 돌파했다.

제페토에는 명품 브랜드 숍도 입점해 있다. 나이키, 컨버스, 디즈니 등의 브랜드들은 물론 명품 브랜드인 구찌 역시 제페토에 연이어 입점했다. 이들 의상은 제페토의 유료 화폐인 '잼Zem'으로 구입할 수 있다. 이용자들은 AI가 자신의 얼굴을 인식해 만든 아바타에 원하는 브랜드의 옷과 액세서리 등을 입히고, 다른 아바타들과 소통한다. 구찌의 최신상 컬렉션을 골라 입고, 피렌체의 '구찌 빌라' 정원을 거니는 일이 가능해진 것이다. 메타버스인 만큼 제품의 가격 역시 현실 세계보다 훨씬 저렴하다. 보통 5,000원 미만의 가격에 명품 옷 한 벌을 장만할 수 있을 정도다. 현실에서는 언감생심 꿈도 못 꿀 가격의 옷들을 메타버스에서는 얼마 되지 않는 금액으로 소유할 수 있는 것이다. 실제로 제페토와 구찌의 협업은 초대박을 쳤다. 구찌 버추얼 컬렉션을 활용한 2차 창작 콘텐츠는 열흘 만에 40만 개 이상 만들어졌고 조회 수 역시 300만 회를 돌파할 정도로 많은 관심을 모았다. 그래서일까. 메타버스 플랫폼의 주된 이용자들은 Z세대다. 이들은 현실 세계와 가상 세계의 경계를 명확하게 구분 짓지 않는다. 현실에 있는 나도 나고, 메타버스 안에 있는 아바타로서의 나도 나다. 메타버스에서 할 수 있는 일과 할 수 없는 일의 경계가 희미하다.

메타버스에서 할 수 없는 일들이 있다면 직접 만들 수도 있다. 제페토에는 사람들이 만나서 소통할 수 있는 맵Map이 있다. 맵은 크게 두 종류로 네이버Z가 직접 개발한 공식맵과 제페토 이용자들이 직접 만든 맵이 있다. 제페토는 올해 하반기 중 맵과 의상 등 아이템을 만들

출처: 제페토 유튜브 채널

제페토에서는 범위를 한정할 수 없을 만큼
다양한 일들이 벌어진다.
아이돌 가수와 럭셔리 브랜드도
이제 제페토에서 만날 수 있다.

수 있는 창작 지원 플랫폼 '제페토 스튜디오'에서 제페토 내에서 할 수 있는 게임을 제작하는 기능도 내놓을 계획이라고 밝혔다. 아바타들이 즐길 수 있는 공간, 사물뿐만 아니라 놀이 행위까지 만들 수 있도록 한다는 것이다. 이에 그치지 않고, 이러한 콘텐츠들을 제작하는 크리에이터들에게 수익이 돌아갈 수 있도록 비즈니스 모델 역시 설계하고 있다는 이야기도 들린다. 메타버스라고 부르려면 '할 것'에 대한 경계를 허무는 수준을 넘어, 이제는 '놀거리'를 유저들 스스로 만들어낼 수 있을 정도가 돼야 하는 것이다.

"없으면 만든다." 뭐든지 가능한 메타버스 세상

'놀거리를 유저들 스스로 만들어낼 수 있는' 플랫폼의 대명사로 '마인크래프트Mine Craft'와 '로블록스ROBLOX'가 있다. 메타버스라는 키워드로 다시 한번 주목받고 있지만, 두 게임 모두 메타버스 개념이 쓰이기 전부터 존재한 유서 깊은 게임이다. 이 게임들은 어린아이들이 모래 놀이를 하는 것처럼 무한한 자유도를 특징으로 하는 샌드박스sand box 게임이고 레고 블록 같은 캐릭터로 구성돼 있다는 점 등에서 상당히 많은 공통점을 가지고 있다. 이들 중 세상의 빛을 먼저 본 것은 로블록스다. 로블록스는 1989년 2D 블록 시뮬레이터 '인터랙티브 피직스Interactive Physics'라는 교육용 프로그램에서 시작해, 1990년대부터 여러 차례 테스트를 거쳐 2006년 지금의 이름으로 정식 발매됐다. 참고로 마인크래프트는 그보다 3년 늦은 2009년에 처음으로 출시됐다.

샌드박스, 메타버스 게임의 시초답게 로블록스와 마인크래프트의 자유도는 혀를 내두를 정도다. '레고' 형태의 아바타를 만들고 나면 이후 모든 것은 유저의 자유다. 레고의 특징 중 하나는 블록 부품 여러 가지를 활용해 새로운 무언가를 창조해낼 수 있다는 부분에 있는데, 이는 로블록스나 마인크래프트에도 똑같이 적용된다. 유저들은 이 블록을 통해 캐릭터, 지형지물, 건물 등 많은 것들을 만들어낼 수 있음은 물론 간단한 코딩 툴을 활용해 다른 유저들과 함께 즐길 수 있는 게임을 만들거나, 특정 공간에만 적용되는 룰을 구성하는 것이 가능하다. 유저들이 가상 세계를 스스로 창조해낼 수 있을 정도의 환경을 보유하고 있다고도 볼 수 있는데, 선형적이고 직선적인 목표물을 가진 기존의 게임과는 달리 다양한 콘텐츠를 유저들 스스로 계속해서 생산해낼 수 있는 구조로 돼 있다는 점이 바로 메타버스적 특징을 강하게 나타낸다고 할 수 있겠다.

로블록스에 접속하면 유저들이 만들어 놓은 수많은 게임 공간, 즉 맵을 접할 수 있는데, 대부분 유저가 직접 게임 개발 도구인 '로블록스 스튜디오'를 이용해 만든 작품들이다. 고전 명작이나 최신 인기 게임을 패러디하거나 오마주한 것은 물론, RPG, 슈팅, 공포 등 다양한 장르의 100% 완전 창작물들도 있다. 로블록스라는 플랫폼 위에 유저들이 직접 제작한 콘텐츠가 말 그대로 '얹히는' 형태인 것이다. 꼭 특정 유형의 게임이 아니더라도, 영화 〈기생충〉을 보고 감명받았다면 주인공 가족이 사는 대저택을 게임상에 구현한 맵을 만들어 친구들과 함께 가이드 투어를 하는 식으로 즐길 수 있다.

기존 MMORPG 게임들이 만들어낸 가상세계는
게임사가 제작한 콘텐츠가 일방적으로 전달되는 방식이었다면,
로블록스는 누구나 콘텐츠를 만들 수도, 공급할 수도, 소비할 수도 있는
완벽한 쌍방향적 구조를 제공한다.

'없으면 만들면 된다'라는 역대급 개방 구조와 수많은 사람들의 참여가
'메타버스'라는 가상 세계의 퍼즐을 하나하나 맞춰 나가고 있는 것이다.

넷플릭스 오리지널 〈오징어 게임〉이 2000년대 초반에 등장했다면 아마 사람들은 삼삼오오 밖에 모여 '무궁화꽃이 피었습니다' 놀이를 하고 있었을 것이다. 하지만 2021년 메타버스의 시대를 맞이한 지금,

출처: 로블록스

로블록스 내에 만들어진 수많은 오징어 게임들과 실제 게임에 참여한 모습.

사람들은 가상 공간인 로블록스에서 '오징어 게임'을 즐긴다. 전 세계적으로 성공한 콘텐츠다 보니 전 세계 국가에서 모인 다양한 사람들과 함께 플레이할 수 있는 것은 물론이다. 로블록스에서 'Squid Game'을 검색하면 수백 개의 맵이 등장한다. 모두 로블록스의 유저들이 직접 만든 맵이다. 이 맵에 들어가서, 제작자가 준비해 놓은 초록색 추리닝 아이템을 착용하고, 다른 유저들과 함께 〈오징어 게임〉에 나왔던 게임들을 함께 즐길 수 있는 것이다. 친구들을 모아 놀이터에 나가서야 즐길 수 있는 '무궁화꽃이 피었습니다'는 로블록스 유저들이 만든 놀이터 맵에서 아주 간단하게 즐길 수 있다. 실제 세상에서는 〈오징어 게임〉 원작처럼 혹독한 탈락 과정을 거칠 수 없지만, 로블록스라는 메타버스에서는 가능하다. 메타버스는 '많은 일을 제약 없이 해낼 수 있는' 가상공간이자 수평 세계이기 때문이다.

로블록스의 MAU는 약 1억 5,000만 명 정도인데, 이 중 13세 미만 이용자가 50%를 넘는다. 이 세대의 아이들이 메타버스를 기반으로 놀이 문화를 형성하고 성인으로 성장한다면, 지금의 게임 시장 판도가 크게 흔들릴 것은 쉽게 예측 가능하다. 넥슨의 김대훤 부사장은 2021년 6월 진행된 넥슨 개발자 콘퍼런스의 기조연설에서 다소 엉뚱하면서도 진보적인 어젠다를 제시했다. 바로 게임을 대체할 수 있는 단어를 만들어야 한다는 것이다. 그는 "20년 전 게임은 특정 집단만 향유하는 취미에 불과했지만, 이제는 손 안의 컴퓨터인 스마트폰을 통해 모두의 여가가 됐다"라면서 "틱톡 등 카메라를 활용한 영상 놀이, 실내 자전거 운동을 하면서 전 세계 유저들과 게임을 하듯 경쟁하는 '즈위프트Zwift' 모두 기존 게임의 영역을 허물고 있다"라고 말했다.

바로 지금, 메타버스에서 일어나는 일들을 보자. 그의 말에 고개가 끄덕여지지 않는가? 게임만의 특성이자 전유물로 여겨졌던 것들이 지금은 콘텐츠 영역 전반에 확산되며 되려 게임의 자리를 위협하고 있다. 항상 강조하지만, 시간은 유한하기에 '더 재밌는 것'이 '재미있었던 것'의 자리를 대체할 수밖에 없는 것이 바로 이 세상이다. K-과금의 덫에 갇혀 보낸 지난 몇 년을 교훈 삼아 이제는 게임을 바라보는 시각을 더 넓혀야 할 시기다. 어려운 역경을 넘어온 우리 게임들이 어떻게 하나의 완결된 콘텐츠로, 또 하나의 놀이 문화로 발돋움할 수 있을지 기대해 본다.

CHAPTER

6

#HowtoMakeMoney

하루에 1억을 버는 게 가능해?

누구나 돈 벌 수 있는 세상,
크리에이터 이코노미

제3의 물결, 크리에이터 이코노미

테크 미래학자이자 세계 최고의 과학 기술·문화 전문 잡지《와이어드 Wired》의 창간자인 케빈 켈리는 '1,000명의 팬 이론'을 이야기하며 "진정한 팬 1,000명만 있으면, 누구든 성공적인 크리에이터의 삶을 살 수 있다"라고 말했다. 누구든 자신이 제작한 콘텐츠를 위해 돈을 지불하는 팬 1,000명만 있으면 먹고살 수 있다는 뜻인데, 만약 팬 1명당 크리에이터에게 월 1만 원을 후원하면 매월 1,000만 원의 수익을 낼 수 있기에 나온 말이다. 지금까진 이런 일이 가능하지 않았다. 팬과 크리에이터 사이에는 '플랫폼'이 존재했고, 이 플랫폼은 중간에서 광고 수익을 가져갔다. 광고 수익은 크리에이터들에게 돌아가지 않는 경우가 많았으며 수익이 분배되더라도 일부에 불과했다. 하지만 이제 팬이 크리에이터의 콘텐츠를 직접 구독하고 결제하는 길이 넓어지고 있다. 플랫폼의 영향력은 줄어드는 대신, 크리에이터들의 영향력이 점점 더 커지고 있는 것이다.

2020년 페이스북은 이용자가 올린 포스팅을 활용한 광고로
약 **21조 6,700억 원**을 벌었다. 그렇다면 페이스북에서
콘텐츠를 제작한 크리에이터들은 얼마를 벌었을까? **0원**이다.

크리에이터들이 작성한 모든 창작물이 실리콘밸리 빅테크 기업의 수익을 올리기 위한 수단으로 사용됐다는 사실이 밝혀지며 사람들의 불만이 쌓이기 시작했다. 이러한 불만 위에 알고리즘과 광고에 대한 거부감도 더해졌다. 크리에이터는 플랫폼이 정해놓은 알고리즘에 맞춰 콘텐츠를 제작해야 하는 불편함을 가지고 있었고, 시청자들은 지나친 광고에 고문과도 같은 피로감을 느꼈다. 이러한 문제점을 해결하고자 창작자와 소비자가 직접 거래하는 새로운 방식이 등장했는데, 그게 바로 '크리에이터 이코노미'다.

크리에이터 이코노미란 크리에이터들이 플랫폼 광고에 의존하지 않고 자신의 창작물로 직접 수익을 내면서 창작 활동에 전념할 수 있는 시스템을 말한다. 페이스북의 이사이자 벤처 캐피탈 앤드리슨 호로비츠Andreessen Horowitz, a16z를 이끄는 마크 앤드리슨은 이런 현상을 '인터넷 제3의 물결'이라고 칭하며 다음과 같이 말했다.

"첫 번째 물결에서는 온라인에서 아무도 돈을 벌거나 쓰지 않았

다. 두 번째 물결은 광고를 통해 온라인 서비스들이 돈을 벌었던 시기다. 세 번째 물결에서는 콘텐츠 소비자와 크리에이터가 직접 연결돼 크리에이터가 직접적으로 수익을 올릴 수 있게 될 것이다."

크리에이터 이코노미가 부상하게 된 배경에는 관련 서비스의 등장도 큰 역할을 했다. 대표적으로 뉴스레터 플랫폼 서브스택Substack과 정기 후원 플랫폼 패트리온이 있다. 2017년 10월 출시된 서브스택은 작가나 기자가 정기적으로 글을 써서 구독자들에게 메일을 보낼 수 있는 뉴스레터 플랫폼이다. 크리에이터는 구독료의 90%까지 수익으로 가져갈 수 있는데, 서브스택의 저자 상위 10명은 모두 합쳐서 연간 2,000만 달러(약 240억 원) 이상의 수익을 낸 것으로 알려졌다. 고공 성장 중인 서브스택은 2021년 2월 기준으로 유료 구독자 수 50만 명을 돌파했고, 2021년 9월엔 2,457만 명의 MAU를 기록했다.

2013년 5월 론칭한 패트리온은 크리에이터가 음악, 영화, 소설, 팟캐스트 등 다양한 콘텐츠를 게시하고, 이를 통해 팬들에게 정기적으로 후원을 받을 수 있는 플랫폼이다. 2021년 10월 현재 20만 명 이상의 크리에이터가 패트리온에 등록돼 있으며, 700만 명의 팬들이 매년 총 1조 원 이상을 크리에이터에게 후원하고 있다. 패트리온은 후원금에서 5%의 수수료를 제외한 전부를 크리에이터에게 지급한다. 패트리온의 CEO인 잭 콘티Jack Conte는 "이제 크리에이터들이 자신의 콘텐츠만으로 돈을 벌 수 있어야 한다는 걸 깨닫기 시작했다. 패트리온은 크리에이터가 비즈니스를 성장시킬 수 있도록 인프라를 제공할 것이다"라고 말했다.

점점 커지고 있는 크리에이터 이코노미 시장에 기존 빅테크 기업

출처: 서브스택, 패트리온

크리에이터 이코노미가 부상하는 데 크게 기여한 뉴스레터 플랫폼 '서브스택'(좌)과 크라우드펀딩 플랫폼이자 창작자를 후원하는 멤버십 서비스 '패트리온'(우).

들도 합류하기 시작했다. 자신들의 플랫폼에서 활동하는 크리에이터들을 새로운 플랫폼에 빼앗길 우려 때문이다. 사용자가 끊임없이 유입돼야만 생명력을 가질 수 있는 플랫폼 입장에서는 콘텐츠를 생산하는 크리에이터가 없으면 결국 플랫폼으로서의 가치를 잃게 된다. 그러므로 글로벌 빅테크 기업들의 크리에이터 이코노미 진출은 양질의 크리에이터를 자사 플랫폼 내로 최대한 끌어들이는 데 그 목적이 있다. 최근 빅테크 기업들은 크리에이터에 대한 보상을 강화하며 '크리에이터 확보 전쟁'을 시작했다.

2021년 4월 페이스북은 페이스북과 인스타그램 크리에이터에게 10억 달러의 파격적인 금액을 지급하겠다는 발표를 했다. 특히 상당한 금액이 인스타그램 '릴스'와 'AR 필터'를 직접 제작하는 크리에이터들에게 지급된다고 발표했는데, 이는 숏폼의 대표 주자인 틱톡과의 경쟁에서 인기 크리에이터를 유치하기 위한 의도로 볼 수 있다. 이에 맞서 틱톡도 2억 달러 규모의 크리에이터 펀드를 결성하고, 향후 3년간 20억 달러를 조성해 크리에이터들을 지원한다고 밝혔다. 유튜브는

1억 달러 규모의 '유튜브 쇼츠 펀드YouTube Shorts Fund'를 도입했는데, 이 펀드는 조회 수와 참여도가 높은 콘텐츠의 크리에이터에게 보상을 지급하기 위한 목적이 있다. 유튜브 쇼츠 펀드는 2021년 10월, 국내에도 도입됐으며, 구독자 1,000명과 시청 시간 4,000시간이라는 유튜브 수익 창출 조건과 관계없이 크리에이터들에게 지급되고 있다.

챕터 3에서 이미 한 번 언급한 트위터의 경우에도 채널 멤버십 기능인 '슈퍼 팔로우'와 함께 'TIP JAR(크리에이터에게 '팁을 후원하는 바구니'라는 의미)' 기능을 도입하며 크리에이터 이코노미로의 전환을 공격적으로 시도하고 있다. 그뿐만 아니라 애플 팟캐스트는 정기 구독 서비스를 통해 16년 만에 팟캐스트 수익화를 선언했고, 스포티파이와 클럽하우스도 크리에이터를 지원하는 엑셀러레이터를 준비 중이다. 이와 같은 흐름을 살펴보면 크리에이터 이코노미로의 전환은 이미 정해진 미래인 듯하다.

독자적인 플랫폼으로 성장하는 크리에이터

크리에이터 이코노미가 자리 잡으면 플랫폼 생태계에는 어떤 변화들이 일어날까? 우선, 누구나 크리에이터가 되는 세상이 올 것이다. 특히, '구독자 수 = 수입', '조회 수 = 수입'이라는 숫자 중심의 시장 논리에서 자유롭지 못했던 마이크로 인플루언서micro-influencer에게 엄청난 기회의 장이 열리게 된다. 또 찐팬 없이 단순한 어그로aggro(관심을 끌기 위해 자극적인 콘텐츠를 올리거나 악의적인 행동을 하는 일) 행위를 통해 많은 구독자를 모았던 채널보다, 구독자가 적더라도 찐팬을 가지고 있는 채널이 더 많은 수입을 가져가는 역전의 서사가 시작될 것이다.

특히 가까운 미래의 크리에이터 이코노미는 블록체인 기술과 결합해 진가를 발휘할 것으로 예상된다. 이미 크리에이터가 만든 콘텐츠를 NFT로 발행해 판매하는 움직임이 시작됐다. 그동안 디지털 자산은 복제와 공유가 쉽기에 높은 가치를 부여받기 어려웠지만, NFT를 통해 크리에이터가 만든 콘텐츠에 고유한 일련번호를 매겨 대체 불가능한 디지털 자산으로 만들 수 있게 된 것이다. 글, 영상, 음악, 게임 등 그 어떠한 것도 디지털로 저장되어 있으면 모두 NFT화 시킬 수 있다. 한 예로 트위터 CEO 잭 도시는 자신이 올린 최초의 트윗을 NFT로 발행했고, 이는 약 33억 원에 판매가 됐다. '비플Beeple'이라는 예명으로 활동하는 디지털 아티스트 마이크 윈켈만Mike Winkelmann은 〈매일: 첫 5,000일everydays: The First 5,000 Days〉이란 디지털 아트 작품을 NFT로 발행했는데, 이 작품은 6,930만 달러(약 831억 원)에 판매되기도 했다. 세계적인 현대 미술가 제프 쿤스Jeff Koons와 데이비드 호크니David Hockney에

출처: Nyan Cat 유튜브 채널

꼬리에 무지개를 달고 다니는 고양이 '냥캣'. 해당 밈은 NFT로 발행돼 300이더리움(2021년 2월 기준 59만 달러)에 판매됐다.

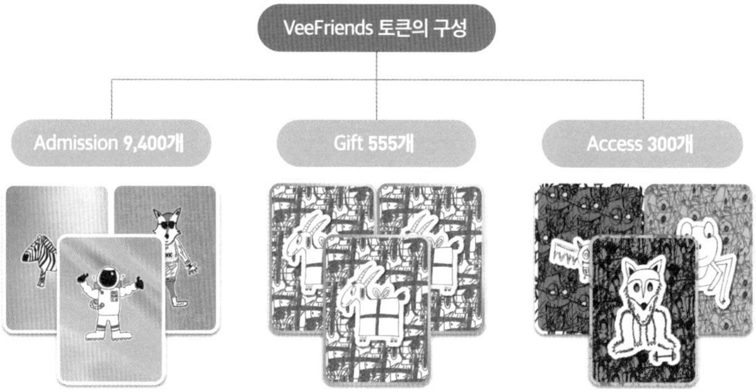

출처: veefriends.com

게리 바이너척의 NFT 프로젝트인 'VeeFriends'.
VeeFriend NFT를 소유하면 즉시 VeeFriends 커뮤니티의 일원이 되며,
VeeCon 콘퍼런스, 선물 증정, 기타 행사 등에 참여할 수 있다.

이어 생존하는 예술가의 작품 중 세 번째로 높은 가격에 팔린 셈이다. 밈도 NFT 세상에서는 예술이 돼가고 있다. 미국에서 만들어진 유명한 '냥캣Nyan cat' 밈은 59만 달러(약 7억 원)에 판매됐다.

NFT를 활용해 크리에이터 이코노미를 만들어낸 대표적인 크리에이터는 미국 소셜미디어 산업을 선도하고 있는 소셜마케터이자 미디어 홀딩 에이전시인 바이너엑스VaynerX의 회장 게리 바이너척Gary Vaynerchuk이다. 그는 NFT 프로젝트인 'VeeFriends'를 통해 자신이 직접 그린 1만 255개의 그림을 NFT 토큰으로 발행해 화제를 모았다. 바이너척이 발행한 NFT 토큰 중 9,400개는 그가 진행하는 'VeeCon' 콘퍼런스에 3년간 참여할 수 있는 'Admission' 토큰이며, 555개는 매년 실물 선물을 받을 수 있는 'Gift' 토큰이다. 그 외 바이너척과 1 대 1 멘토링을 하거나, 저녁 식사 또는 테니스를 칠 수 있는 'Access' 토큰까지 발

각 플랫폼의 크리에이터 지원 경쟁

유튜브	쇼츠 크리에이터 1억 달러 지원
페이스북, 인스타그램	릴스, AR 콘텐츠 크리에이터에게 10억 달러 지급
트위터	콘텐츠 유료 구독 서비스(슈퍼 팔로우) 도입
틱톡	크리에이터에게 20억 달러 지급
텀블러	콘텐츠 유료 구독 서비스(포스트+) 도입

출처: 이코노미조선

크리에이터 관련 스타트업의 글로벌 투자금 현황

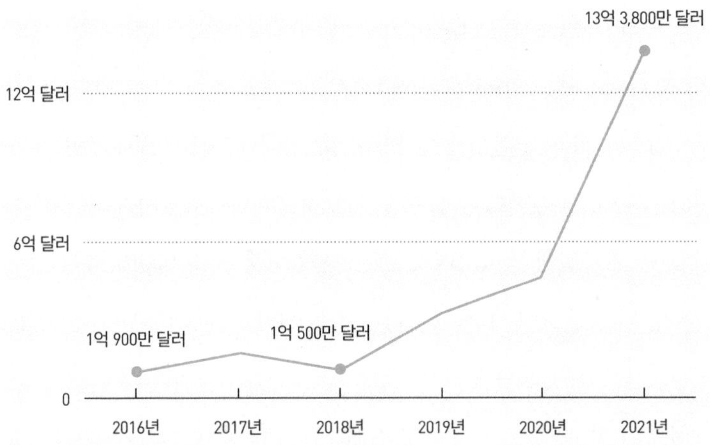

- 2021년은 1월 1일부터 6월 4일까지

출처: CB인사이츠

행했는데, 이는 NFT를 활용해 하나의 커뮤니티를 형성한 것으로 볼 수 있다.

크리에이터 이코노미가 NFT를 만나면
크리에이터 본인뿐 아니라 **토큰을 구매한 팬들**도
경제적 이득을 얻을 수 있는 가능성이 생긴다. 토큰의 개수가
한정돼 있으니 토큰의 수요가 올라가면 토큰의 가격 역시 상승하게 되고,
이러한 **가격 차**를 이용해 수익을 낼 수 있다.

예를 들어 바이너척의 VeeCon 콘퍼런스에 참여하고 싶은 사람이 많아지면 VeeCon에 참여할 수 있는 토큰의 가격이 상승하게 된다. 초기에 이를 가지고 있었던 사람이 가격이 상승한 지점에서 NFT를 팔게 되면 수익이 발생하는 것이다.

이처럼 기술의 결합과 함께 플랫폼의 영향력에서 벗어나 크리에이터가 독자적인 플랫폼이 되는 흐름으로 시장이 흘러가고 있다. 이제는 내가 하고 싶은 일을 하면서 돈을 벌 수 있는 시대, 그리고 내가 좋아하는 사람을 지지함으로써 돈을 벌 수 있는 시대가 왔다. 지금은 바야흐로 인터넷이라는 바다에 몰아치는 제3의 물결, 크리에이터 이코노미를 대비하고 주목할 때다.

SNS로 월 1천만 원 만드는 법

크리에이터는 빛 좋은 개살구?

크리에이터 이코노미로 인해 구독자가 적은 크리에이터들에게도 새로운 기회가 생긴 것은 명백한 사실이나 가장 중요한 전제 조건을 잊어서는 안 된다. '구독자들은 나에게 월 1만 원을 낼 만큼의 찐팬인가', 그리고 '내가 팬들에게 월 1만 원을 받을 만큼의 콘텐츠를 가지고 있는가', 이 두 조건의 충족 여부에 따라 어쩌면 새로운 방식이 팔로워를 늘리고 광고를 받아 돈을 버는 이전 방식보다 더 어려울 수도 있기 때문이다.

돈을 벌기 위해 크리에이터가 되려는 사람이 부쩍 많아졌다. 2019년 여름, 우리나라에 유튜브 열풍을 몰고 온 바로 그 사건, 키즈 유튜버 보람튜브가 강남에 95억 원짜리 건물을 샀다는 기사가 나온 후로 많은 사람들이 너나 할 것 없이 크리에이터가 되겠다고 유튜브에 몰렸다. 그런데 크리에이터가 돼 돈을 버는 일, 정말 말처럼 쉬운 일일까? 구독자 1만 7,000명의 유튜브 채널을 운영 중인 평범한 29세 직장인 여성 크리에이터에게 현실적인 이야기를 들어보자.

"2년간 매주 콘텐츠를 업로드하고 있어요. 사실 구독자가 나름 2만 명 가까이 되지만 수익은 정말 거의 없다고 생각하면 돼요. 영상 편집에만 10시간이 넘게 걸리는데 한 달 수입은 10만 원에서 20만 원 사이니까 인건비, 재료비도 나오지 않는 셈이죠."

현재 틱톡 640만 팔로워를 보유한 크리에이터 '듀자매'로 활동하면서, 동시에 MCN 기업에 재직 중인 필자는 주변에 크리에이터 친구들이 많다. 물론 그중에는 실제로 광고 하나에 5,000만 원 이상의 엄청난 수입을 가져가는 톱 크리에이터들도 있다. 하지만 대개 그건 상위 1%의 이야기고, 나머지 크리에이터들의 수입은 이에 한참 못 미친다. 한때 누구나 알 만한 정도의 여자 아이돌 그룹의 멤버가 '녹즙 배달원'이 돼 생계를 유지할 수밖에 없었던 일화가 알려져 안타까움을 자아낸 적이 있었는데, 유명 인플루언서 중에서도 이러한 경우가 허다하다. 특히 인스타그램 인플루언서의 경우 팔로워가 10만 명이 넘어도 광고비가 아닌 '협찬'의 형태로 광고를 진행하는 경우가 많고, 단가가 매우 낮아 아예 돈을 못 버는 이들도 있다. 한마디로 빛 좋은 개살구가 많다는 것이다.

플랫폼을 분석하고 스스로를 영업하라

앞에서는 독자들이 SNS를 통해 돈을 버는 것에 '막연한 환상'을 품지 않도록 살짝 겁을 주며 시작했다. 이제부터 크리에이터로서 자신의 SNS 채널을 키우는 방법과 이를 통해 돈을 버는 방법에 대해 이야기할 텐데, 가벼운 마음으로 쉽게 생각하며 접근했다가 소중한 시간과 에너지를 낭비할 수 있기에 냉정한 현실을 먼저 이야기한 것이니 넓은 마음으로 이해해주길 바란다.

필자는 누구나 SNS 채널 하나는 꼭 갖고 성장시킬 것을 추천한다. 평생직장이 사라지고 있고, 메타버스, 블록체인 등 디지털 전환이 이뤄지고 있는 시대에 SNS 채널은 하나의 사업체와 다름없다. 사업과 마찬가지로 SNS 채널 또한 잘 운영하면 대박이 날 수 있고 잘하지 못하면 망할 수도 있다. 또 대부분의 사업이 일확천금을 노리는 게 아니라 시행착오를 겪으며 한 단계 한 단계 성장해가는 것처럼 SNS 채널 또한 그러하다. 독자들도 앞으로 이어질 내용을 차근차근 따라가다 보면 시행착오를 최소한으로 줄이며 자신만의 든든한 채널을 키워갈 수 있을 것이다.

필자는 틱톡에서 총 3개의 계정을 운영하고 있으며 전체 팔로워는 677만 명이다(각 400만 명, 240만 명, 37만 명). 틱톡 채널을 운영하며 느낀 것은 채널을 성장시키는 나름의 원리가 존재한다는 것이다. 먼저 한 계정에서 원리를 발견해 그 계정을 성장시키고, 똑같이 나머지 두 계정에 적용해 봤더니 같은 결과가 나왔다. 특히 37만 팔로워를 보유한 계정은 반려견 콘텐츠 계정으로 단기간에 큰 성장을 이뤄낼 수 있었는데, 이처럼 이 원리는 배우면 누구나 충분히 할 수 있고, 틱톡이 아닌 다른 모든 플랫폼에도 적용할 수 있으니 주목해서 들어보자.

나에게 맞는 플랫폼 고르기

먼저 많은 플랫폼 중 자신에게 가장 잘 맞는 것을 선택하라. 시간은 한정적이다. 당연히 모두를 가져가면 좋겠지만, 일단은 메인 플랫폼 하나를 선택하자. 필자가 추천하는 플랫폼은 이제 막 떠오르기 시작한 릴스, 쇼츠 등 숏플랫폼이다. 보통 초기 플랫폼의 성장과 크리에이터의 성장은 함께 간다. 플랫폼이 만들어진 초기에는 콘텐츠가 얼마 없기에 무조건 추천 목록에 뜰 확률이 높다. 지금 유튜브의 추천 콘텐츠 목록에 뜨기 위해선 알고리즘 신의 선택을 받아야만 하지만, 천하의 유튜브도 초창기 땐 콘텐츠가 얼마 없어 쉽게 추천에 오를 수 있었다. 필자가 처음 틱톡을 시작한 2018년만 해도 크리에이터가 많지 않아서 올리는 모든 영상이 추천에 떴고 "제발 추천에 그만 떴으면 좋겠다"라는 댓글까지 달렸었다. 하지만 3년 사이 틱톡이 엄청난 규모로 성장하며 상황은 역전됐다. 틱톡 역시 유튜브처럼 추천 조회 수를 돈을 주고 사는 기능이 업데이트됐고 이제는 추천에 뜨기 위한 경쟁 역시 치열하다.

> 지금 **릴스**와 **쇼츠**는 초창기이고 틱톡과의 경쟁에서
> 이기기 위해 최선을 다해 크리에이터들을 밀어주고 있으니
> 이 흐름에 타는 것을 적극 추천한다.

유튜브는 시작하려면 카메라나 마이크 장비 등 어느 정도 허들이 있지만, 숏폼은 스마트폰 하나만 있으면 모든 걸 할 수 있기에 누구나 지금 당장 도전할 수 있다. 릴스와 쇼츠에 기회가 있으니 이 점을 참고해서 플랫폼 하나를 선택하라.

플랫폼을 정했다면, 플랫폼의 문법과 트렌드를 익히는 것이 그 다음 순서다. 플랫폼은 모두 각자의 문법이 있고 나름의 트렌드가 있다(여기서 문법이란 영상의 형태나 길이 등과 같이 기본적인 구조를 뜻한다). 이를 파악하기 위해 하루에 1시간 이상 집중해서 날카롭게 모니터링을 하라. 모니터링에서는 전체적으로 이 플랫폼이 어떻게 흘러가는지, 트렌드는 어떤지, 어떤 콘텐츠가 뜨는지 등을 살펴야 한다. 이걸 익히지 않고 무작정 시작한다는 것은 지금 와서 2년 전에 유행했던 '아무노래' 챌린지를 업로드하며 사람들의 반응을 기대하는 꼴이다(사업으로 따지자면 지금 와서 '대만 카스테라' 가게를 차리는 것과 같다). 다른 사람들과 소통하지 못하고 혼자 말하는 셈인 것이다. 필자는 처음 틱톡을 시작하기 전 100만 조회 수 이상의 영상들을 매일 찾아보며 분석하는 시간을 가졌다. 모니터링을 하면서 '왜 이게 인기지?'하고 공감하지 못한 영상도 있었는데, 이를 (공감은 못해도) 이해하기 위해 노력했다. 나는 공감하지 못했지만, 100만 명이 '좋아요'를 눌렀다는 것은 많은 사람이 그것에 '반응'했다는 이야기다. 그 포인트를 이해할 수 있어야 플랫폼 유저들과 소통이 가능하기에 꾸준히 모니터링을 하며 플랫폼의 문법과 트렌드를 익히는 것은 매우 중요하다.

모니터링이 끝났다면 해당 플랫폼의 트렌드에 맞으면서도 내가 잘할 수 있는 분야를 생각해서 그와 비슷한 레퍼런스 계정을 찾아라.

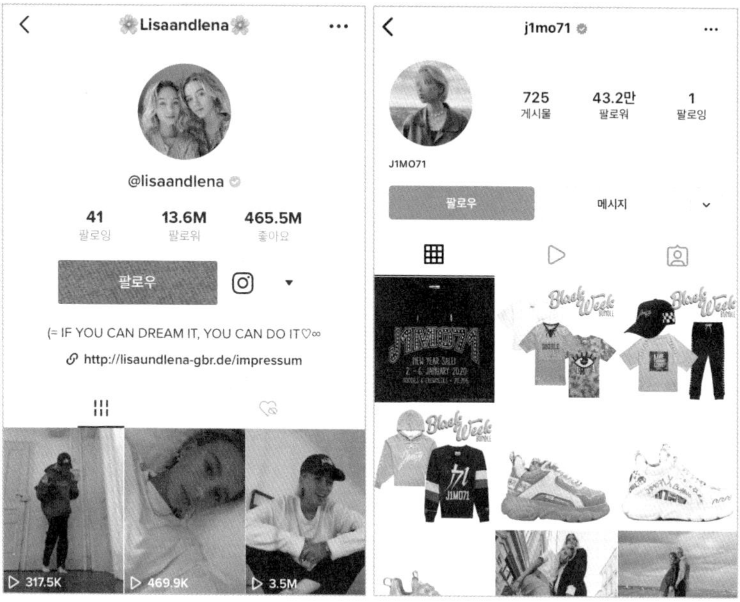

출처: 틱톡(@lisaandlena), 인스타그램(@j1mo71)

독일의 쌍둥이 크리에이터 리사와 레나 자매의 틱톡 계정과 자체 론칭한 패션 브랜드 'J1MO71' 인스타그램 계정.

레퍼런스를 고를 땐 이미 성공한 계정을 골라야 한다. 성공한 계정을 잘 살펴보면 이들이 어떻게 비즈니스 구조를 짰는지 확인할 수 있다. 예를 들어, 필자의 레퍼런스 계정이었던 독일의 쌍둥이 자매 리사와 레나(@lisaandlena)는 틱톡에서 쌍둥이 댄스 콘텐츠로 인기를 끌고, 그 영향력을 바탕으로 다양한 브랜드의 모델로 활동했으며, 뒤이어 자신들만의 패션 브랜드 'J1MO71'을 론칭했다. 3년 전인 2018년만 하더라도 한국에서 틱톡은 이제 막 시작하는 단계로 틱톡커가 브랜드 모델이 되고 브랜드를 론칭하는 것은 상상조차 하지 못하는 일이었는데, 리사와 레나 자매의 행보를 보며 듀자매도 틱톡을 통해 영향력을 확보한

다음 다양한 영역으로 확장해야겠다는 목표를 잡게 됐다.

초기에는 '최대한' 많이 올려라

레퍼런스를 골랐으면 그와 비슷하게 계정을 꾸미고 콘텐츠를 만들어 본다. 보통 처음 콘텐츠 제작자가 돼서 많이 하는 실수는 '나만의 방식'으로 '나만의 콘텐츠'를 만들겠다는 강박에 사로잡히는 것이다. 대작을 남긴 모든 미술가들도 선 긋기부터 시작했다는 것을 잊지 말자. 명작을 따라 그리며 연습을 충분히 한 뒤에 자신만의 작품을 만들어 내는 것이 순서다.

유튜브는 영상을 만드는 데 오랜 시간이 걸려서 자주 업로드를 하기 어렵지만, 숏폼을 선택했을 경우 짧게는 5분에서 10분, 길어도 1시간 안에 영상 촬영부터 편집, 업로드까지 마무리할 수 있다. 처음 시작할 때 가장 중요한 것은 최대한 많은 영상을 찍어서 업로드를 해 보는 것이다. 연습하는 시간인 셈이다. 필자의 경우 틱톡을 키우던 초반에는 하루에 3~5개의 콘텐츠를 올리며 실험을 계속했다. 이를 통해 반응이 오는 콘텐츠와 그렇지 않은 콘텐츠를 알게 됐고, 반응이 오는 콘텐츠를 중심으로 계속해서 업로드를 해보니 성과가 보이기 시작했다(듀자매의 경우 초기엔 1만 회, 이후엔 10만 회 이상의 조회 수가 나오면 의미 있는 콘텐츠로 판단했다). 많은 사람들이 처음 SNS 채널을 개설하면 일주일에 1개 정도의 콘텐츠를 올리고 반응을 기다리곤 하는데, 그렇게 해선 내 SNS를 성장시키기 어려울 수 있다. 초기에 최대한 많은 콘텐츠를 업로드하는 것을 추천한다.

그렇게 SNS 계정이 어느 정도 성장궤도에 오르게 되면, 다시 한번 목표를 명확하게 정비하고 비즈니스 구조를 짜야 한다. 계정을 키우는 목표가 단순히 '팔로워 늘리기'가 돼선 안 된다. 무엇보다도 목표가 명확해야 한다. 아래 예시를 살펴보자.

* 뷰티 계정을 성장시켜서 브랜드 광고를 받는다. 그 후 채널이 더 성장하면 메이크업 브랜드를 론칭하고, 메이크업 1 대 1 컨설팅을 진행한다.
* 재테크 계정을 성장시킨 뒤, 재테크 관련 오프라인 모임을 만들어 운영하고 강연을 진행한다. 그리고 책을 출간한다.
* 여행 계정을 성장시키고 여행꿀팁을 PDF로 만들어 판매한다. 관광청과 계약해 콘텐츠를 납품한다. 스마트스토어를 개설해 여행지에서 입었던 옷을 판매한다.
* 운동 계정을 성장시키고 오프라인 운동모임을 진행한다. 1 대 1 PT를 진행하고 단백질 셰이크를 공동구매로 판매한다.

10을 가지고 1 정도 밖에 못 하는 사람도 있지만, 1을 가지고 10을 만드는 사람도 있다. 적은 구독자로도 충분히 자신만의 비즈니스 구조를 만들어낼 수 있다. 구독자가 적다면 조회 수나 광고 협찬 모델로는 전업 크리에이터가 되기 어렵기에 자신만의 전략을 잘 수립해야 한다. 크리에이터 능력과 더불어 사업가적 안목이 필요한 것이다. 팔로워를 모았다면 이를 가지고 무엇을 할 것인지, 가진 것을 어떻게 비즈니스로 만들 것인지를 위의 예시와 같이 큰 틀에서 짜야 한다.

크리에이터도 '발로 뛰는 영업'이 필요하다

단순히 '계정을 키웠으니 이제 광고도 알아서 들어오고, 모든 게 알아서 흘러가겠지'라고 생각하면 오산이다. 전체적인 비즈니스 구조를 짰다면 그다음에 해야 할 일이 있다. 다름 아닌 '영업'이다. 비즈니스 구조에 살을 붙여 기획서로 만들고 기업에 '직접' 제안해보자. 이 부분이 바로 크리에이터에게 전하고 싶은 핵심 메시지다. 사실 크리에이터 중 스스로 영업을 하고 움직이는 경우는 매우 드물다. 그러나 한번 생각해보자. 기업이 수많은 SNS 채널을 뒤져 내 계정을 찾아내는 일이 과연 쉬울까? 100만 팔로워를 가진 크리에이터야 누구나 알기 쉽지만 1만에서 10만 명의 팔로워가 있는 크리에이터를 광고주가 찾아내긴 무척 어려운 일이다. 내가 진행하고 싶은 광고가 있거나, 함께 일하고 싶은 회사가 있다면 먼저 연락해라. 세상에는 다양한 소셜미디어 플랫폼이 있고, 또 거기에 너무 많은 채널과 크리에이터들이 있기에 무엇보다 '자기 PR'이 중요하다. 예를 들어 필자는 평소 좋아했던 쇼핑몰의 모델

SNS 채널을 성장시키고 비즈니스 구조까지 재정비했다면, 다음 단계는 영업이다. 사진과 QR코드는 듀자매의 자기 PR 페이지 '듀자매 DEWSISTERS'.

출처: 캘러웨이

실례로 듀자매는 골프를 시작하고 골프 매거진에 직접 메시지를 보내 협업을 요청했다. 그리고 그것이 인연이 돼 골프 브랜드 캘러웨이callaway의 모델이 될 수 있었고, 이는 골프존 브랜디드 광고 촬영으로 이어졌다.

이 되고 싶으면 그 회사에 직접 메일을 보낸다. 또 광고를 진행하고 싶은 제품이 있으면 먼저 연락해 그 제품을 콕 집어 제안하기도 한다. 경험상 직접 연락한 뒤 미팅까지 이어지면 거의 무조건 일이 진행됐다.

구독자가 적다고 자신 없어 하지 말아라.
구독자가 적어도 콘텐츠가 괜찮다면 충분히 기회를 만들어낼 수 있다.
고퀄리티 콘텐츠를 잘 만들 수 있다면
기업에 콘텐츠를 납품하겠다고 **직접 제안**하는 방법도 있다.

예를 들어 인스타그램 팔로워가 500명이고 패션 사진을 잘 찍는 20대 남성이 있다고 하자. 그럼 인스타그램 계정 @hdex_people_official과 같이 리뷰 콘텐츠로만 피드가 구성된 계정들을 찾아 먼저 콘텐츠를 납품하겠다고 제안해볼 수 있다. 요즘 기업에서는 크리에이터가 만든 콘텐츠를 광고로 활용하는 경우도 많으니 구독자 수와 상관없이 콘텐츠가 좋다면 먼저 기업에 제안서를 보내보자. 한편, 광고 레퍼런스를 쌓는 것이 중요하다는 것을 이야기하고 싶다. 효율적인 업무 진행을 원하는 광고주 입장에선 비슷한 조건이라면 '경력직'이 우선이다. 초반엔 가격을 저렴하게 해서라도 많은 레퍼런스를 쌓아 업무 능력을 입증하고 신뢰를 쌓는 것이 좋다. 특히 좋은 기업들과 레퍼런스를 쌓게 되면 그 레퍼런스로 인해 지속적으로 일이 들어오게 된다. 크리에이터들이여, 스스로를 영업하라.

내 채널에 투자하라

하나의 채널을 성장시키고 나서 해야 할 일은 영역 확장이다. 내가 가진 것을 어떤 다른 비즈니스와 연결시킬 수 있을지 고민하고 영역을 확장하자. 듀자매는 틱톡을 키우고 그것을 바탕으로 라디오 방송 MC, 브랜드 모델, TV CF 모델, 라이브커머스 쇼호스트, 온라인 강의, 온·오프라인 강연 등 다양한 영역으로 활동 범위를 확장시켰다. 크리에이터 '신사임당'의 경우 유튜브 채널을 먼저 키우고 이를 바탕으로 책 출간, 강연, 온라인 강의 등 활동 범위를 확장시킨 사례다. 자신이 시작한 채널과 알맞은 레퍼런스를 골라, 해당 사례가 어떤 식으로 영역을 확장하고 있는지 살펴보면서 하나씩 적용해보자.

꾸준히 인기를 얻고 있는 동료 크리에이터들을 보면, 트렌드를 읽으려는 꾸준한 시도, 마케팅 전략 연구, 새로운 기능이 나왔을 때 빠르게 익히고 적용하기 등 끊임없는 학습과 고민을 하고 있다. 필자 역시 유료 뉴스레터 플랫폼을 여러 개 구독하면서 최신 콘텐츠와 트렌드를 놓치지 않기 위해 노력하고 있다. 어떤 콘텐츠가 인기를 끌고 있는지 살펴보며 내 콘텐츠에 적용할 아이디어를 떠올려 보기도 하고, 플랫폼에 새로운 기능이 도입된다는 소식을 접하면, 그 기능이 들어오기 전부터 미리 준비하며 발 빠르게 움직이는 것이다. 틱톡을 통해 선점 효과를 경험해보니, 흐름을 읽고 그 흐름을 타는 것이 정말 중요하다는 것을 절감했다. 주식이나 비트코인으로 큰돈을 번 사람들은 모두 그 가치를 알아보고 초반에 움직였던 '초기' 투자자들이다. 내 채널을 키우는 것도 투자와 다름없다. 돈보다 더 귀한 재화인 '시간'을 쓰는 일인 만큼 끊임없이 공부하고, 흐름을 읽고, 부지런히 움직여야 한다.

크리에이터로 성공하기 위한 또 다른 중요한 포인트 하나는 사람들이 원하는 것 중 내가 줄 수 있는 것을 찾아 그것을 콘텐츠로 만들어야 한다는 것이다. 즉, 시대의 욕망을 읽어내는 것이 중요하다. 2021년 대한민국은 재테크에 미쳐있다고 해도 과언이 아닌데, 이를 반영하듯 지금 유튜브에선 경제와 재테크 관련 콘텐츠가 엄청난 인기를 얻고 있다. 어떻게든 수입의 파이프라인을 늘리지 않으면 살아남기 힘든 시대를 대변하는 것이다. 한편 여행 관련 콘텐츠도 인기다. 마치 함께 여행을 하는 듯한 느낌을 주는 '빠니보틀', '곽튜브'와 같은 여행 유튜버들의 급성장은 코로나19로 인해 지난 2년간 해외 여행을 떠나지 못한 우리의 갈증과 욕망을 대변한다.

이제는 '내가 재미있어 하는 걸 올리면
사람들도 재미있어 할 거야'의 관점이 아닌
'사람들은 **무엇을 원하며** 어떤 걸 내가 **대신**해주길 바랄까'의
관점으로 콘텐츠를 만들어야 하는 것이다.

마지막으로 결국은 '실천'이라는 이야기를 하고 싶다. 생각보다 많은 이들이 무언가를 알게 돼도, 실천하지 않는다. 돈 버는 방법을 공유하는 유튜버 채널 '노마드크리스TV'는 왜 자신만의 노하우를 자세히 공개하냐는 시청자들의 질문에 "맨날 말해줘도 어차피 안 함"이라고 답했다. 필자가 틱톡 크리에이터로 성장해 월 1,000만 원 이상의 수익을 내기 시작하며 많은 이들에게 크리에이터로 성장하는 방법과 자신만의 비즈니스 모델을 만드는 방법에 대해 여러 번 이야기했음에도 불구하고 실제로 실행한 사람은 드물었다. 하지만 실천했던 이들은 하나같이 좋은 결과를 낼 수 있었다. 맨 처음에 이야기했던 것처럼, 크리에이터가 돼 돈을 버는 일은 결코 쉽다고 말할 수 없다. 크리에이터는 기획자이자 편집자이고 브랜딩 전문가이자 디자이너이며 사업가의 역할까지 다 해야 한다. 이곳에 기회는 분명히 있지만, 어떤 선택을 하느냐는 당신의 몫이다.

이어지는 장에서는 플랫폼별로 조금 더 자세히 #HowtoMakeMoney의 방법을 알아볼 것이다. 인스타그램의 경우 협찬 광고 수익이 너무 적고, 대부분 공동구매를 진행하며 수익을 내는데 이 방식은 공동구매에 특화된 사람들만이 성공의 결실을 얻고 있기에 과감하게 생략했다. 그럼 이제 유튜브 채널과 틱톡, 릴스, 쇼츠 등 숏플랫폼으로 돈을 버는 방법을 확인해보자.

#HowtoMakeMoney @유튜브

유튜브는 제목과 섬네일이 99%다

이제부터는 본격적으로 유튜브로 돈 버는 방법을 살펴볼 예정이다. 먼저 본론으로 들어가기 전에 매우 중요하지만 많은 이들이 간과하고 있는 포인트를 짚어보자. 유튜브 판에 이런 말이 있다. "유튜브는 제목과 섬네일이 99%다." 제목과 섬네일의 역할이 무척 중요하다는 이야기인데, 많은 사람들이 유튜브 채널을 개설할 때 이를 간과하고 콘텐츠를 만드는 데만 집중한다. 수십, 수백만 개의 콘텐츠 속에서 시청자의 선택을 받기 위해선 눈길을 잡아끄는 이미지가 매우 중요하기에 무엇보다 제목과 섬네일 제작에 많은 노력을 기울여야 한다.

그렇다면 좋은 제목은 어떻게 만들 수 있을까? 조회 수가 많이 나온 영상들을 살펴보며 어떤 제목을 사용했는지 분석해보고 기록하면서 좋은 제목의 형태를 찾아내는 연습을 하는 게 도움이 될 수 있다. 클릭을 부르는 제목의 몇 가지 유형을 소개해보면, 먼저 '숫자'가 들어가는 제목이다. 사람들은 숫자가 들어간 제목에 호기심을 느낀다. 예를 들면, 〈경제적 자유를 달성하는 핵심 5가지〉, 〈과학적으로 검증된 면역력을 높이는 3가지 확실한 방법〉, 〈삶의 마지막에 후회하는 3가지〉처럼 말이다. 다음으로 '질문형'의 제목은 좀 더 강한 호기심을 불러일으킨다. 이를 잘 보여주는 예시로 유튜브 채널 '진용진'의 〈정수기에 콜라를 넣으면 깨끗한 물이 나올까?〉, 〈왜 초록색 고추장은 없을까?〉, 〈하늘로 총을 쏘면 어떻게 될까?〉과 같은 콘텐츠를 들 수 있다. 마지막으로 '비교형'의 제목도 인기가 많다. 유튜브 채널 '파뿌리'의 〈24시간 동안 신맛 vs. 쓴맛〉, 〈하루 동안 요리하기 vs. 배달음식 먹기〉, 〈수지 다이어트 vs. 문별 다이어트〉와 같은 콘텐츠가 대표적이다. 한편, 제목의 형태는 매번 달라져도 괜찮지만, 섬네일은 통일된 형태로 하는 것이 좋다. 레퍼런스 채널이 사용하고 있는 섬네일의 형태를 따라서 만들어보는 것을 추천한다.

유튜브에서 돈을 벌 수 있는 가장 기본적인 방법 5가지

유튜브로 돈을 버는 방법 역시 유튜브가 성장함에 따라 보다 다양해졌다. 기존에는 구글 애드센스 수익이나 광고 협찬 수익, 슈퍼챗 등 유튜브라는 플랫폼 안에서 모두 이뤄졌다면, 지금은 유튜브를 하나의 홍보 채널로 활용하는 다양한 방식들이 떠오르고 있다. 유튜브를 통해 수익을 창출할 수 있는 방법은 나날이 늘어가고 있는데, 이에 앞서 유튜브의 가장 기본적인 수익 모델 5가지를 살펴보자.

첫 번째는 가장 많은 사람들이 알고 있는 '구글 애드센스 광고 수익'이다. 구독자 1,000명 이상과 12개월 이내 누적 시청 시간 4,000시간 이상이라는 두 조건을 충족하면 해당 채널은 'YPP Youtube Partner Program'에 가입할 수 있다. 이후 심사를 통과하면 영상의 앞, 뒤, 중간에 삽입되는 광고 영상을 통해 수익을 얻을 수 있다. 많은 사람들이 조회 수당 1원의 수익을 얻는다고 알고 있는데, 이는 잘못된 사실이다. 유튜브는 영상에 붙은 광고를 얼마나 보느냐에 따라 수익이 정해지는데, 조회 수가 높으면 광고도 많이 노출돼 수익이 많아지므로 이런 오해가 생긴 것이다. 유튜브는 8분 이상의 영상부터 광고를 여러 개 붙일 수 있는데, 이 때문에 8분 이상의 영상을 올릴 경우 같은 조회 수 대비 더 높은 수익이 발생하게 된다. 한편, 광고의 단가는 지역, 연령, 성별 등에 따라 달라진다. 나라별로도 광고의 단가가 다르고, 구매력 있는 연령대가 많이 시청할수록 수익이 더 높게 책정된다. 남성보다는 여성 시청자가 많은 경우 수익이 조금 더 높은 것으로 알려져 있다.

두 번째는 실시간 스트리밍에서 시청자가 후원을 할 수 있는 '슈퍼챗'과 '슈퍼스티커Super sticker' 기능이다. 아프리카TV의 별풍선과 같은 개념으로 5,000원 이상 후원을 하면 채팅창 맨 위에 아이디와 전송 금액이 고정 표시되며, 원하는 경우에는 금액과 함께 메시지를 표시할 수도 있다. 슈퍼챗의 수익 구조는 크리에이터가 70%, 유튜브가 30%인데, 유튜브에서 가져가는 수수료가 싫어서 후원 계좌로 송금해 달라는

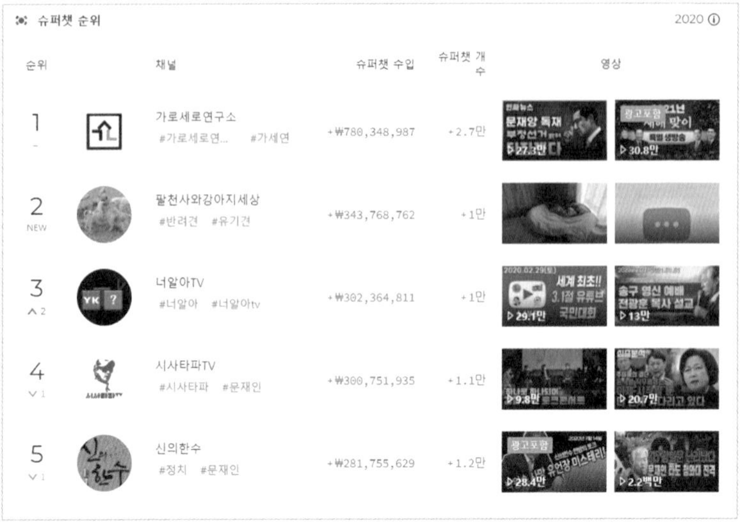

출처: 플레이보드

2020년 기준 대한민국의 슈퍼챗 순위. 전 세계 슈퍼챗 순위를 살펴보면 버츄얼 유튜버가 대부분을 차지하는데, 우리나라는 독특하게 정치 관련 유튜브 채널이 순위 상단을 차지하고 있다.

유튜버들도 많다. 현재 국내에서 가장 많은 슈퍼챗을 기록하는 유튜브 채널은 정치 관련 콘텐츠를 다루는 '가로세로연구소'다. 2020년 기준, 이 채널의 슈퍼챗 수익은 7억 9,000만 원이 넘는다.

세 번째는 라이브 스트리밍이 아닌, 업로드한 개별 영상에서 크리에이터를 후원할 수 있는 '슈퍼땡스Super thanks' 기능이다. 시청자는 후원하고 싶은 영상에 원하는 금액(2,000원, 5,000원, 1만 원, 5만 원 중 선택)을 골라 슈퍼땡스를 보내고 댓글을 달 수 있다. 슈퍼땡스로 작성한 댓글은 댓글 창에 하이라이트로 표시되며, 유튜브는 후원 금액의 30%를 수수료로 가져가고 있다.

네 번째는 매월 자동 결제로 후원할 수 있는 '채널 멤버십' 기능이다. '구독' 버튼 왼쪽에 '가입' 버튼이 있는 유튜브 채널을 본 적이 있을 것이다. 가입 버튼을 누르면 월정액으로 멤버십에 가입할 수 있다. 채널 멤버십 혜택으로는 회원만 이용할 수 있는 전용 동영상, 실시간 채팅, 커뮤니티 게시물 등이 있고 해당 채널의 멤버는 회원 전용 배지를 통해 실시간 채팅, 댓글, 커뮤니티 탭에서 돋보일 수도 있다.

다섯 번째는 '브랜디드 콘텐츠 광고 수익'이다. 기업의 의뢰를 받고 영상을 제작해 크리에이터 채널에 업로드하고 수익을 지급받는 방식이다. 가격은 크리에이터별로 상이한데, 각자가 책정하기 나름이다. 한 예로 100만 명 넘는 구독자를 보유한 A채널의 경우 브랜디드 콘텐츠 가격으로 5,000만 원을 받는데, 한 달에 딱 2건만 진행한다고 한다. 이를 계산해보면 1년에 브랜디드 콘텐츠 광고로만 12억 원의 수익을 내는 셈이다. 하지만 구독자 수가 1만 명에서 5만 명 사이는 대부분 제품이나 서비스 협찬으로 콘텐츠 제작이 진행되는 경우가 많다. 2020년에 뒷광고 논란이 크게 불거진 적이 있는데, 협찬을 진행할 땐 반드시 콘텐츠에 유료 광고임을 밝혀야 한다.

유튜브를 발판 삼아 다른 사업으로

지금까지 유튜브 영역 안에서 수익을 창출하는 방법을 소개했다면, 이제 유튜브를 하나의 홍보 채널로 활용해 돈을 벌 수 있는 방법들을 알아보자. 특히 최근에는 '판매 수익'이 유튜브 수익 창출의 핵심으로 뜨겁게 떠오르고 있다.

하루에 1억 9,200만 원어치가 팔린 유튜버의 PDF 전자책

첫 번째 소개할 것은 개인의 특별한 노하우나 정보를 문서로 만든 'PDF 전자책'이다. 예를 들어 '인생 사진 찍을 수 있는 카페 모음', '인스타그램으로 퍼스널 브랜딩 하는 법', '산티아고 순례길 가이드북' 등 그 어떤 주제로도 만들 수 있다. 1장이든 10장이든 분량도 상관없고, 별도의 양식도 필요치 않은 PDF 전자책은 주로 프리랜서 아웃소싱 플랫폼인 '크몽'에서 판매한다. 크리에이터가 직접 가격을 정하고 판매할 수 있는데, 판매 금액의 80%를 수익으로 가져갈 수 있어 그냥 책을 내는 것보다 마진율이 훨씬 높다. 퍼스널 브랜딩 콘텐츠를 제작하는 유튜버 '드로우앤드류'는 크몽에 같은 주제의 PDF 전자책과 컨설팅 상품을 업로드한 지 2개월 만에 3,800만 원의 수익을 얻었다고 밝혔다. 또 다른 유튜버 '라이프해커자청'은 본인의 글쓰기 노하우를 담은 전자책을 자신이 만든 전자책 플랫폼 '프드프'에 올렸는데, 단가 29만 원짜리의 이 PDF 전차책은 하루 만에 1억 9,200만 원어치가 팔리며 세간의 주목을 받았다. 이 둘의 사례는 자신만의 노하우를 가지고 있다면 PDF 전자책으로도 충분히 수익을 만들어낼 수 있음을 보여준다.

'클래스'와 '컨설팅'

두 번째는 '온라인 클래스'다. 유튜브를 보면, '편집은 어떻게 했을까?', '저 영상은 어떻게 찍은 거지?'라는 생각을 하게 되는 경우가 많다. 또 인스타그램을 보면 '저 사진은 어떻게 보정한 걸까?', '이 그림은 어떻게 그리는 걸까?'라는 생각을 하게 되는데, 이러한 궁금증을 해결해주는 온라인 클래스가 크리에이터들의 새로운 수입처로 자리 잡았다. 감성 브이로그 트렌드를 주도했던 유튜버 '슈뜨sueddu'는 온라인 클래스 플랫폼인 클래스101에 〈일상 유튜버 슈뜨의 감성을 그대로, 영화 같은 브이로그 제작법〉을 오픈했는데, 이 클래스는 무려 1만 8,890개의 '좋아요'를 받으며 대성공을 거뒀다. 온라인 강의는 한번 업로드를 하면 판매가 될 때마다 계속해서 수입이 발생하기 때문에 크리에이터들에게 좋은 수입처로 떠오르고 있다.

세 번째 방법으로, 만약 크리에이터가 전문 분야를 가지고 있다면 '컨설팅'을 통해 돈을 벌 수 있다. 대표적으로 얼굴형, 체형, 이목구비를 분석해 그에 맞는 스타일링 팁을 제공하는 유튜버 '레어리RareLee'가 이 방법을 아주 잘 활용했다. 레어리는 유튜브에서 연예인들의 얼굴을 예시로 들며 〈앞머리 안 어울리는 유형〉, 〈얼굴 여백 많은 유형을 위한 헤어스타일〉과 같은 콘텐츠를 제작하고 있는데, 이를 보다보면 '나도 레어리에게 컨설팅을 받고 나에게 어울리는 헤어 스타일을 찾고 싶다'라는 생각을 하게 된다. 이러한 구독자들의 니즈를 바탕으로 레어리는 개인 맞춤형 컨설팅 서비스를 오픈했고 그야말로 대박이 났다. 레어리의 정규 컨설팅은 오픈과 동시에 바로 마감이 될 정도로 매우 인기가 높다. 정규가 아닌 라이트 버전 컨설팅은 AI 프로그램을 개발해서 자동화 시스템으로 운영 중인데, 4만 5,000원을 결제하면 헤어스타일에 가장 큰 영향을 미치는 주요한 특징들을 잡아 대표적인 20가지 헤어스타일과 그 스타일이 어울리는 정도, 그리고 그 이유를 분석해서 보내준다. 이 라이트 버전 컨설팅 또한 큰 인기로, 컨설팅을 받은 사람들이 자발적으로 '레어리 컨설팅 후기'와 같은 콘텐츠를 만들어 올릴 정도다. 구독자가 얼마 되지 않더라도, 보는 사람으로 하여금 '이 사람에게

출처: 레어리 유튜브 채널, 홈페이지

얼굴형, 체형, 이목구비를 분석해 스타일링 팁을 제공하는 유튜브 채널 '레어리'. 레어리의 맞춤형 컨설팅은 오픈과 동시에 예약이 마감될 정도로 인기가 높다.

조언을 듣고 싶다'라는 감정을 느끼게 할 수 있다면 컨설팅으로 큰 수익을 기대해 볼 수 있다.

'유료 모임 운영'과 '제휴 마케팅'

네 번째는 '유료 모임 운영'이다. 유튜브는 커뮤니티이기에 채널 구독자들은 보통 비슷한 취향과 니즈를 공유한다. 이들과 함께 만날 수 있는 유료 모임 운영은 온라인 커뮤니티의 존재가 곧 수익으로 연결되는 경우다. 예를 들어, 책을 소개하는 채널의 경우 유료 북클럽을 열 수 있고, 토익 정보를 주는 유튜버의 경우 유료 토익 스터디를 진행할 수도 있다. 특히 부동산 투자 등 최신 정보와 트렌드가 중요한 콘텐츠 채널의 경우 유료 모임을 통해 수익을 만들기 유리하다.

마지막으로 요즘 가장 핫하게 떠오르고 있는 '제휴 마케팅'이 있다. 제휴 마케팅이란 본인의 채널을 통해 상품을 판매하고 일정 수수료를 받는 방식으로 쿠팡 파트너스와 아마존 어필리에이트Amazon affiliate가 대표적이다. 유튜버가 설명란 또는 댓글에 쿠팡 파트너스나 아마존 어필리에이트 링크를 삽입하고 시청자가 해당 링크로 들어와서 구매하게 되면 구매금액의 3%를 보상으로 받는다. 예를 들어, 만약 카메라를 소개하는 영상이라면 콘텐츠 설명란이나 댓글에 카메라를 구입할 수 있는 링크를 넣고 "제가 영상에서 사용한 제품의 구매 링크입니다. 쿠팡과 아마존으로 연결되며, 링크를 통해 구매 시 저에게 소정의 금액이 지급됩니다"라고 기입하는 형태다. 이 외에도 강연, 공동구매, 크리에이터의 개인 브랜드 론칭 등 다양한 방식을 통해서 추가적인 수익을 낼 수 있다.

유튜브, 지금 시작해도 늦지 않은 이유

최근 들어, 유튜브 채널이 많아지면서 구독자 100만 크리에이터들도 조회 수가 예전만큼 나오지 않는 것을 쉽게 볼 수 있다. 또 다수의 연예인들과 방송 프로그램들이 앞다퉈 유튜브에 대거 진출하면서, 개인 유튜버가 영상 조회 수 하나로 승부를 보기는 점점 어려워지고 있다. 따라서 유튜브를 통해 돈을 벌고 싶다면 유튜브를 하나의 홍보 채널로 사용해 외부로 비즈니스를 확장하는 것이 더 효과적일 수 있다.

위에서 살펴본 바와 같이 유튜브로 돈을 버는 방법은 시간의 흐름에 따라 진화를 거듭해, 지금은 유튜브 안에서만 수익을 창출하는 게

••• 유튜버들의 비즈니스 구조 예시

유튜버	채널 주제	목표	비즈니스 모델
IT 대기업 회사원 (35세)	직장인 재테크	직장인 재테크 콘텐츠를 통해 퍼스널브랜딩을 하고 수입의 파이프라인을 늘린다.	직장인 재테크 관련 강연, 재테크 꿀팁 PDF 전자책 발간, 재테크 유료 커뮤니티 운영, 책 리뷰 유료 광고 진행, 재테크 컨설팅 서비스 판매 등
무용학과 학생 (22세)	무용을 적용한 K-팝 댄스	유명 K-팝 댄스 커버 영상을 통해 구독자를 늘리고 그를 바탕으로 무용 관련 비즈니스를 만든다.	무용 개인 레슨, 무용 온라인 클래스 론칭, 무용학과 입학하는 방법 PDF 전자책 발간, 댄스 챌린지 안무 창작, 커버 댄스 유료 광고 등
연애 경험이 많은 취업준비생 (32세)	연애꿀팁	연애 컨설턴트로 확실히 자리 잡아 여러 비즈니스를 진행하고, 이 경험을 바탕으로 최종적으로 결혼 정보 회사를 창업한다.	연애 상담 컨설팅, 연애꿀팁 온라인 강의 론칭, 연애 코칭 책 발간, 일주일에 한 번 유튜브 라이브를 진행하며 슈퍼챗을 쏘는 사람에게 즉석 연애 컨설팅 해주기, 채널 멤버십 기능 열고 멤버십 전용 라이브 진행, 추후 결혼 정보 회사 창업 등

아니라 유튜브를 통해 구매 전환이 일어날 수 있게끔 비즈니스 구조를 구축하는 형태로 흘러가고 있다.

분명 '유튜브를 시작하기엔 너무 늦지 않았을까?'라고 생각하는 사람도 있을 것이다. 하지만 모든 게 그렇듯 유튜브 역시 예전보다 지금이 시작하기에는 더 좋다. 불과 3년 전인 2018년만 해도 유튜브 이용자는 2,000만 명 수준이었지만, 2021년 현재 유튜브 이용자는 4,500만 명 이상으로 2배 이상 증가했다. 국민 대부분이 이용하는 플랫폼이 된 것이다. 크리에이터 이코노미가 진행되면서 구독자의 수보다 콘텐츠의 '질'이 더 중요해진 만큼, 지금 시작해도 충분히 늦지 않다. 유튜브로 Make Money에 도전해보자.

#HowtoMakeMoney
@틱톡과 숏플랫폼릴스, 쇼츠

틱톡의 수익 모델 5가지

"짧은 15초 영상으로 돈을 벌 수 있나요?"

"저 춤 아예 못 추는데, 저도 틱톡 할 수 있나요?"

틱톡 크리에이터로 활동하고 있는 필자가 가장 많이 받는 질문이다. 틱톡의 경우 수익 모델에 대한 정보가 거의 알려지지 않아서, 수익화가 된다는 사실 자체를 모르는 사람들이 많다. 여기서 분명히 말하자면, (당연히) 틱톡으로도 돈을 벌 수 있다. 미국의 틱톡커 찰리 다멜리오는 지난해 약 44억 원의 수익을 올렸는데, 그가 2004년생이라는 점을 고려하면 실로 엄청난 금액이다. 1억 팔로워를 가진 다멜리오의 포스팅 1개당 가격이 1억 8,000만 원으로 알려지며 많은 사람들을 놀라게 만들기도 했다. 단 15초짜리 영상 콘텐츠가 어떻게 이런 수익을 창출하게 됐는지 궁금하다면, 지금부터 소개하는 틱톡의 수입 모델을 잘 살펴보자. 틱톡의 수입 모델은 크게 5가지이다.

* 첫 번째, PPL 광고
* 두 번째, 브랜디드 콘텐츠 광고
* 세 번째, 챌린지 광고
* 네 번째, 챌린지 광고 모델
* 다섯 번째, 라이브 선물 기능과 댓글 선물 기능

첫 번째, 간접광고라고도 불리는 'PPL'은 콘텐츠 내에서 제품을 자연스럽게 노출하는 형태의 광고다. 틱톡에서 PPL 하기 좋은 제품은 의류, 색조 메이크업 제품, 오프라인 공간, 식품, 장난감 등 눈에 쉽게 들어오는 제품군들이다. 광고는 보통 기업에서 틱톡을 보고 틱톡 계정에서 인스타 계정으로 들어가 DM을 통해 협업을 제안하는 방식으로 진행된다. 협업이 성사되면 광고주는 크리에이터에게 제품을 제공(단순 협찬)하거나 광고비를 지급한다.

두 번째, '브랜디드 콘텐츠'는 제품을 콘텐츠 안에 녹여 메시지를 전달하는 형태의 광고다. 틱톡커가 직접 광고의 감독이 된다고 생각하면 이해하기 쉽다. 유튜브와 같이 제품에 대해 직접적으로 소개할 수도 있고, 틱톡 문법에 맞게 상황극으로 풀어 재미있게 제품을 소개할 수도 있다.

세 번째, 조금 생소할 수 있는 '챌린지 광고'는 기업이 만든 해시태

출처: 틱톡(@dewsisters)

틱톡 크리에이터는 PPL, 브랜디드 콘텐츠, 챌린지, 광고 모델 등 틱톡과 연계된 다양한 방식으로 수익을 올릴 수 있다.

그 챌린지에 참여함으로써 수입을 얻는 방식이다. 예를 들어 A 기업이 한 챌린지를 만들었다고 하자(챌린지는 일종의 광고 캠페인으로 볼 수 있다). 챌린지는 얼마나 많은 사람이 참여하는지가 중요하기 때문에, 광고주는 바이럴을 위해 크리에이터를 섭외하고 챌린지 참여 비용을 지급한다. 챌린지 광고의 경우 일반 기업들도 종종 진행하지만, 특히 엔터테인먼트 업계, 그중에서도 음악 업계에서 많이 사용되고 있다. 틱톡 콘텐츠엔 대부분 배경음악이 들어가 있어 곡을 홍보하기에 무척 효과적이기 때문이다. '아무노래' 챌린지와 같이 자연스럽게 바이럴돼 자발적으로 많은 참여를 이끌어 내면 좋지만 그러기가 쉽지 않아 보통은 비용을 지불하고 크리에이터를 섭외하는 챌린지 광고를 진행하고 있다.

네 번째, '챌린지 광고 모델'은 기업이 만든 챌린지의 메인 모델이 되는 것이다. 기업이 챌린지를 진행하면 그 챌린지를 이끌 메인 모델이 필요하다. 즉, 해당 챌린지의 첫 주자가 되는 것이다. 보통 광고 모델로서 챌린지의 예시 영상을 찍고, 이 영상을 틱톡 광고로 사용하는 형식으로 진행된다.

다섯 번째, '라이브 선물' 기능과 '댓글 선물' 기능은 크리에이터에게 스티커로 직접 후원하는 방식이다. 시청자들은 라이브 선물 기능을 활용해 틱톡 라이브 중에 크리에이터에게 선물을 보낼 수 있다(아프리카TV의 별풍선 기능과 같다). 댓글 선물 기능은 게시물마다 스티커를 통해 크리에이터를 후원할 수 있는 기능으로 후원 시 댓글 창 맨 위의 'TOP 선물' 영역에 스티커가 순서대로 진열된다.

이 외에도 제품을 소개하고 판매할 수 있는 라이브커머스 기능과 링크를 삽입해 쇼핑을 할 수 있는 기능 등이 선보일 예정이다. 2021년

10월, 틱톡이 이커머스 기업 티몬과 MOU를 체결했으니 서비스 오픈이 얼마 남지 않았음을 짐작할 수 있다.

틱톡의 광고 비용은 보통 팔로워 수의 1~2배로 책정된다. 예를 들어 10만 명의 팔로워를 보유한 크리에이터의 경우, 20만 원 정도의 비용을 받는 것이다. 이는 유튜브 광고비에 비해 한참 적은 금액이지만, 두 플랫폼의 콘텐츠 분량이나 제작에 투입되는 시간 및 노동력 차이를 생각하면 납득할 만한 수준이다.

한편, 틱톡의 경우 팔로워가 많다고 무조건 돈을 많이 버는 것은 아니다. 1,000만 팔로워를 가진 크리에이터 중에서도 광고 수익으로 채 100만 원을 벌지 못하는 이들도 있다. 유튜브와 같이 구독자 수나 조회 수 등 객관적 수치에 따라 수익이 발생하는 게 아니라, 광고주의 선택을 받는 것이 중요하다 보니 콘텐츠의 질이 낮으면 광고를 진행하지 못할 수 있다. 이런 경우엔 라이브 콘텐츠를 통한 수입을 기대해보면 좋다.

숏폼은 춤만 대세다?

현재 릴스와 쇼츠 또한 틱톡과 마찬가지로 협찬 광고, 브랜디드 광고, 챌린지 광고로 수익을 낼 수 있다. 또한, 앞서 언급했듯 틱톡, 릴스, 쇼츠 모두 크리에이터 펀드를 통해 숏폼 크리에이터에게 수익을 나눠 줄 예정이니 이에 대비해 미리 채널을 키워두는 것을 제안한다. 세 채널에 동일한 콘텐츠를 올려도 무방하니, 하나의 영상을 찍고 최대한 많은 플랫폼에 업로드하는 것도 좋은 방법이다.

숏폼 콘텐츠 크리에이터가 되려면 무조건 '춤'을 춰야 한다는 인식이 있는데, 사실 그렇지 않다. 유튜브와 마찬가지로 숏폼에도 다양한 카테고리가 존재하고, 당연히 그 많은 카테고리 중 자신에게 알맞은 것을 골라 콘텐츠를 제작하면 된다. 한 예로, 페이스북 프로덕트 매니저로 일했던 알렉사 쇼엔Alexa Shoen은 첫 직장을 찾는 Z세대를 위한 직업적 조언과 기업을 위한 구인 정보를 제공하는 틱톡 계정(@alexas-hoen)을 운영하고 있다. 그녀는 16만 팔로워를 등에 업고 틱톡으로 사회 초년생들에게 적합한 일을 찾아주는 교육 회사인 엔트리 레벨 보스Entry Level Boss를 창업했다. 쇼엔은 구직 시장에 첫 진입을 시도하는 학생들에게 코칭 프로그램을 제공하고, 대학들과 파트너십을 맺으면서 매출을 올린다. 또 쇼엔은 틱톡을 시작한 뒤 베스트셀러 작가가 되기도 했는데, 2020년에 출간한 《Entry Level Boss》가 틱톡을 통해 홍보돼 글로벌 시장에서 베스트셀러가 되기도 했다.

유튜브와 마찬가지로 틱톡 또한 틱톡 자체를 홍보 수단으로 활용해 여러 가지 비즈니스 모델로 확장할 수 있다. 직접 틱톡에서 총 677만 팔로워를 가진 계정을 성장시켜 비즈니스를 만들어낸 필자의 수입 파이프라인을 살펴보자.

1. 틱톡 광고

주로 챌린지 광고에 참여하고 수익을 얻고 있다. 챌린지 광고는 해외에서도 많은 제안을 받고 있다. PPL 광고와 브랜디드 광고, 챌린지 광고 모델 수익도 있다.

2. 쇼츠 , 릴스 광고

쇼츠와 릴스 또한 챌린지 광고와 PPL 광고 브랜디드 광고를 진행 중이다. 최근엔 릴스 광고가 많아졌다.

3. 유튜브

틱톡 계정에 유튜브 채널을 연동시켜 놓았더니 1만 4,000명의 팔로워가 생겼다. 팔로워가 많지는 않지만, 브랜딩이 잘 돼 있어 유튜브 브랜디드 광고 제안이 많이 들어오고 있다.

4. 강의 및 강연

패스트캠퍼스에 틱톡 관련 온라인 강의를 론칭했다. 이 외에도 대학 강연, 소셜미디어 마케팅 강연, 청소년 멘토링 강연 등 한 달에 한 번 이상 강의 및 강연을 진행 중이다.

5. 모델

브랜드의 메인 모델로 발탁돼 계약금을 받았다.

6. 콘텐츠 납품(플랫폼)

릴스가 처음 한국에 론칭했을 때 콘텐츠를 납품하며 수익을 얻었다. 최근 네이버의 라인도 숏폼을 준비 중인데, 여기에 콘텐츠를 납품하고 수익을 얻고 있다.

7. 콘텐츠 납품(기업)

기업 계정에 올라갈 숏폼 영상을 직접 제작해 납품하고 있다.

8. 네이버 NOW.

네이버 NOW. 〈듀자매의 STORY MUSIC〉의 DJ로 1년 넘게 방송을 진행하고 있다.

9. 음원 저작권, 책 출간

틱톡에서 듀자매의 음악을 홍보하고 이를 통해 음원 저작권 수입을 받고 있다. 지금 독자분들이 읽고 있는 책의 인세도 파이프라인에 추가될 예정이다.

10. 라이브커머스 쇼호스트

라이브커머스 쇼호스트로 활동하고 있다.

필자의 파이프라인을 살펴보면, 틱톡을 통해 인지도를 쌓고 영향력을 갖춰 다양한 분야로 나아간 것을 볼 수 있다. 이처럼 하나의 채널을 잘 키워내면 다양한 기회를 만들어낼 수 있다. 필자가 주변에 숏플랫폼을 추천했을 때 돌아오는 답변 중 가장 답답한 것은 "조회 수로 수입이 안 나니까 안 하겠다"라는 말이다. 노출이 수익으로 즉각 연결되지 않아도 괜찮다. 노출은 어떤 식으로든 가치를 창출한다. 사람이 모이면 돈이 모인다. 수익화가 입증되고 모두가 그 사실을 알게 됐을 때 채널을 키우기 시작하지 말고 지금부터 미리 시작하자. 숏폼이 틱톡에서 시작해 릴스와 쇼츠로 확대되고 있으며, 자연스럽게 숏폼 광고도 점점 많아지고 있다. 유튜브는 진입 장벽이 높지만 숏폼은 스마트폰 하나면 모든 것을 할 수 있기에 누구나 크리에이터가 될 수 있는 열린 무대다. 숏폼이 대세로 자리 잡으면서 페이스북과 유튜브 등 탄탄한 자본력을 갖춘 빅테크 기업들도 숏폼을 전폭적으로 지원하고 있다. 이 흐름을 타고, 커다란 기회를 얻는 건 도전하는 자의 몫이다.

지금은 크리에이터 이코노미의 시대!
지금 당장이라도 후원하고 싶은 '최애' 크리에이터는?

유튜브에서는 단연 여행 유튜버 '빠니보틀'이다. 해외여행을 갈 수 없었던 지난 2년 동안 빠니보틀의 여행 영상을 보며 랜선으로 세계 여행을 즐겼다. 그의 영상을 보다 보면 마치 같이 세계를 여행하고 있는 듯한 착각이 든다. 특히 〈텍사스식 멧돼지 사냥〉, 〈독재자가 꾸민 이상한 도시 가보기〉 등 개성 있는 여행 스타일은 우리가 평소에 쉽게 도전할 수 없는 경험에 대해 대리만족을 느끼게 한다. 거의 모든 콘텐츠의 조회 수가 수십, 수백만 회가 넘을 정도로 큰 인기다. 후원금이 그의 여행을 지속시키고 여행 중 한 끼 식사가 된다고 생각하면, 여행에 함께 참여하고 있다는 기분이 더욱더 커질 듯하다.

페이스북은 지식 큐레이터 '썸원(@somewon.yoon)'이다. 썸원은 자신이 읽은 인사이트 넘치는 정보들을 간결하게 정리해 페이스북에 업로드한다. 필자가 페이스북에 접속하는 이유 중 하나가 썸원이 쓴 글을 보기 위해서일 정도로 그가 큐레이션한 콘텐츠는 비즈니스를 하는 데 있어 큰 도움이 된다. 인사이트가 있는 자료를 찾기도 쉽지 않고, 또 그걸 이해하기 쉽게 정리하는 것도 시간이 많이 드는 일인데, 그러한 수고를 대신해주는 크리에이터들에게는 그만큼 충분한 보상이 따라야 하지 않을까?

인스타그램에선 (지극한 팬심으로) 엠넷 〈스트릿 우먼 파이터〉에 출연해 화제를 모은 댄서 '모니카(@monika_shin)'를, 틱톡에서는 스페인의 쌍둥이 크리에이터 '트윈멜로디(@twinmelody)'를 꼽고 싶다. 먼저, 모니카는 독보적인 춤 실력으로 이미 대중에게 많은 사랑을 받고 있지만, 앞으로도 그녀의 춤을 계속 보고 싶고 그녀가 아무 걱정 없이 자유

빠니보틀

썸원 @somewon.yoon

모니카 @monika_shin

트윈멜로디 @twinmelody

롭게 춤추길 바라는 마음에서 후원하고 싶다. 모니카 덕분에 춤이라는 예술을 사랑하게 되고, 태어나서 처음으로 춤 영상들을 찾아보게 된 이들이 비단 필자뿐만은 아닐 것이다. 한편, 틱톡커 트윈멜로디는 특유의 밝은 에너지로 보는 사람을 기분 좋게 하는 크리에이터다. 쌍둥이라는 특성을 재밌게 잘 살릴 뿐만 아니라, 개별 콘텐츠마다 하나하나 정성을 쏟고 노력하는 모습으로 1,690만 팔로워를 확보하고 있다.

정리해보면 어떤 크리에이터를 후원하고 싶다고 느끼는 데는 내가 할 수 없는 것을 대신해 주는 '대리만족', 시간을 아껴주는 수고에 대한 '고마움'이 작용하는 듯하다. 또한 그저 좋아하는 마음을 표현하고 싶다는 단순한 '팬심'도 무시할 수 없다. 만약 위에 언급한 크리에이터 중 단 한 명만 선택해야 한다면, 모니카를 고르겠다. "뭐니 뭐니 해도 역시 팬심이 최고"라는 결론에 과연 독자 여러분도 동의하는지 궁금해진다.

CHAPTER

7

K-Entertainment.

언택트의 날개를 달다

LA행 항공료+200달러 티켓 대신 방구석 콘서트

웰컴 제너레이션

2018년, 2020년에 이어 2021년 9월 세 번째로 UN 총회에 참석한 BTS는 진솔한 연설과 짜임새 있는 공연으로 1020 미래 세대의 이야기와 희망을 전 세계에 전했다. 메시지는 분명했다. 세간의 시각과는 달리, 코로나 시대의 1020세대는 예기치 못한 사태에 길을 잃은 안쓰러운 'Lost generation'이 아니라 변화에 적응하고 이겨낸 'Welcome generation'이라는 것이었다. 그러니 이들이 다양한 기회와 시도가 필요한 젊은 날의 2년을 코로나19 때문에 잃어버렸다는 안타까운 시선을 거두고, 어려움 속에서도 각자의 노력과 도전을 통해 전진한 모습을 더욱 깊이 기억하고 간직하자는 뜻이었다.

K-팝 성공의 상징이자 전 세계 젊은이들의 히어로 BTS의 이번 메시지를 곱씹으며 공감 섞인 반성을 하던 중 필자는 왠지 모를 강한 기시감을 경험했다. BTS의 이야기 속 1020세대의 입장과 코로나19의 험난한 파고를 겪은 한국 엔터테인먼트 산업(이하 엔터 산업)이 많은 부분에서 비슷했기 때문이다. 미래 세대는 지난 2년간의 난관 속에서도 "용기 내 지금을 잘 살아가자"는 자세로 대응했다. 입학식과 졸업식 같은 인생의 큰 이벤트가 취소되는 아픔이 있었지만, 온라인 공간에서 새롭게 친구들을 만나고 공부를 이어가는 등 건강한 삶을 지속하기 위한 노력이 있었다.

2020년 3월에만 해도 K-팝의 앞길 역시 미래 세대처럼 막막해 보였던 게 사실이다. 장기간에 걸쳐 쌓아온 글로벌 팬덤이 있었지만, 대표 수익원이었던 콘서트 투어를 진행하지 못하게 되면서 산업이 전례 없는 위기에 처했고, 많은 연습생들이 데뷔 시기를 놓치면서 기획사들의 라인업 확대가 잠시 주춤하는 상황을 불러 왔다. 그러나 "이게 진짜 된다고?"라는 의구심을 현실로 만든 '방구석 콘서트', 국내뿐 아니라 전 세계 팬덤의 화력을 보여준 음반 판매량, 이를 힘에 업은 기획사들의 과감한 M&A와 신사업 발굴로 K-팝은 오히려 이전보다 더 크게 발전했다. 이번 챕터에서는 전대미문의 사태 속에 'Lost'되지 않고 오히려 'Welcome'을 외칠 수 있었던 K-팝의 지난 2년을 되돌아보고자 한다.

400만이 함께 보는 방구석 콘서트

코로나 시대, 우리의 방구석으로 들어온 엔터테인먼트는 극장뿐이 아니었다. 특유의 열기와 긴장감, 인파 자체가 주는 현장감을 구현하기 어렵기 때문에 불가능할 것만 같았던 콘서트마저 언택트로 찾아온 것이다. 비대면 콘서트 초창기인 2020년에는 대부분의 공연이 무료로 공개되며 실험적인 접근이 많았지만, 언택트가 장기화되면서 온라인 콘서트가 자리를 완전히 잡은 현시점에는 대부분 유료 공연으로 전환됐다. 방구석 콘서트에서 그동안 몰랐던 새로운 즐거움을 느낀 K-팝 팬들은 기대 이상의 공연장 경험에 대해 "이건 돈 내고 봐야 하는 게 맞다"라는 반응을 주로 보였다. 고배율 줌으로 아티스트 얼굴을 여백 없이 빡빡하게 촬영하는 '얼빡샷' 앵글, 방구석 관객과 무대 위의 아티스트가 나누는 실시간 소통, 3D 효과를 통해 거인이 된 아이돌 멤버, 무대 위에서의 다양한 필터 효과, 업그레이드된 다기능 응원봉, 최초로 독점 공개되는 신곡 등 오히려 오프라인 공연에서는 연출되기 어려운 퍼포먼스와 콘텐츠들을 최신 기술로 구현하면서 언택트 공연만의 매력을 기대 이상으로 잘 살렸다는 평을 받았다.

2020년 10월 〈방에서 즐기는 방탄소년단 콘서트〉(이하 방방콘) 공연 종료 후 BTS 멤버 지민과 정국은 네이버 V-LIVE에서 팬들과 함께 콘서트 후기를 나눴다. 이들의 전언은 방구석 콘서트만의 특징과 장점을 잘 보여준다. 지민은 공연 중 관객들의 모습이 하나하나 담긴 거대한 실시간 전광판을 보며 울음을 터뜨린 것에 대해 격앙된 어조로 뒷이야기를 전했는데 "와, 이게(공연장에서의 실시간 소통) 되는구나"라는 생각부터 "벽을 뛰어넘어 전해지는 아미의 감정까지 잘 전달받았다" 라고 소감을 밝혔다. 정국 역시 공연 중 실시간 작동되는 '아미밤(응원봉)'에 대한 특별한 인상과 함께 퍼포먼스 중 실수와 아쉬움 등을 소탈하게 표현했다. 온라인에서는 기존 오프라인 공연과 차원이 다른 규모(10배 이상)의 팬들이 같은 콘텐츠를 볼 수 있기 때문에 팬들이 해당 공연에 공감하기가 더욱더 쉬웠고, 멤버들의 콘서트 후기 또한 하나의 콘텐츠가 돼 팬덤의 결집력을 강화시키는 긍정적 효과를 낳았다. 특히 기존 오프라인 공연 티켓 예매에 어려움을 겪은 해외 관객의 만족도는 더 높았다. 몇 년 전부터 BTS 월드투어 티켓을 손에 넣기 위해 일주일 이상의 캠핑도 불사했던 미주와 유럽 지역의 팬들은 제한 없이 공연을 볼 수 있다는 사실만으로도 즐거워했는데, 이에 더해 새로운 콘텐츠로 채워진 공연의 퀄리티까지 나무랄 데가 없어 만족도가 최고를 찍었다. 최근 유행하는 유튜브의 각종 '해외 반응' 시리즈에는 K-팝 방구석 콘서트 퀄리티에 만족한 해외 팬들의 목소리가 줄을 잇는다.

대부분 아티스트들의 비대면 공연 관객의 수가 시간이 갈수록 증가하는 현상을 보면 언택트를 즐긴 사람들은 비단 BTS와 그들의 팬 아미만은 아니었던 것 같다. 2020년 4월 최초로 SM엔터테인먼트(이하 SM) 소속의 슈퍼M(EXO의 백현과 카이, NCT의 태용과 마크, 샤이니의 태민, WayV의 텐과 루카스로 구성된 연합 팀)이 관객 8만 명을 모으며 시작된 언택트 행렬은 이후 진행된 대부분 아티스트(슈퍼주니어, WayV, 트와이스, 블랙핑크, EXO 등)의 공연이 10~20만 명의 관객을 거뜬히 넘기며 성공을 이어갔다. 두 번 이상 공연을 진행한 팀으로는 NCT 127과 BTS가 있는데, NCT 127의 경우 동시 접속자 수가 2020년 5월 10만 명에

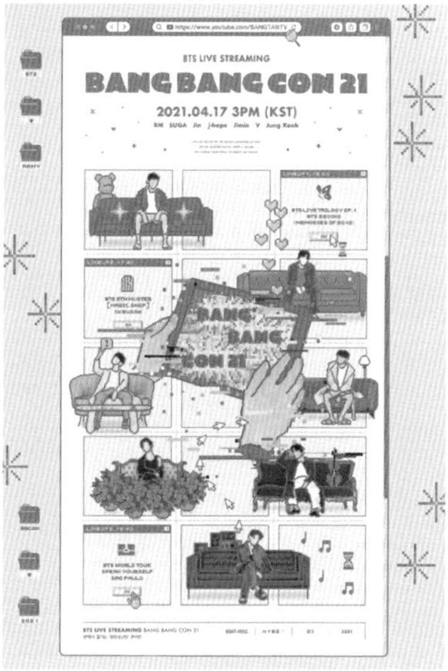

출처: SM엔터테인먼트, 하이브

BTS의 〈방방콘〉을 시작으로
K-팝의 언택트 공연이 성황리에 이어지면서
온라인 공연문화의 새 장을 열었다.

서 같은 해 12월엔 그 2배인 20만 명으로 늘었다. BTS 역시 2020년 6월 76만 명이었던 온라인 관객 수가 같은 해 10월 99만 명으로 증가했다. (BTS의 경우 무료 콘서트도 진행했는데 이 경우 동시 접속자 수는 2020년 4월 224만 명에서 2021년 4월 270만 명으로 늘었다.) 물론 각 그룹별 팬덤의 규모, 계정당 지급되는 접속 ID 수, 집계 시점이나 방식 등이 모두 다르기 때문에 동시 접속 숫자 자체를 비교하기보다는 기대 이상으로 좋았던 방구석 콘서트 경험이 입소문을 타고 퍼지면서 전 세계 관객들이 언택트에 적응한 것으로 해석하는 편이 적절하다. 증가에 증가를 거듭한 언택트 모객은 시도된 지 1년 만에 각 팀의 글로벌 투어 관객과 비견할 수 있을 정도로 성장했다.

BTS 오프라인 월드투어와 온라인 〈방방콘〉이 각각 100만 명, 70만 명을 모았고, 블랙핑크 오프라인 월드투어와 온라인 공연 〈더쇼〉가 각각 50만 명, 35만 명을 모았던 것을 고려하면

각 아티스트는 단 하루의 온라인 콘서트만으로 기존 글로벌 투어의 70% 정도를 소화한 셈이다.

이러한 새로운 공연 형태가 이를 주관하는 K-팝 기획사들의 실적에 미친 영향은 어땠을까? 결론부터 말하자면 아주 쏠쏠했다. 기존의 주된 수익원이었던 오프라인 공연을 훌륭히 대체하며 기획사 실적에 의미 있게 기여한 것이다. K-팝을 제외한 다른 공연 장르들은 언택트 접근에 성공하지 못한 경우가 많다 보니 "언택트 공연은 수익성이 떨어진다"는 이야기가 항간에 많았는데, 압도적인 모객력을 보유한 K-팝만은 완전히 예외였다.

일반적으로 콘서트의 비용 항목은 대관료, 무대 및 음향 장비 설치 등 고정 비용이 큰 부분을 차지하고 티켓 판매와 (온라인일 경우) 외부 스트리밍 플랫폼 수수료 등 변동성 비용이 그 위에 더해진다. 입장권과 MD 상품을 판매한 수익에서 이들 비용을 차감한 것이 기획사와 아티스트의 이익이 되는 만큼, 티켓 판매로 고정 비용을 얼마나 쉽게 메꿀 수 있느냐가 콘서트 수익성의 핵심이다.

오프라인 콘서트의 관객 수용 규모는 중간 규모 공연장(올림픽 체조경기장)이 1만 명, 가장 큰 공연장(돔구장)이 5~6만 명 수준으로 1회 공연 당 발생할 수익과 비용 예측이 어느 정도 가능하다. 반면 온라인 콘서트는 인원이 한정돼 있는 오프라인과 달리 티켓 판매의 상한이 없어 이러한 예측이 거의 불가능에 가깝다. 게다가 티켓을 많이 팔수록 매출이 즉각 늘어나는 것뿐 아니라, 관객 수 10만 명이 넘는 시점부터는 고정비가 쉽게 메꿔지면서 매출 대부분이 이익으로 직결되기 때문에 성공에 따른 실적 기여 효과가 기하급수적으로 증가하는 형태다. 대형 K-팝 기획사들이 잇따라 수십만 명 모객에 성공하면서 막대한 수익을 올린 것과 K-팝 외 다른 장르의 온라인 공연 성과가 미미했던 극명한 온도 차는 이러한 비용 구조 때문이다. 특히 자체 스트리밍 플랫폼까지 직접 보유한 기획사(하이브)는 진행을 위해 따로 부담해야 할 수수료조차 없으니 오프라인 콘서트가 사라진 판국에 오히려 더 큰 가능성을 발견해낸 셈이다.

불리해 보였던 '콘서트 불가 상황'을 K-팝은 새로운 방법으로 보

관객 수에 따른 콘서트별 마진 현황

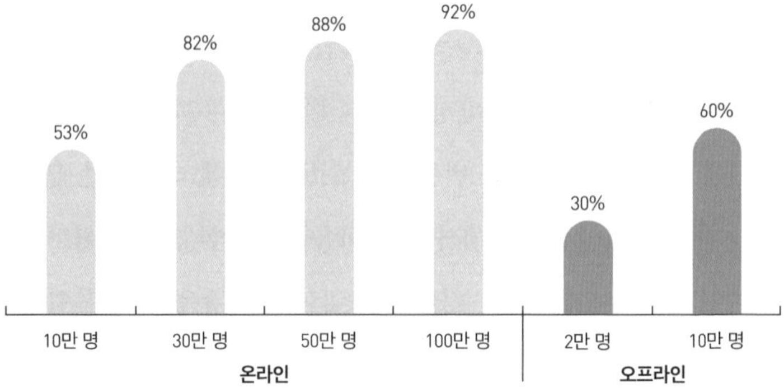

- 고정비를 제외한 최초 마진
- 자체 플랫폼에서 온라인 공연 진행 가정, 이후 반영되는 추가 비용이 있어 실제 마진율과는 차이가 있음.

란듯이 이겨냈다. 방구석을 공연장으로 바꾼 K-팝의 접근은 코로나19가 물러갈 미래에도 오프라인 콘서트와 함께 병행될 수 있을 것으로 예상된다. 최신 기술을 활용해 고퀄리티의 콘텐츠를 제공한 경험이 이미 합격점을 받은 상황에서, 향후에도 VR기기 보급, 그래픽 퀄리티 개선 등 공연의 생동감을 높일 만한 기회는 계속 증가할 것으로 보인다. 해외 스타들이 K-팝 그룹과 협업하면서 보다 많은 팬들을 만날 기회도 늘고 있으며, 온라인 소통이 일상인 MZ들은 여전히 K-팝 문화 소비의 중심으로 남아 있다. 그리고 무엇보다 대규모 모객이 가능한 방구석 콘서트의 수익성은 세상에 존재하는 그 어떤 대규모 경기장에서의 공연보다 높다.

보복 덕질의 화력,
음반 500만 장 시대를 열다

다시 만난 음반 전성기

2020년, 한국의 역대 단일 음반 판매량 1위가 24년 만에 바뀌었다. 1995년 발매된 김건모의 3집 〈잘못된 만남〉, 조관우의 2집 〈Memory Y 2nd STORY〉 앨범은 300만 장을 넘는 기록적인 판매고로, 스트리밍 시대가 도래한 오늘날 영원히 바뀌지 않을 1, 2위처럼 보였다. 그런데 BTS가 2019년, 2020년에 각각 발표한 〈Map of the Soul: 7〉, 〈Map of the soul: Persona〉, 〈BE〉 등의 앨범이 400만 장을 넘어서며 이를 꺾었다. 김건모, 신승훈, 조성모, 서태지와 아이들 등의 톱 랭커 자리를 BTS와 NCT가 꿰차는 한편, 20위권 밖에도 EXO, 세븐틴, 블랙핑크가 순위에 이름을 올리며 열일하고 있다.

역대 음반 판매 최고 기록

순위	가수	발매 연도	판매량 (만 장)	순위	가수	발매 연도	판매량 (만 장)
1	**BTS**	2020	452	11	신승훈	1996	247
2	**BTS**	2019	407	12	서태지와 아이들	1993	220
3	**BTS**	2020	366	13	**NCT DREAM**	2021	205
4	김건모	1995	330	14	변진섭	1989	198
5	조관우	1995	300	15	DJ DOC	1996	195
6	**BTS**	2018	289	16	god	2000	182
7	조성모	2000	270	17	김건모	1993	182
8	조성모	1999	260	18	신승훈	1994	164
9	**BTS**	2018	251	19	조성모	2000	163
10	**BTS**	2017	249	20	연가 앨범	2001	155

2021년 10월 기준

출처: 가온차트, 한터차트

사실 음반 판매는 해외 시장에서는 이미 성장이 끝난 지 오래된 비즈니스다. 스트리밍 음원 청취가 음반 수요를 대체하면서 연간 8%씩 '성장'한 데 반해 글로벌 음반 시장은 1999년 238억 달러(약 28조 5,600억 원)에서 2019년 44억 달러(약 5조 2,800억 원)로 연평균 8% '감소'해 온 것이다. 그러나 한국 시장만큼은 완전히 예외다. 한국 음반 출하량은 2014년 700만 장 수준에서 2019년 2,500만 장 수준으로 연평균 27%라는 폭발적인 성장세를 보였다. 다른 지역들처럼 한국에서도 음원 스트리밍 시장이 커진 것은 맞지만, 이러한 매체 변화가 음반 시장 감소로 연결되지는 않았다.

글로벌 흐름과 정반대로 한국 시장만 음반 판매가 증가하는 이상한 트렌드는 한국의 독특한 팬 문화에 힘입은 바가 크다. 바로 아이돌

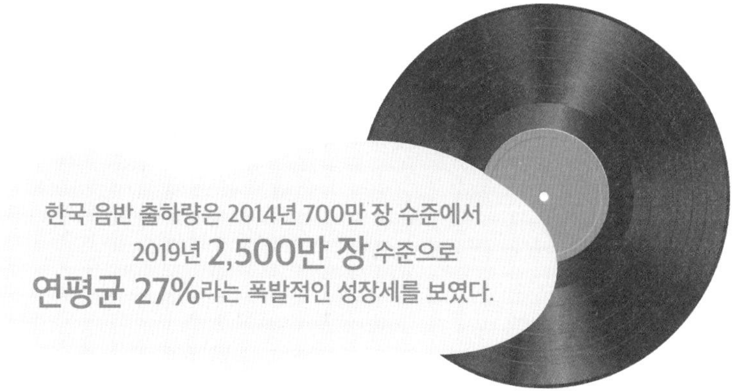

팬 상당수가 같은 음반을 1인당 여러 장 구매하는 현상인데, 이는 한국 아이돌 산업에서 한 앨범이 여러 버전으로 반복 발매(리패키지)되는 형태가 일반화돼 있기 때문이다. 그뿐만 아니라 MD(홍보용 상품) 성격을 띤 랜덤 사은품(포토 카드, 팬 사인회 응모권)도 앨범에 동봉돼 있다. 음반 구매라는 행위가 음악을 듣기 위한 것이 아닌, 한정 MD 수집이나 이벤트 참가 기회를 얻는 수단으로서 팬들의 구매 욕구를 자극하는 것이다. 이들에게 리패키지와 스페셜 사은품은 롤플레잉 게임으로 치면 대박 아이템을 보상하는 확률형 아이템과 같다. 여기에 음반 차트 순위 상승을 목적으로 한 팬덤의 조직적이고 전투적인 음반 구매 지원까지 한몫 단단히 하니 한국 음반 시장이 전 세계에서 마지막으로 살아남은 이유를 이해할 만도 하다.

이렇게 한국만 호황이던 음반 시장은 급기야 2020년에는 전년의 두 배로 껑충 뛰었다. 전통의 아이돌 산업 강국인 한국과 일본에서 비롯된 전투적인 앨범 구매 문화가 글로벌 각지의 K-팝 팬들에게까지

글로벌 음반 시장과 한국 음반 시장

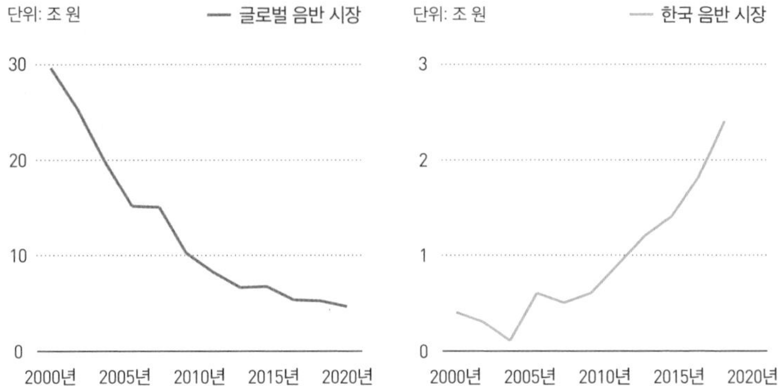

출처: 한국콘텐츠진흥원, 국제음악산업협회

전파된 덕분이다. 관세청 데이터에 따르면 한국 음반 수출액은 2018년 6,400만 달러(약 816억 원)에서 2020년 1억 4,000만 달러(약 1,680억 원)로 급증했고, 2021년에는 7월 기준으로 이미 1억 1,000만 달러(약 1,320억 원)를 돌파했다. 세관을 통과하지 않는 비공식 구매(일부 공동 구매, 지인을 통한 대리 구매)까지 고려하면 전체 앨범 출하량의 40% 이상이 해외에서 발생했다고 볼 수 있다. 가챠Gacha 형태의 음반 구성(음반에 랜덤 사은품 동봉)에 매력을 느낀 해외 팬들까지 다량의 음반 구매에 동참하면서 일어난 변화인데, 2021년에도 전년의 페이스를 그대로 유지하고 있는 걸 보면 이제는 앨범 판매량의 기본값이 증가한 것으로 보아도 무방할 듯하다.

게다가 코로나19로 인해 전 세계 모든 아티스트의 콘서트 투어가 중단된 것도 음반 판매에 뜻밖의 도움이 됐다. 연례행사였던 아이돌 가수들의 투어 공연과 팬 미팅이 약 2년간 전혀 진행되지 못하면서 팬들의 지갑에 여유가 생긴 것이다. 팬들은 오프라인 행사 중단 시기에 전체 팬덤형 지출을 줄이는 대신, 음반을 비롯한 아이돌 관련 굿즈를 집중적으로 소비했다. 합리보다 열정에 훨씬 가까운 팬덤형 소비는 콘서트에 쓸 돈을 저축하는 대신 다른 덕질에 대한 더욱 큰 소비로 연결된 것이다. 24년 만에 앨범 판매 400만 장 시대가 찾아온 데 이어 콘서트 부재로 인한 음반 특수에 앨범 다량구매 행태의 세계화까지, 불리하게만 보였던 코로나 시대를 거치면서 K-팝 기획사들의 체력이 한 단계 발전한 것은 놀랍고도 기쁘게 받아들일 만한 일이다.

응원봉은 기본,
이젠 버터 쿠키를 사는 소녀들

세계를 뜨겁게 달군 BTS Meal

2021년 5월 맥도널드에서 출시한 'BTS Meal'은 한 달간의 판매 동안 전 세계적으로 뜨거운 인기를 끌었다. 행사 기간 내내 품절 사태를 일으킨 것도 모자라 내용물을 다 먹은 패키지를 고이 보관했다가 중고로 거래하는 진풍경까지 벌어졌다고 하니 말이다. 그런데 이 둘의 협업이 단순히 화젯거리에 그치지 않고 맥도널드의 실적에도 상당 부분 기여했다는 사실을 아는가? 맥도널드의 2021년 2분기 실적은 증권가 예상 매출액과 주당순이익을 각각 5%, 12% 넘어서는 서프라이즈를 기록했다. 이를 발표하는 자리에서 실적 호조의 이유로 BTS 메뉴가 무려 '8번'이나 언급될 정도였으니, BTS가 글로벌 최대 외식 기업에 미친 실질적인 마케팅 영향력이 얼마나 강력했는지 짐작이 간다.

언뜻 봐서 어울리지 않을 것만 같은 이 협업의 시작은 〈본보야지 Bon Boyage〉 시리즈로 거슬러 올라간다. V-LIVE BTS 채널에서 방영된 이 콘텐츠는 멤버들의 여행기를 자연스러운 모습으로 담는 리얼리티 시리즈로 '덕력' 높은 팬들이 꼽는 필수 시청 콘텐츠다. 2019년 가을에 방영된 〈본보야지 시즌 4〉 '뉴질랜드 편'에는 태형(뷔)이 맥도널드에서 버거와 맥너겟, 오레오 맥플러리를 주문하는 장면이 나왔다. 과거 트래비스 스콧Travis Scott(4년 연속 그래미를 수상한 미국 래퍼)과도 시그니처 메뉴를 협업해본 맥도널드가 굴러들어온 기회를 그냥 흘려보낼 리 없었다. 공식 트위터에 BTS 방문 장면을 업로드하고 해당 지역 추천 메뉴로 선정하는 등 발 빠르게 행동을 개시했다. 온라인 마케팅 활동에 대한 대중의 뜨거운 반응을 확인한 맥도널드의 다음 행보는 재빠른 상품 개발이었다. 곧장 BTS 멤버들의 취향과 상징 컬러를 반영해 메뉴와 패키지를 구성했고 50개 국가에서 한정판 BTS Meal을 출시했다.

커다란 성공을 거둔 이들의 협업은 세트 메뉴에서 그치지 않았다. 전 세계 맥도널드 직원들이 한글과 BTS 로고가 박힌 옷을 착용하고 일했으며 BTS의 소속사인 하이브와 맥도널드가 함께 제작한 다양한 굿즈도 위버스샵(하이브가 운영하는 온라인 커머스샵)에서 판매됐다. 양말, 키링, 스티커 세트 등의 앙증맞은 상품들이 많은 인기를 끌었고, 앨범 판매량 신장의 일등 공신이었던 '포카(포토 카드)'가 이번 굿즈에도 동봉되면서 팬덤의 구매욕을 자극했다. 아무리 이른 시점에 주문했어도 2개월이 훌쩍 넘는 배송 기간이 소요됐는데, 이런 불편함에도 아랑곳하지 않고 전 세계 아미들은 해당 굿즈에 열광적으로 반응했다. 실제

출처: 맥도널드

전 세계 맥도널드에서 출시된 'BTS Meal'.

로 하이브 측은 분기 500억 원대에 머물렀던 MD 상품 판매 매출액이 2021년 하반기부터는 분기 1,000억 원대 수준으로 큰 폭으로 개선될 것으로 기대하고 있다.

유통업의 핫한 파트너로 떠오른 K-팝 아이돌

오늘날 한국은 세계에서 가장 힙한 나라다. 새로운 것을 빠르게 흡수하는 IT 강국의 이미지, 경제 규모 및 소득 수준 향상, K-팝의 영향력, 세계인들이 빠져드는 한국 드라마, 음식 문화까지 '국뽕'을 넘나드는 객관적 근거들이 넘친다. 그러나 긴말 필요 없이, 전 세계의 MZ세대를 대상으로 한 브랜드 이미지 구축을 위해 '샤넬이 선택한 국가'가 바로 한국이라면 사실 말 다했다.

글로벌 기업들의 K-팝 스타 모시기는 맥도널드와 BTS의 협업이 성공하기 이전부터 이어져 온 흐름이었다. K-팝이 전 세계 트렌드를 선도하게 되면서 이들을 자사의 기획 상품이나 광고에 활용하려는 시도가 줄을 잇는 것이다. 이러한 마케팅적 시도에는 대규모 K-팝 팬덤을 타깃으로 한 직접적인 매출 촉진 효과도 있겠지만, 이와 무관하게 저마다 추구하는 브랜드 이미지 구축을 위해 K-팝 스타를 활용하는 사례가 늘어난 면도 있다.

대표적으로 블랙핑크는 걸어 다니는 명품관이다. 도시적이고 세련된 고급 이미지 덕분에 모든 멤버들이 샤넬(제니), 생 로랑(로제), 셀린느와 불가리(리사), 디올과 까르띠에(지수) 등 거를 것 하나 없는 굵직한 명품 브랜드들의 앰버서더로 활동하고 있다. 특히 제니는 2018년부터 샤넬 코리아 뮤즈, 샤넬 코리아 앰버서더를 거쳐 글로벌 앰버서더로 점점 높은 위치로 올라섰다. 그간 콧대 높은 샤넬이 대부분 백인 여배우에게 이 역할을 맡겨온 걸 고려하면, 그 방향성이나 속도 면에서 상당히 파격적인 변화다.

이 밖에도 버버리는 백현(EXO), 구찌는 카이(EXO)와 아이유를 앰버서더로 선정했다. 카이의 애장품을 모티브로 '카이×구찌 컬렉션' 라인을 론칭하는 시도도 곁들였으며 화려한 서울의 야경을 배경으로 한 광고 캠페인이 중국을 비롯한 아시아 주요 국가에서 큰 주목을 받았다. 앰버서더 마케팅을 활용하는 브랜드들은 대다수가 고가 사치품인 만큼 이미지 관리가 무엇보다 중요한데, 럭셔리 브랜드들이 K-팝 아이돌을 중용하는 것은 곧 그들이 글로벌 타깃의 브랜드 이미지 구축에 적합하다고 여긴다는 뜻과 같다.

출처: YG엔터테인먼트, 각 브랜드 홈페이지

모든 멤버들이 럭셔리 브랜드의 앰버서더로 활동하고 있는 K-팝 아이돌 블랙핑크.

문화적 이미지나 국가 브랜드 같은 무형자산은 오랜 시간에 걸쳐서 무의식중에 형성된다. 의도적으로 구축해 내기는 매우 어렵지만 그만큼 한번 만들어지면 쉽게 사라지거나 방향성이 바뀌지 않는다. 글로벌 브랜드들의 행보에서 확인된 K-팝의 고급화, 세계화가 비단 특정 인물이나 그룹에 국한된 것이 아니라면, 지금 우리는 앞으로 상당 기간 가져갈 수 있는 보이지 않는 무기를 손에 넣은 것으로 볼 수 있다.

K-팝은 긴 역사 속에 '캐스팅 → 트레이닝 → 콘텐츠 제작' 시스템을 체계적으로 마련해 놓았다. 이를 통해 2년마다 한 팀꼴로(대형 연예기획사 기준) 새로운 아이돌이 데뷔하고 새로운 음악과 비주얼 콘셉트를 지속적으로 제공할 수 있게 됐다. 시시각각 상품성과 영향력을 확인하면서도 신선함을 유지할 체력을 갖춘 것이다. 과거 한국과 일본을 기반으로 펼쳐진 아이돌 팬덤이 '동방신기-EXO-NCT', '빅뱅-아이

콘/위너', '소녀시대-트와이스-ITZY' 등으로 성공적인 세대교체를 이룬 것처럼, 이젠 세계로 팬덤의 무대를 넓힌 BTS와 NCT, 블랙핑크와 에스파가 다음 세대로 현 위치를 넘겨줄 수 있으리라는 자신감을 갖기에 충분하다.

다양해진 굿즈, 응원봉에서 이젠 생필품까지

외식 브랜드와의 메뉴 협업이 실적 서프라이즈로도 모자라 MD 상품 흥행까지 이어진 것, 그리고 글로벌 패션 브랜드가 K-팝 아티스트를 선점하기 위해 경쟁하는 것은 엔터 산업을 기반으로 판매할 수 있는 상품의 범위가 예상보다 훨씬 넓어질 수도 있음을 시사하는 부분이다.

국내외를 막론하고 지금까지의 아티스트 굿즈와 MD 상품은 콘서트 투어나 팬 미팅 등 행사를 기념하기 위한 것이었다. 공연 현장에서 사용되는 형광 응원봉이나 콘서트의 명칭, 연도가 적힌 티셔츠와 타올 등이 주력 아이템이었고 소비자도 기획자도 상품 디자인이나 퀄리티에는 그리 민감하지 않았다. 말 그대로 운동회에서 나눠주는 타올처럼 그저 기념품 수준이었다. 미국 공연 시장 관련 리서치 자료에 따르면 전체 콘서트 관련 MD 상품 중 티셔츠가 차지하는 매출이 절반을 차지할 정도로 품목이 단조롭다.

언택트 콘서트는 이렇게 단순하던 MD 구성을 다변화시킨 첫 번째 촉매제였다. 우선 콘서트 티켓뿐 아니라 관련 굿즈 또한 인터넷 선주문을 통해 판매되다 보니 기획사가 생산량을 미리 알 수 있어 재고 부담의 위험이 현저히 낮아진다. 수요 예측 결과에 따라 '한정판'이라는 이름의 희소가치까지 더해주면서 기존에 시도되지 않았던 획기적인 상품들이 실제로 기획될 수 있었다. 티셔츠 말고도 살 만한 굿즈가 많아진 요즘, 팬들은 이제 공연 필수템인 응원봉뿐 아니라 버터 쿠키, 머리핀, 휴대폰 케이스 등을 수집하듯 구매한다.

한편, 맥도널드와의 협업으로 심지어 공연 없이도 MD 제작을 추진해 히트시킨 BTS의 사례는 두 번째 촉매제가 되기에 충분하다. 이 사례는 코로나19로 인해 공연 진행이 어려운 상황에서 발견한 소중한 신규 수익원으로서도 의미 있지만, 더 나아가 맥도널드를 필두로 다른 소비재 기업과의 협업 가능성을 열고 상품 구성이 점점 다양해지는 기회를 마련했다는 점에서도 무척 중요하다. 이 결과 자연히 팬덤의 소비 금액도 증가하게 됐는데, 아티스트 굿즈를 판매하는 대표 플랫폼 위버스샵은 2021년 2분기 이용자당 지출 금액이 한 분기 전에 비해 53%나 대폭 증가하며 10만 원대로 올라섰다고 밝히기도 했다(이때 맥도널드 MD 상품과 BTS 〈Butter〉 앨범 관련 굿즈 판매의 상당 부분이 발생했다).

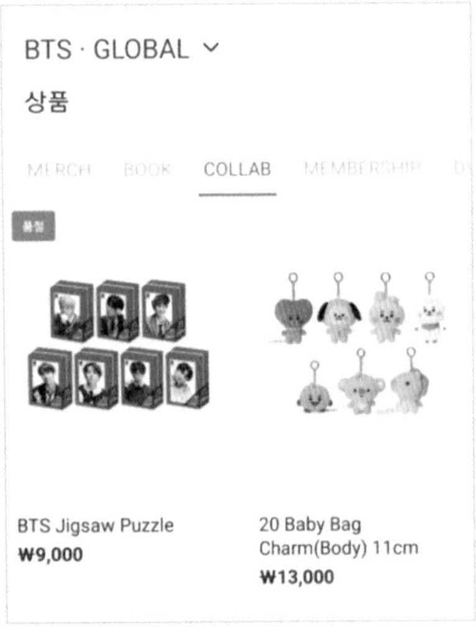

출처: 위버스샵

위버스샵에서 살펴볼 수 있는 다양한 굿즈들.

머리가 아니라 가슴으로 사는 겁니다

이렇게 재발견된 굿즈 상품은 앞으로도 오랫동안 높은 성장세를 지속할 것 같다. 아티스트 굿즈는 당연히 실제 콘서트 투어가 진행되는 시기에 그 폭발력이 강해지는데, 이제 본격적으로 '위드 코로나'가 거론되면서 공연이 재개되는 시기도 성큼 다가왔기 때문이다. BTS는 2021년 11월, 12월 미국 LA 소파이 스타디움에서 4회의 오프라인 공연이 확정됐고, 30만 석의 티켓이 매진되며 굿즈 판매의 기폭제가 마련됐다. 뿐만 아니라 현지 다수 매체가 BTS에 이어 블랙핑크와 투모로우바이투게더 등 국내 아티스트들이 미국 공연을 확정 지을 것으로 예상하는 등 곧이어 또 다른 오프라인 공연들이 속속 이어질 예정이다. 선주문 원칙을 통해 새로운 수익원으로 재발견된 굿즈가 투어 콘서트에서는 또 어떤 구성으로 제작될지 기대된다.

또한 앞서 알아본 K-팝 음반의 해외 판매량 증가도 MD의 성장 가능성을 보여준다. 음반 구매는 기존에 음원이나 뮤직비디오와 같은 무료 콘텐츠만 소비하던 '라이트 팬'들이 실제로 돈을 쓰는 '진성 팬'으로 거듭나는 관문이기 때문이다. 말 그대로 '듣지도 않을' 음반은 이제는 저장 매체이기보다 누군가의 팬이 돼 최초로 구입하는 굿즈에 가깝다. 즉, 팬심을 바탕으로 상품 수집의 욕구가 생겨났다는 신호로서, 음반을 구매하는 행위 그 자체가 향후 높은 단가의 소비(MD 상품과 콘서트 등)로 이어질 가능성으로 해석된다.

반면 굿즈의 지속가능한 성장을 위해서 해결해야 할 과제들도 있다. 우선 적정가에 대한 고민이 필요하다. 상품이 출시될 때마다 (물가

상승률과 별개로) 단가가 서서히 오르고 있는데도 대부분이 완판되는 것을 보면 굿즈의 구매 결정은 상품의 퀄리티가 아닌 팬심에 치중된 게 확실하다. 그러나 지나친 수익 추구형 기조는 어느 지점을 넘은 순간부터 유저의 불만이 될 수 있다. 앞서 챕터 5에서 언급한 NC소프트의 '블레이드 앤 소울 2 사태'에서 보듯 너무 빠른 가격 인상이나, 노골적으로 수익만 추구하는 이미지는 팬들의 반감을 사기 쉽다. 한편 제작과 배송을 외주로 두는 탓에 주문부터 상품 전달까지 너무 긴 시간이 걸린다는 물리적 한계도 해결이 필요하다. 2021년 10월 현시점 기준, 일부 물품은 구매 후 상품을 받아보기까지 장장 4개월이 소요되기도 하는데, 팬 활동 경력이 짧은 뉴비 팬은 물론이고 오랜 기간 활동해온 고인물 팬들에게도 이렇게 긴 배송 기간은 가장 대표적인 불만 사항이다. 온라인 주문형 MD가 주요 수익원으로 자리 잡아가는 만큼 적절한 파트너십 혹은 투자를 통해 해결 방안을 모색할 필요가 있다.

아티스트의 신규 라인업이 쇼 케이스, 앨범 발매, 콘서트 투어, MD 판매 등을 거치며 팬들의 지출이 증가하는 구조는 이미 한국과 일본에서는 상당 부분 안정화된 상황이다. 엔터테인먼트사가 다루는 상품군이 늘어날수록, 글로벌 각지의 새로운 지역에서 발생하는 음반 판매는 계속해서 더욱 큰 시장을 열어줄 것이다. 위드 코로나 시대를 앞두고, 오프라인 공연 재개뿐 아니라 그와 함께 어떤 굿즈들이 출현할지에 대해서도 관심을 가져볼 만하다.

K-엔터에서 디즈니를 보다

궁금해하다가 입덕하게 만드는 세계관 플레이

'픽사 이론Pixar Theory'을 들어본 적 있는가? 지금까지 개봉한 픽사 애니메이션들이 서로 시간대만 다를 뿐 모두 연결돼 있다는 주장으로 미국 영화 평론가 존 네그로니Jon Negroni가 처음 제시한 가설이다. 〈몬스터 주식회사〉(2001)부터 〈굿 다이노〉(2015)까지 개봉 시점과 영화 속 배경은 다르지만, 20편이 넘는 영화들이 전부 동일한 원리가 작동하는 하나의 우주(세계관)에서 벌어진 일들이라는 것이다. 픽사 작품에는 스스로 생각하고 행동하는 동물(라따뚜이, 니모를 찾아서, 굿 다이노)과 사물(카, 토이 스토리)의 이야기, 기계 문명(인크레더블, 월E)의 발전과 쇠락, 이종 생명체(몬스터 주식회사)가 등장하는데, 이들 모두 감정을 가진다는 공통점이 있고 각 작품을 연결 짓는 장치(시간을 관통하는 문 등)도 마련돼 있어 이 가설은 어느 정도 설득력을 인정받고 있다. 그러다 보니 픽사 영화는 하나하나를 독립된 콘텐츠로 즐겨도 좋지만, 이러한 연결성을 감안하고 볼 때 더욱더 재미있다.

픽사처럼 굳이 이론을 갖다 대지 않더라도, 이미 대중문화에는 이런 설정들이 널리 퍼져 있다. 종교나 철학에서 연구되던 세계관 개념을 우리가 친숙하게 받아들이게 된 데에는 특히 DC와 마블 코믹스, 판타지 소설 장르, 일본 애니메이션 등의 역할이 컸다. 영화, 드라마, 책 등 이야기를 전달하는 매체는 어쩔 수 없이 한 편, 한 시즌, 한 권 등으로 단위가 쪼개질 수밖에 없는데, 이때 방대한 이야기 전달을 위해서 전체를 관통하는 규칙과 설정을 구성해 분량의 한계를 극복하려는 시도로 세계관을 차용한 것이다. 그렇게 수십 편의 시리즈가 진행되는 동안 세계관의 '일관성'과 '개연성'은 스토리 확장의 기본 조건으로 더욱더 강조돼 왔다.

EXO에서 시작돼, BTS가 꽃을 피운 '세계관'

세계관은 K-팝에도 없어서는 안 될 요소로 자리 잡았다. 기획된 세계관이 K-팝에 본격 침투한 지 어느덧 10년 차에 접어들었고 이제는 아무런 설정이나 장치 없이 데뷔하는 아이돌을 찾는 것이 오히려 힘들 정도다. 세계관은 아티스트에게는 확고한 배경과 콘셉트를 제공해 각 그룹(멤버)의 스타일을 구축하는 일을 쉽게 만들고, 팬들에게는 다양한 이야기를 전달함으로써 즐길 거리를 확대하는 기능을 톡톡히 하고 있다. 지금까지의 음악은 마블이나 픽사의 작품과 달리 이야기가 아닌 '감각' 자체에 초점이 맞춰진 장르였다. 그러나 서서히 각자의 개성 있는 주제와 소재를 중심으로 연속적인 서사를 가진 아이돌과 그들의 콘텐츠가 성공을 거듭하면서, 음악에서도 서사는 빠질 수 없는 핵심 요소가 됐다. 연예기획사에서 세계관을 담당하는 직군을 채용할 정도로 이제는 호흡이 긴 이야기를 꿰뚫는 세계관 기획은 필수적인 전제조건이 됐다.

K-팝 세계관의 원조는 EXO(SM)다. 티저 영상만 20개가 넘는 방대한 세계관을 형성한 상태로 2012년에 데뷔한 EXO는 '생명의 나무', '두 개의 태양', '평행 우주를 사이에 둔 12개의 전설' 등 여러 상징을 기반으로 판타지적인 요소를 세계관에 가미했다. 일식과 월식, 초능력을 각 멤버에게 부여하며 캐릭터를 구성하는 등 스케일이 웅장하고 내용이 방대해서 이 세계관은 'EXO학學'이라고도 일컬어지는데, SM은 이를 활자와 음악, 영상, 이미지 등 모든 창작물에 적용하면서 지금까지도 짜임새 있는 서사를 이어 나가고 있다.

결국 EXO의 비주얼과 음악뿐 아니라 세계관을 팬들이 함께 풀어가면서 결속이 강해졌고 '덕력'도 한층 깊어진 것인데, 이는 이후 데뷔한 아이돌 그룹 B.A.P.(고향 행성을 위기에서 구하기 위해 우주를 헤매다 지구에 도착), 드림캐쳐(흑마법, 주술, 악령 들린 인형 등 오컬트 요소 활용)를 비롯해 수많은 K-팝 아이돌에게 영향을 미쳤다.

2년 뒤 데뷔한 BTS(하이브)의 성공 뒤에도 역시 팬덤의 덕심을 끊임없이 자극한 세계관이 있었다. 이 세계관은 얼마나 오래전부터 준비된 서사인지 가늠이 안 될 만큼 이야기를 풀어나가는 방식이 치밀하고 계획적이며, 사소한 부분에도 디테일한 연결 고리를 심어 놓았다. 스토리와 곡 전개 과정에서 《해변의 카프카》(화양연화 pt.2의 'Butterfly'), 《1Q84》(Love yourself 承의 '바다'), 《데미안》(Wings 시리즈), 《사랑의 기술》(Love yourself 시리즈), 《영혼의 지도》(Map of the soul)와 같이 문학, 심리학, 철학에 걸친 명작들을 모티브로 삼으며 세련미도 갖췄다.

블로그, 뮤직비디오, 웹툰, 책, 쇼트 필름뿐만 아니라 실제 무대와 심지어 UN 연설까지 모든 활동에 서사의 흔적이 묻어나는 BTS는 세계관만으로도 충분히 흥미로운 탐구 대상이다.

데뷔 초부터 지금까지 공개된 뮤직비디오를 시청해야 하는 순서, 웹툰과 책을 통한 세계관 따라잡기 등 **BTS '입덕 가이드'**가 위버스 플랫폼과 각종 커뮤니티 게시판에 존재할 정도로 **복잡**하고 **난해**하다.

이 내용을 들여다보면 〈스타워즈〉 시리즈나 마블 시네마 유니버스의 작품을 순서대로 즐기는 방법 따위는 저리 가라 할 정도로 난이도가 높아서, 뒤늦게 입덕한 팬은 상당한 시간을 들여 **세계관 따라잡기**에 열을 올린다.

BTS 세계관의 서사는 '학교 3부작(Cool 4 Skool, O! RUL8, 2?, Skool Luv Affair)'부터 정규 1집 앨범 〈DARK&WILD〉, 〈화양연화〉, 〈Wings〉, 〈Love yourself〉, 〈Map of the soul〉 등 각 시리즈로 전개되는데, 쉽게 말해 데뷔 이후부터의 모든 활동이 하나의 이야기로 이어져 있다고 보면 된다. 학교에서 형, 동생 사이로 만난 멤버들이 각자의 아픔을 안고

출처: 네이버 웹툰, 하이브

BTS는 앨범과 뮤직비디오뿐만 아니라, 웹툰, 책, 쇼트 필름 등 다양한 매체와 형식을 활용해 일관된 서사를 전개한다.

서로 어울리는 과정에서 겪는 불행과 비극(가정사와 사고들), 성장의 과정(유혹과 갈등, 사랑과 이별), 해소와 깨달음(Love yourself), 자아 탐색 등의 과정을 시간 순서와 무관하게, 다양한 포맷을 통해 변주하며 보여주는 것이다. BTS는 서사적으로도 결코 부족함 없는 이들의 이야기를 앨범과 뮤직비디오는 물론, 웹툰 〈화양연화〉와 책 《더 노트》(4개 국어로 출간)를 비롯해 가능한 모든 수단을 활용해 전달하는데, 이러한 과정 자체가 가히 대중 예술의 끝판왕으로 보일 만큼 그 완성도가 높다. 이들 이후 세븐틴(플레디스)은 '소년 3부작', 빅스(젤리피쉬)는 '그리스 로마 신화 3부작', 여자친구(2021년 5월 해체)는 '청춘 3부작'을 발표하는 등 시리즈로 구성된 앨범이 K-팝 산업에 걸쳐 유행하기도 했다.

아바타 세계관에 꽂힌 에스파의 SM

비교적 최근 데뷔한 아이돌 사이에서도 세계관은 중요한 역할을 차지하며 발전을 거듭하고 있다. 에스파(SM)는 현실의 내가 또 다른 자아인 '아바타ae'를 만나 새로운 세계를 경험한다는 세계관을 들고 2020년 말 데뷔했다. 나의 인터넷 사용 데이터에 기반한 디지털 AI와 현실의 내가 연결(싱크)돼 영향력을 주고받을 수 있으며, 그 단계는 텍스트, 음성, 대면의 순서로 점차 깊어진다는 것이다. 이러한 설정은 매일 수많은 서비스를 이용하면서 나이와 성별, 직업, 관심 분야, 생활 습관 등 광범위한 데이터를 인터넷 서버와 주고받는 현대인들의 삶을 꽤 현실감 있게 반영한다. 그룹 콘셉트가 현실과 가상 세계를 융합한 것이다 보니 멤버 수를 4명이 아닌 8명(인간 4명, 아바타 4명)으로 보기도 한다. 데뷔 초부터 높은 관심을 끈 에스파는 지난 1년간의 성공적인 행보에 이어, 세계관이 더욱더 확장될 2022년에 가장 기대되는 그룹 중 하나다.

데이터와 AI 기반으로 생성된 아바타와 현실 인간의 교감이라는 스토리텔링은 디지털 네이티브인 Z세대에게 강하게 어필되면서 이들 중심으로 커다란 공감대가 형성돼 있다. 데뷔 초 쇼트 필름과 뮤직비디오('블랙맘바', 'Next Level' 등)를 통해 완성도 높은 비주얼로 세계관이 구체화되고 깊어지면서 글로벌 팬들도 꾸준히 유입되고 있다(어렵지 않으니 직접 시청하길 권한다). 주관적 해석을 덧붙이자면 BTS의 세계관과 스토리 전개가 사건과 인물별 감정 변화를 중심에 둔 클래식한 드라마 장르라면 에스파의 세계관은 마블, DC처럼 설정 자체가 흥미로운 히어로물이나 SF 장르에 가깝다.

출처: SM엔터테인먼트

SM의 야심작인 차세대 아이돌 그룹 에스파는 아바타ae를 포함한 독특한 세계관으로 주목을 끌고 있다.

차세대 기술이 개입될 여지가 많아 미래 지향적이고, 확장성도 상당 부분 열어 두었다는 장점 때문인지 SM은 에스파의 아바타 세계관에 단단히 꽂혀 있는 듯하다. 이를 필두로 NCT, EXO 등 여러 그룹의 세계관을 하나의 유니버스인 'SMCU SM Culture Universe'로 묶으려는 의지가 2021년 3월 개최된 'SM Congress 2021'을 통해 드러난 바 있다. 참고로 2021년 '디귿춤(팔을 디귿 모양으로 꺾는 춤)'을 대유행시키며 음원 차트를 석권한 에스파의 'Next Level'에서 가장 주목할 단어는 다름 아닌 '광야'다. 광야라는 단어는 이미 NCT, 레드벨벳, EXO 등 SM 아티스트의 가사에 단골로 등장했는데, 새로운 세계의 출발점이나 중심지 등의 의미로 사용됐다. 다만 이번에는 뮤직비디오 영상을 통해 광야의 위치를 알리는 좌표까지 등장했는데, 이 GPS 좌표는 다름 아닌 성수동에 위치한 SM의 신사옥이다. 성수동의 광야를 배경으로 전개될 확장성 높은 미래형 세계관이 더욱더 상상력을 자극한다(실제로 이러한 요소들에 팬덤은 흥미를 느끼는 듯하다).

기획사들이 스토리텔링 전문 작가까지 고용하며 세계관에 이토록 집착하는 이유는 그게 재미있을 뿐만 아니라, 덕질의 기간도 늘려주기 때문이다. 앞서 잠시 설명했던 BTS 세계관의 경우 시간 순서로 세계관을 설명해주는 대신, 잘게 조각난 세계관의 요소를 여러 앨범을 통해서, 그것도 오랜 기간에 걸쳐 아주 불친절하게 전달하는 방식을 택하고 있다. 이는 팬들이 서사를 직접 상상하고 맞춰보는 과정에서 몰입감과 애정이 강해진다는 점을 이해하고 있기 때문이다. 쏟아지는 아이돌 홍수 속에 '차별화'를 위한 시도인 줄만 알았던 세계관은 이를 공유하는 팬들과 아티스트들이 공감대를 갖고 함께 성장해 나간다는 인식을 심어주는 경지에 이르렀다.

개연성 있는 서사는 그 자체로 재미있다. 탄탄한 스토리는 다음 앨범을 기획하는 데 일관된 밑바탕이 되거나 발전과 변형을 통해 긴장감을 주면서 세계관이 확장되는 기반이 되기도 한다. 이처럼 조각을 맞추는 과정을 통해 그 재미를 파악한 팬들의 관심이 애정으로 발전하면, 콘텐츠의 수명이 연장되면서 자연스럽게 기획사의 수익 증가로 이어진다. 창작자와 소비자, 기업의 입장 모두에서 세계관에 기반한 콘텐츠가 환영받는 이유다.

K-팝에서 전 세계 최고의 이야기꾼인 디즈니의 자취를 보게 된 것 또한 콘텐츠 소비 방식이 비슷해지는 모습 때문이었다. 마블의 영화나 스타워즈 같은 시리즈물은 전 세계 팬들이 여러 방식(연대순으로 보기,

인물별로 보기 등)으로 구작을 반복해서 즐기며 다음 서사를 기다리게 만든다. 빌보드 1위에 오르며 뉴비 팬들이 끊이지 않는 BTS 또한 구작 앨범과 콘텐츠 판매가 (발매 후 수년이 지난) 지금도 상승세다. 신보가 나온다면 어떨까? 유튜브에 공개된 지 24시간 만에 1억 회가 넘는 조회수를 기록할 것이 너무나 뻔하다. 에스파 'Next Level'의 경우, 원곡을 편곡 및 개사하는 과정에서 세계관의 실마리를 심어 놓았더니 이에 대한 해석과 흑막이 누군지에 대해 미국 팬들끼리 토론하는 게시판이 생겼을 정도다. 시청각을 자극하는 콘텐츠, 그것도 세계관이라는 미묘한 설정을 이렇게 글로 전달하는 일이 쉽지는 않지만, 여기에서 핵심은 팬들이 세계관에 빠져들면서 더욱 재밌게 오랫동안 K-팝을 즐긴다는 것이다. 그런 의미에서 K-팝은 디즈니가 가진 마블이나 픽사 빰치는 방식으로 세계관을 가지고 놀고 있다.

팬덤 플랫폼, 직접 돈을 벌겠다는 의지

지금까지 음악 팬덤의 놀이터 기능을 하던 곳은 유튜브 그리고 네이버의 실시간 영상 플랫폼인 V-LIVE 정도였다. 유튜브에서는 업로드된 뮤직비디오나 리액션 비디오, 댄스 영상 등의 댓글 창을 활용해 팬덤이 소통해왔고, V-LIVE에서는 아티스트의 라이브 방송, 비하인드 컷 등을 함께 시청하며 실시간 채팅을 주고받는 식이었다. 이들은 시청각을 만족시키는 풍부한 콘텐츠를 가진 미디어이기는 했지만, 여기서 팬덤끼리 함께 소통하고 놀며 소비한다는 팬들의 목적에 100% 맞춰진 공

••• 유튜브 내 콘텐츠 종류별 점유율

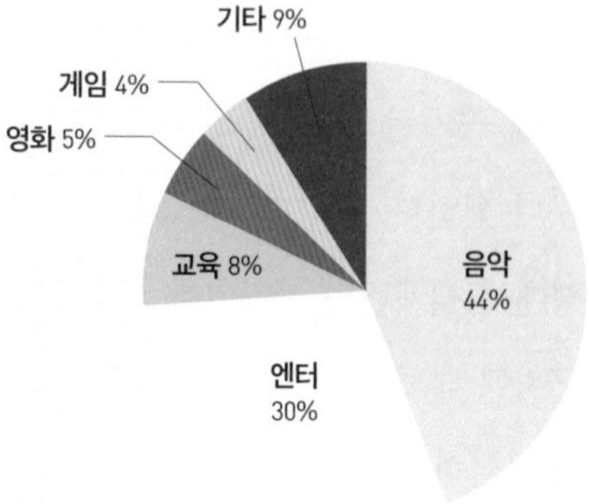

출처: Socialblade

간은 아니었다. 특히 유튜브 전체에서 음악 콘텐츠의 트래픽 점유율이 40%가 넘는다는 점, 그리고 유독 음악 콘텐츠에만 월등히 많은 댓글이 달린다는 점을 고려하면, 굳이 유튜브 내에 머물기보다 팬덤에게 특화된 플랫폼을 찾는 것이 낫겠다는 생각을 하기에 충분한 환경이었다.

게다가 최근 2년간은 음악 방송이나 콘서트 투어, 팬 사인회를 비롯한 오프라인 활동이 불가능해지자 팬덤들은 보다 적극적으로 온라인에 결집하게 됐다. 오프라인 공연을 대신한 온라인 콘서트가 성공적으로 추진되고, 이와 함께 굿즈 판매까지 온라인으로 이동하면서 팬덤을 위한 온라인 공간도 발전할 수 있는 기회를 맞았다. 모든 영상에 동일한 포맷이 적용되는 유튜브에 머물기보다, 아티스트와 팬의 소통을 지원하고 프리미엄 콘텐츠가 제공되며 멤버십을 통해 더욱 원활하게 팬 활동을 도와주는 '팬덤 특화 플랫폼'으로 덕질의 무대가 이동하기 시작한 것이다. 실제로 음악만을 즐기는 '라이트 팬덤'은 아직 유튜브를 통해 콘텐츠를 즐기는 경우가 많지만, 그 이상의 활동을 원하는 '미드-헤비 팬덤'들은 관련 플랫폼 가입이 필수가 됐다.

K-팝 기획사들이 유튜브를 벗어나 자체 팬덤 플랫폼을 설립한 것은 디즈니가 자체 OTT를 론칭하기로 결정한 것과 동일 선상에 있다. 전 세계에 콘텐츠 팬덤을 가진 디즈니는 한때 OTT(넷플릭스)의 콘텐츠 공급자였지만, 지금은 자체 콘텐츠를 독점 서비스하는 강력한 OTT 대표주자로 탈바꿈했다. 미디어 전환기를 거치면서 잠시 파트너로서 넷플릭스를 활용했을 뿐 결국 자체 콘텐츠는 스스로 소화한다는 원칙을 고수한 것이다. 대형 엔터테인먼트사의 행보를 보면 BTS와 블랙핑크를 비롯한 K-팝 또한 그 존재가 알려지기까지는 유튜브의 덕을 본 것이 사실이지만, 이들 IP를 통해 생산한 프리미엄 콘텐츠와 굿즈 등 고부가 가치 상품은 자체 플랫폼을 통해 소화하겠다는 의지를 느낄 수 있다. 따라서 콘텐츠 누적, 기능 확대, 팬덤 규모 성장에 따른 네트워크 효과로 팬덤 플랫폼의 성장판이 열리기 시작한 이 시점에서 플랫폼별로 어떤 서비스들이 제공되는지 알아볼 필요가 있다.

위버스: 소통부터 득템까지

BTS의 소속사인 하이브가 제작한 위버스는 팬덤 커뮤니티 플랫폼의 대장 격이다. 앱 다운로드 후에 접속하는 첫 화면에서 위버스가 지원하는 아티스트들을 확인할 수 있다. 2021년 10월 현재 하이브 소속 7팀, YG엔터테인먼트(이하 YG) 소속 4팀을 비롯해 국내외 30팀 이상의 아티스트가 입점해 있다. 관심 아티스트에 대한 구독을 설정하면 이용이 시작되며, 각 아티스트의 방에는 팬들이 자유롭게 게시글을 올리는 팬덤 간 소통의 장인 'Feed', 아티스트가 글을 올리고 팬들과 교류하는 'Artist', '위버(위버스 이용자)'만을 위한 독점 영상 콘텐츠, 뮤비 비하인드 등의 덕력 높은 영상이 제공되는 'Media' 등의 메뉴가 기본으로 제공된다. 홈 화면으로 나오면 여러 아티스트들의 온·오프라인 콘서트, 팬 사인회 등 행사 티켓 예매, 굿즈 상품 발매 소식을 전하는 배너가 표시되며, 'News'와 'Highlight', 'Magazine' 등의 탭을 통해 여러 아티스트들의 활동 일정을 체크해 볼 수도 있다.

아티스트의 게시물과 영상들은 무료로 즐길 수 있는 것이 대부분이지만, 건 단위로 판매되는 유료 콘텐츠나 굿즈 상품 구매를 위해서는 추가 결제가 필요하다. 또한 멤버십 전용 콘텐츠 시청, 콘서트 티켓 및 각종 MD 상품 선 예매, 공개 방송 응모 기회 등의 혜택을 위해서는 정기 멤버십 가입도 필요하다. 아티스트와 팬, 혹은 팬덤 간의 소통을 무료로 이용하면서 팬 활동의 즐거움과 친밀도를 높이고, 점점 팬심이 깊어지면 멤버십과 유료 결제를 시작하는 경우가 많아 수익화 역량이 뛰어난 플랫폼이다. 한편 아티스트 간 중복 구독이 무한정 가능하기 때문에 아티스트 A의 팬임을 자처하며 진입했다가 B 아티스트로 갈아타거나, 중복 덕질을 시작하는 경우도 상당수 존재한다. 이는 특정 아티스트만의 팬덤이 아닌 입점 아티스트, 나아가 음악 팬이 머물 수 있는 공간으로서 가능성을 열어준다는 점에서 지속적인 이용자 확보를 위해 매우 중요한 기능이다.

위버스는 팬덤 파워가 강한 BTS를 보유했을 뿐만 아니라, 짜임새 있는 구성으로 편리한 덕질을 돕는 기능에 충실하기 때문에 K-팝 팬

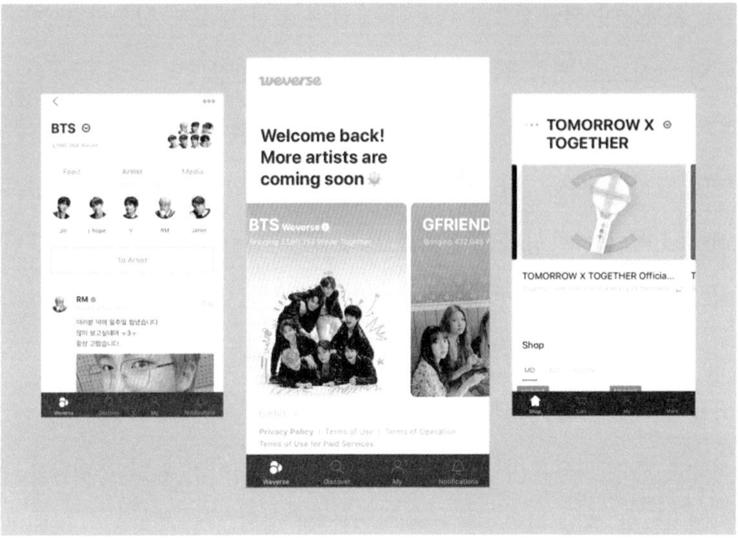

출처: 위버스

전 세계 팬들과 아티스트가 함께하는 글로벌 팬덤 플랫폼 '위버스'. 꾸준히 아티스트가 업데이트되는 위버스는 팬덤 행사 지원 및 관리, 굿즈 판매, 아티스트와 팬들의 소통, 자체 콘텐츠 등 다양한 서비스를 제공한다.

덤 플랫폼 중 가장 이용자가 많다. 2021년 2분기 발표 기준으로 530만 명의 MAU가 있는데, 2021년 8월에 블랙핑크가 입점해 100만 명이 넘는 위버를 획득했고 2022년 초에는 미국의 종합 미디어 기업 이타카 홀딩스Ithaca holdings 소속 아티스트들(저스틴 비버, 아리아나 그란데)까지 입점할 예정이라 유저 숫자는 급격히 늘어날 것으로 예상된다. (참고로 하이브는 2021년 4월, 9억 5,000만 달러를 들여 이타카 홀딩스를 인수했다.) 또한 2022년 상반기에는 앞서 언급했던 V-LIVE와 위버스가 통합될 예정으로, 단일 서비스가 출시 이후에는 최소 3,000만 명 이상의 유저가 확보될 것이다.

유저들이 평균적으로 이용하는 금액 또한 빠르게 상승하고 있다. 팬덤 타깃으로 기획되는 굿즈는 가격 민감도가 상당히 떨어지는 편으로 상품의 퀄리티보다 팬들의 몰입도에 따라 판매 성과가 결정되는 측면이 강하기 때문이다. 입점 아티스트들의 팬덤 충성도에 따라 향후 팬덤 소비의 방향성이 결정되겠으나, 최근 K-팝은 글로벌 신규 팬덤이 급격히 유입되고 있어 장기적으로 우상향할 가능성이 높다.

버블: 아티스트와 카톡하는 설렘

버블은 SM의 자회사인 디어유가 개발하고 발전시킨 팬덤 플랫폼으로 아티스트와 팬의 친밀도를 높이는 기능이 탁월하다. 좋아하는 아티스트와 프라이빗한 메시지, 음성, 사진과 영상 등을 주고받는 서비스를 제공하는데, 아티스트가 직접 작성한 메시지와 음성을 받을 수 있어 팬들은 스스로 특별한 존재가 된 기분을 느낄 수 있다. 다만 팬과 아티스트의 대화가 실제 1 대 1로 진행되는 것은 아니고(물리적으로 불가능한 양이다), 팬들의 답장을 아티스트가 하나의 대화방에서 한 번에 확인한 뒤 모두에게 적용될 수 있는 메시지를 보내면서 대화가 이어진다. 간혹 구체적인 메시지를 쓰기도 하지만 다수 팬과의 대화 흐름이 깨질 수 있어 많이 시도되지는 않는 듯하다.

현재 NCT, 에스파 등 SM 소속 9개 팀, 트와이스, NiziU 등 JYP 소속 6개 팀을 비롯해 총 150명 이상의 멤버들이 입점해 있으며 팬들은 아티스트 1명당 월 4,500원, 혹은 그룹별 유료 결제(NCT 16인권 57,000원, 4인권 15,000원, NiziU 9인권 33,000원 등)를 통해 프라이빗 채팅 서비스 이용이 가능하다. 멤버 당 하루 세 번의 채팅(30자 제한)을 허용

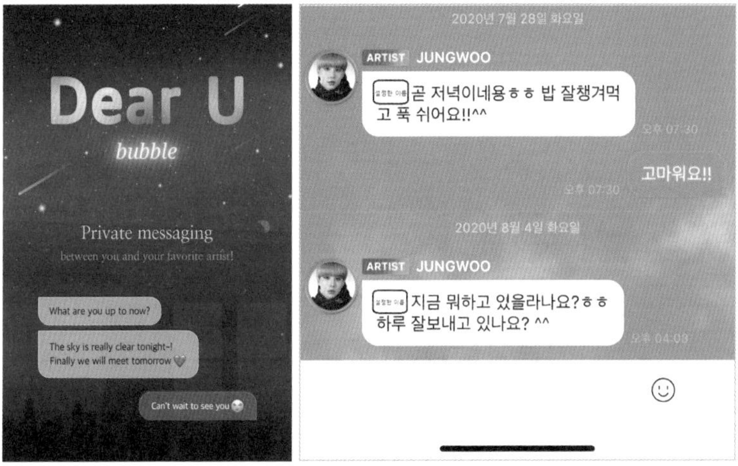

출처: 버블, HUFFPOST

모바일 메신저와 동일한 모습의 '버블' 채팅창.

하는 것치고는 이용 가격대가 높다고 여겨지지만, 실제 이용 중인 팬들의 반응은 긍정적이다. 특히 메시지 확인 시 숫자 1이 없어지거나, 대화 중간에 팬들의 실명을 삽입하는 방식 등은 기존 SNS의 대화 방식과 동일해서 팬들에게는 중독성 있는 경험이 된다. 또한 버블은 아티스트별 처음 구독 날짜부터 디데이가 표시되는데, 장기 구독자에 대해서는 구독 기념일(50일, 77일, 100일 등)마다 답장 가능한 글자 수가 추가되는 등의 소소한 혜택이 있다.

무료로 서비스를 제공하고, 혜택별로 유료 고객과 차등을 둔 위버스와 달리 디어유의 버블은 모든 서비스가 시작부터 유료다. 이 때문에 새로운 팬덤이 시험 삼아 유입되는 확장성을 기대하기가 어렵다는 단점이 있는 반면, 이미 충성도가 높은 팬덤에게서 수익을 만들어내기는 상당히 용이하다. 아직까지는 프라이빗 메시지에 머문 단순한 서비스지만 추후 다양한 방식의 소통을 제공하거나, 콘텐츠 제공의 경로로 이용된다면 팬들이 더욱 장시간 이용할 수 있는 플랫폼으로서 발돋움할 가능성이 있다.

유니버스: 게임성이 가미된 덕질의 세계

유니버스는 NC소프트에서 개발하고 운영하는 K-팝 엔터테인먼트 플랫폼이다. 다양한 온·오프라인 팬덤 활동을 모바일 기반으로 즐길 수 있으며 현재 강다니엘, 몬스타엑스, 아이즈원(2021년 4월 해체), (여자)아이들, 브레이브걸스, 에이티즈, 우주소녀 등 27팀이 입점해 있다.

전반적으로는 위버스와 비슷한 구성으로 아티스트 유니버스에 입장 시 소식 업데이트를 받아볼 수 있다. 팬 활동에 대한 보상으로 제공되는 가상 화폐 '클랩KLAP' 보유량에 따라 팬 랭킹을 체크할 수 있는 'Home' 탭, 자체 예능과 그룹별 화보 등 유니버스 오리지널 콘텐츠가 제공되는 'Media' 탭, 팬과 아티스트가 소통하는 게시판 'FNS'(팬 네트워크 서비스), 팬덤 간 경쟁심을 자극해 기부, 음원 스트리밍 횟수 채우기 등의 미션을 제시하는 'Collection' 탭, 아티스트 캐릭터를 스타일링하고 조명, 무대, 카메라 등을 직접 구성해 뮤비를 제작하는 'Studio' 탭으로 구성된다. 다만 유니버스도 위버스와 달리 무료로 제공되는 서비스가 없어 실제 이용을 위해서는 최소 베이식 멤버십에 가입해야 한다. 한편 디어유의 버블과 같은 프라이빗 메시지/콜 기능도 제공하며 이용권은 1인 추가 시마다 3,000~4,000원 수준으로 버블과 유사한 금액이다.

다양한 아티스트 팬덤 탐색에 유리한 위버스와 수익화에 강한 디어유의 장점을 섞어 놓은 듯한 모습은 긍정적이고, 게임사 특유의 보상 시스템을 활용해 팬덤 활동에 동기를 부여하는 접근도 신선하게 느껴진다. 다만 경쟁심으로부터 동기가 유발되는 게임 유저와 애정과 즐거움을 찾는 아이돌 팬덤을 동일 선상에 뒀을 때의 부작용은 다소 우려된다. 이들의 이용 행태나 정서적 접근법에 분명한 차이가 있을 것이기에 클랩을 활용한 동기부여에는 보다 세심하게 주의를 기울일 필요가 있다. 한편, 입점 아티스트의 영향력이 다소 약하다는 평가도 있어 이에 대한 점진적인 보완이 요구된다.

이렇게 K-팝은 세계관이라는 서사 구조를 활용해 팬덤을 확보하는 데에 그치지 않고, 이들이 보다 적극적으로 활동하면서 시간을 보내고 굿즈를 구매하며 특별한 소통을 경험할 수 있는 공간을 마련했다. 디즈니가 픽사, 마블, 스타워즈 등의 세계관을 기반으로 오프라인에 디즈니랜드를 구성한 것과 마찬가지로 한국 엔터테인먼트 기획사들도 온라인 공간에 팬들이 즐겁게 놀 수 있는 공간을 제공한 셈이다. 세계관을 딛고 글로벌 팬덤을 확보한 K-팝이 플랫폼을 통해 어디까지 확장해 나갈 것인지는 2022년의 흥미로운 관심사가 될 것이다.

전 세계 유명 아티스트를 K-팝 품에 모으다

2021년부터 엔터테인먼트 업종은 기업 간 합종연횡이 활발하게 이뤄지며 많은 변화를 겪었다. 우선 하이브(당시 빅히트), 네이버, YG와 그 자회사인 YG Plus가 상호 간에 지분을 주고받으며 연합을 결성했다.

••• **국내 주요 플랫폼과 기획사들의 지분 보유 관계**

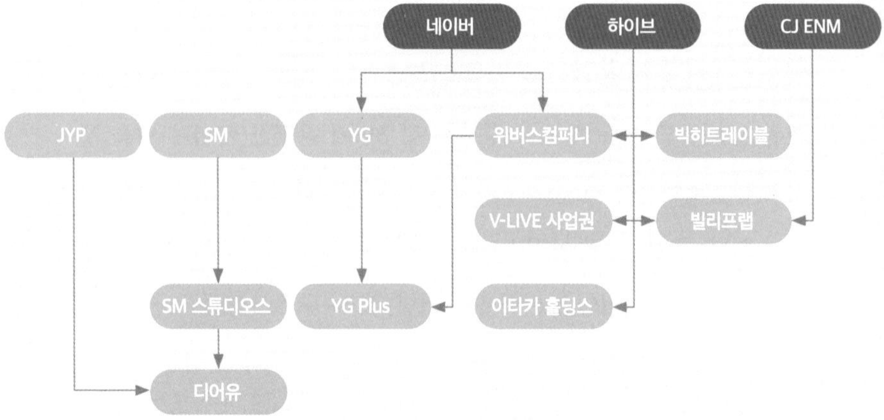

네이버는 위버스컴퍼니 지분을 49% 취득하면서 자사의 팬덤 콘텐츠 서비스인 V-LIVE를 하이브에 넘겼다. 이와 함께 하이브는 YG Plus의 지분 총 18%를 확보하고, 음반·음원 유통권을 맡기면서 YG와 전략적 사업 제휴를 강화했다. 이를 통해 네이버와 하이브는 2022년 상반기 중 위버스와 V-LIVE를 결합한 통합 서비스로 실시간 기능이 강화된 팬덤 플랫폼을 선보일 예정이다. 한편 YG와 하이브의 제휴는 블랙핑크와 트레저 등 YG 아티스트의 위버스 입점으로 순조롭게 연결됐다.

이 밖에도 SM은 JYP와 협력해 온라인 콘서트 플랫폼 비욘드 라이브를 설립했고, 네이버는 SM(계열사)과 YG에 각각 1,000억 원을 투자했으며, 하이브와 YG, JYP가 각각 네이버Z의 제페토에도 공동으로 투자하는 등 업계 내 대형 기획사와 플랫폼 기업 간의 협업 구도가 갈수록 공고해지고 있다. 뿐만 아니라 JYP는 국내 최대 코인 거래소 업비트를 운영하는 두나무와도 합작 법인을 설립해 아티스트를 활용한 NFT 사업을 추진할 계획이다.

지난 20년간 엔터 산업계 내 대형 기획사 간의 협업 사례가 거의 없었던 걸 고려하면 최근 업계 내외를 막론한 전방위적 협업 구도는 꽤 이례적인데, 거대한 전 세계 팬덤 시장 확보를 위해 경쟁보다는 협업을 택한 모습이다. 실제로 팬데믹 기간 동안 엔터 업계는 디지털 플랫폼을 적극적으로 받아들이면서 파트너의 필요성을 절실히 느꼈다. 웹툰에 이어 또 다른 콘텐츠 기반 성장 동력을 갈구했던 네이버와 카카오 등 IT 플랫폼들도 글로벌 K-팝 팬덤의 빠른 성장에 숟가락을 얹고자 하는 니즈가 있었다. 뒤이어 2021년 4월에는 더욱 깜짝 놀랄 규모의 딜이 있었다. 저스틴 비버와 아리아나 그란데 등 글로벌 톱 티어 아티스트 매니지먼트를 담당하는 이타카 홀딩스를 하이브가 인수한 것이다. 얼마 전 유니버설 뮤직 그룹UMG과의 파트너십 체결에 이어 또 다른 빅딜을 통해 전 세계에서 가장 영향력이 큰 아티스트 4명(저스틴 비버, 블랙핑크, BTS, 아리아나 그란데)이 범 하이브 동맹으로 들어오게 됐으며, 이 과정에서 하이브는 글로벌 엔터 산업계 최대 '인싸' 중 하나인 제작자 스쿠터 브라운Scooter Braun을 하이브의 사내 이사로, 소속 아티스트들을 주요 주주로 맞이했다.

K-팝만이 가진 팬덤의 막강한 화력과 이를 수익화하는 노하우는 역사가 깊은 미국 음악계에서도 여태껏 보지 못한 것이었다. 게다가 한국 기획사들은 팬덤 소비 행태에 맞춘 완성도 높은 플랫폼까지 마련해 놓았기 때문에, 미국의 정상급 레이블 입장에서도 팬덤 시장 진입

출처: BTS 트위터

콜드플레이와 BTS의 컬래버레이션 'My Universe'. 글로벌 톱 아티스트와 한국 아이돌과의 협업은 굳건한 K-팝 팬덤을 기반으로 더욱 확산될 것으로 보인다.

을 위한 좋은 파트너로 여겼을 것이다. 이타카 홀딩스 외에도 톱 셀럽들의 협업 제안이 쇄도하고 있는데, 최근 공개된 콜드플레이Coldplay와 BTS의 'My Universe' 합작은 특히 눈여겨볼 만하다. 2017년 내한 공연으로 한국의 팬 문화에 푹 빠진 콜드플레이가 최근 정규 앨범 뮤직비디오에서 활용했던 세계관을 BTS와 또다시 활용하면서, 향후에도 협업이 지속될 수 있음을 암시했기 때문이다.

국내 플랫폼과 기획사 간의 협업 구도 형성, 세계 최대 레이블 인수 작업이 단 6개월 안에 모두 일어난 것을 보면 K-팝, 나아가 글로벌 음악 팬덤 시장의 기회는 상당히 매력적으로 보인다. 미디어와 엔터 산업계에서 역시 '콘텐츠가 전부'와 같다는 생각을 또다시 절감하게 된다. 글로벌 톱 아티스트들이 먼저 협업을 제안하고 새로운 사업 모델을 함께 개발해 가는 과정에서 한국 업체들은 확실한 주도권을 잡았

디즈니와 K-팝 기획사 구조 비교

구분	디즈니		K-팝 기획사	
플랫폼 인프라	디즈니+, 훌루, ESPN+ (온라인)	디즈니랜드 및 굿즈 (오프라인)	위버스, V-LIVE	디어유, 비욘드라이브
	ABC, 폭스네트워크, FX (레거시)	BAM테크 (기술 지원)	키스위 (기술 지원)	비욘드라이브 코퍼레이션
콘텐츠 브랜드	스카이스포츠	마블엔터테인먼트	하이브계 레이블	SM
	내셔널지오그래픽	루카스필름	이타카계 레이블	JYP
	20세기폭스	픽사스튜디오	기타 레이블	YG, CJ, 기타

다. 대규모 공연 투어 재개와 함께 박차를 가하게 될 팬덤 기반의 K-팝 수익 모델 확장이 어느 때보다 기대되는 2022년이다.

넥스트 BTS를 꿈꾸는 K-팝 기대주는 누가 있을까?

스트레이키즈, NCT 출처: JYP, SM

다양한 장르가 적절히 섞여 완성된 음악과 비주얼적 자극, 그리고 세련된 안무 연출까지 그야말로 K-팝은 종합 엔터테인먼트의 정석이다. 이를 잘 알고 있는 연예기획사들은 각 그룹에 저마다의 특징을 부여하면서 넥스트 슈퍼스타를 육성하기 위해 노력하고 있다.

먼저 JYP의 차세대 기대주는 스트레이키즈다. 이들은 앨범 전곡을 자작곡으로 구성하는 거로 유명한데, 이렇듯 탄탄한 베이스에 매번 활동마다 파격적인 컨셉으로 강한 임팩트를 주고 있다. SM은 NCT에 계속해서 힘을 싣는 듯하다. 23인조 멤버들이 곡마다 멤버를 바꿔 유닛(U, 127, Dream)으로 활동하는 '로테이션' 체제라서 그룹에 익숙해지기도, 세계관을 이해하기도 쉽지 않지만, 오히려 이러한 진입장벽 덕에 결속력이 매우 강한 팬덤을 보유하고 있다. 하이브 소속의 투모로우바이투게더도 차세대 유망주다. '소년들의 성장 스토리'를 중심에 둔 서사가 이들의 친형 격인 BTS를 닮아 있는 한편, 독자적인 앨범 완성도를 인정받으면서 빌보드 순위에도 여러 번 이름을 올렸다. 이 밖에 YG에는 빅뱅, 아이콘, 위너에 이어 5년 만에 데뷔한 트레저가, 빌리프랩(CJ ENM과 하이브의 합작 기획사)에 엔하이픈이라는 유망주가 있다.

이렇게 'Next Gen' K-팝 팀들이 저마다의 강점을 내세워 활동 중인데, 유튜브와 팬덤 플랫폼 이용이 익숙해진 글로벌 팬들은 이들 대부분을 잘 받아들이고 있는 듯하다. 불과 1년 전과 지금의 앨범 판매량만 비교해봐도 알 수 있다. 스트레이키즈는 36만 장(2020년 6월 정규)에서 123만 장(2021년 8월 정규), 투모로우바이투게더는 41만 장(2020년 5월 미니)에서 84만 장(2021년 5월 정규)으로 폭증했고, 이는 특정 그룹이 아니라 K-팝 아티스트 전체에서 나타나는 현상이다. 덕질하기 더없이 좋은 환경에서 이제는 외국 팬들도 음반 구매를 시작하며 '돈 쓰는 팬덤'이 되기 시작했다. 전에 없는 K-팝 르네상스 시대, 이제 넥스트 슈퍼스타의 등장이 머지않았다.

CHAPTER

8

Blockchain.

NFT 시대, 크리에이터 이코노미를 만들어가다

블록체인과
토큰 이코노미의 현주소

블록체인이 지나온 길

팬데믹 2년 차였던 2021년 한 해 국민들이 가장 많이 접한 IT 기사는 블록체인과 가상화폐 그리고 NFT가 아니었을까. 팬데믹의 장기화와 가상(암호)화폐 트렌드 및 NFT의 출현이 블록체인 기술의 발전 속도와 맞물리면서, 이들이 허황된 이야기가 아니라 실체적 서비스가 될 수 있음을 증명해 냈다. 실제로 국내외에서 소셜 바이럴을 넘어 '블록체인 이코노미'를 만들어가는 서비스들이 속속 등장하고 있다. 4~5년 전, 시장을 강타했던 블록체인 화두가 기술과 서비스 태동 중심이었다면, 지금은 서비스로의 도약과 이코노미에 집중돼 있다.

이제 블록체인이라는 단어를 모르는 사람은 없겠지만, 이 기술을 정확히 설명하거나 관련 서비스들이 우리의 일상 어디쯤 와있는지 합의를 내리기는 쉽지 않다. 이에 마지막 챕터에서는 블록체인이 지나온 과거와 현주소를 함께 정리한 뒤, 차세대 크리에이터가 쏟아지고 있는 NFT 담론을 펼쳐보고자 한다. 또한 블록체인 일상의 시대를 만들어갈 엔터테이닝 서비스를 엿보면서 이 시장의 현재와 미래를 이야기할 것이다. 이를 통해 블록체인 기반의 엔터테인먼트 서비스, 즉 '블록미디어'를 독자들이 각자의 방법으로 정리할 수 있는 기반을 제공할 예정이다.

2017년에서 2018년 즈음, 당시 통신 기업의 미디어전략실 중간 리더였던 필자는 국내외에서 심심치 않게 튀어나오던 블록체인 서비스들을 매주 경영진에게 보고했다. 대기업과 금융권은 물론, 젊은 CEO들이 끌어가던 IT 스타트업조차도 그 실체와 이론은 알겠는데 사업적인 필요성까지는 잘 모르겠다던 시절이었다. 그런데도 '차세대 인터넷'이나 '금융의 미래'라 떠드는 블록체인 서비스의 움직임을 쫓아가는 것이 이노베이터의 필수 덕목인 것으로 인식됐고, 어느 누구 하나 "블록체인 기술은 허상이다", "상용화는 먼 미래의 일이다"라고 명쾌히 말해주는 전문가도 없었다.

당시 세간에는 인터넷에 글을 올리면서 돈을 버는, 즉 내가 쓴 포스팅이 투표Voting를 많이 받으면 가상화폐로 보상받는 블록체인 기반의 소셜미디어 '스팀잇SteemIt'이 화제가 되기도 했다. 네이버 블로그에 하루 수십 개의 댓글을 써도 자기만족을 얻는 데 만족해야 했던 청년들에게 스팀잇의 컨셉은 정당했고 똑똑했다. 또한, 글이라는 콘텐츠를 생산하는 창작자뿐 아니라 투표를 하는 이들에게도 수익을 배분하는 스팀잇의 시스템은 꽤 면밀한 설계로 비쳤다. 그러나 이후 사회 전반적으로 블록체인과 가상화폐에 대한 침체된 분위기가 이어졌고, '포스팅 - 댓글 작성 - 가상화폐 구매'까지 삼박자가 균형이 맞아야만 보상이 주어지는 원리를 뒤늦게 깨우친 이들이 늘어나며 스팀잇의 화제성은 점차 사그라들었다.

흔히, 한국은 정부가 금융시장에 개입하는 '관치금융국가'란 표현을 쓴다. 당시 금융당국은 매일 기록을 깨며 치솟는 비트코인의 가격과 이로 인한 투자 과열을 우려하던 상황이었고, 2017년 12월 금융감독위원회 부위원장은 급기야 공식적으로 "가상화폐는 금융 다단계인 폰지Ponzi 사기"라는 자극적인 발언을 한다. 가상화폐 거래에 규제가 들어갈 것임을 알리는 사실상의 경종이었다. 한편, 2018년 1월 JTBC의 긴급 토론 〈가상통화, 신세계인가 신기루인가〉에 패널로 참석했던 유시민 작가는 "가상화폐는 다 없어질 것"이라면서, "가상화폐를 도박 상품으로 취급해야 하며 중기적으로는 거래 사이트를 폐쇄해야 한다"라는 발언을 했다. 당시 그는 TV 예능에서 지적이고 재밌는 입담으로 인기를 끌고 있었고, 2000년대 대학가를 풍미했던 경제학 베스트셀러의 저자이기도 해 그의 가상화폐 경시 발언은 꽤 큰 파장을 불러일으켰다. 이렇듯, 금융당국의 규제 논란과 사회문화 전반의 우려가 이어지며 블록체인 및 가상화폐 시장은 저무는 듯싶었다. 실제로 2018년 12월 비트코인의 가격은 전년 대비 80% 가깝게 폭락했고, 중국발 채굴 업체들도 하나둘 폐업하기 시작했다. 개인적으로는 비트코인 말고는 딱히 손에 잡히는, 즉 '생활밀착형'이라고 부를 만한 블록체인 서비스가 없던 것도 이러한 흐름에 한몫했을 것으로 보인다.

태동기를 지나 서비스 확장으로

그런데 지금은 어떤가? 2020년 글로벌 팬데믹이 시작된 이후, 블록체인 기술이 적용되는 산업과 기업에 대한 소식은 매일 뉴스 헤드라인을 장식하고 있으며, 비트코인의 가치 역시 하루가 멀다하고 상승 중이다. 2021년 10월 기준, 비트코인의 가격은 6만 7,000달러(약 8,040만 원)로 또다시 사상 최고가를 찍고 있다. 2018년 말 전체 직원의 70%를 구조조정했던 스팀잇 역시 2021년 스팀달러STD라는 코인 시세가 강세를 보이고 있으며, 월 사용자 100만 시대의 문을 열었다. 이 같은 현상이 앞서 2017~2018년의 상승세와 다른 점은 기업과 기관, 심지어 지자체들이 함께 움직이고 있다는 사실이다. 이들은 앞다퉈 블록체인 프로젝트에 착수하거나 가상화폐를 발행하겠다는 계획을 밝혔으며, 특히 2020년 11월 KB국민은행은 가상화폐 중심의 디지털 자산관리 기업(한국디지털에셋KODA)에 대한 지분 투자를 발표하기도 했다. 출자 금액은 수억 원대로 미미한 수준이지만, 은행권 최초의 행보라는 점에서 제도권에서의 본격적인 움직임으로 해석할 수 있다. 해외 시장 역시 마찬가지다. 2021년 7월, 그간 꿈쩍도 하지 않던 글로벌 투자 은행 JP모건마저도 모건스탠리와 골드만삭스에 이어 가상자산 펀드 판매를 본격화할 것임을 알렸다.

이에 따라 비트코인으로 결제할 수 있는 영역도 점차 늘어나, 현재 전 세계 3,000만 개 가맹점에서 가상화폐의 결제가 가능하다. 국내에서는 아직 페이코인PCI(국내 기업 다날이 만든 가상화폐 결제 서비스. 공격적인 제휴를 통해 국내 7만여 개, 해외 3,000만여 개의 가맹점을 확보했으며 페이코인 앱에서 비트코인 결제를 지원하기도 함) 중심이긴 하지만 편의점을 비롯해 이마트, CGV, 교보문고, 버거킹 등으로 결제 범위가 확장되고 있다.

불과 3년 만에 사회 전반의 분위기가 이렇게 달라진 이유는 무엇일까? 지금까지 새로운 기술이 사회의 패러다임을 바꾼 전력을 볼 때, 급격한 기술발전 속도에 따라 블록체인과 가상화폐 시장의 진화는 과거 신용카드의 일상화나 인터넷 대중화보다 훨씬 더 빠를 것이라는 원론적인 답을 낼 수도 있을 것이다. 하지만 필자의 경우, 코로나가 촉발한 초저금리 시대가 투자처에 대한 갈증을 가져왔고 이로 인한 '디지털프렌들리' 문화가 디지털 자산에 대한 반감과 우려를 동시에 낮춘 게 아닐까 추측해본다.

그렇다면 과연 그동안 블록체인 기술의 진화가 이뤄졌으며 관련 서비스는 사람들의 일상 속으로 확장됐을까? 아쉽게도 지난 3년간 블록체인 기술의 고질적인 문제인 처리 속도는 크게 개선되지 않았다. 가장 대중화된 비트코인의 경우에도 결제 처리 속도는 1초당 7~10개 수준으로, 기존의 IT 시스템들과 비교해 속도 효율성이 한참 떨어진다. 향후 블록체인 서비스들이 하나둘 출시되고 가상화폐 거래가 일상화

이전까지는 가치 저장 수단으로 활용되던 가상화폐가, 최근 들어 결제 수단으로 급부상하고 있다.

된다고 하더라도, 폭증하는 거래량을 수용하기 위해서는 또 한 차례의 선제적인 기술 혁신이 필요하다는 평가다. 이쯤에서 정리하자면, 가상화폐가 디지털 자산이 됐다는 것은 분명하나, 변동성이라는 본질적인 문제와 처리 속도 등의 이슈로 현금 대체재가 되기까지는 시간이 필요하다는 것이다.

토큰 이코노미 시대가 온다

본격적으로 미디어 산업에서의 블록체인 담론으로 들어가 보자. 블록체인 기술이 적용될 경우, 콘텐츠와 엔터 산업에서는 무엇이 어떻게 달라질 수 있을까? 수년 전부터 반복하던 "콘텐츠의 지적 재산권을 보호할 수 있고, 콘텐츠를 효율적으로 유통할 수 있으며, 콘텐츠 사업자들에게 공정한 수익 배분이 가능하다"라는 논리는 이제 식상함을 넘어 무책임할 지경이다. 새로운 기술은 기존 패러다임의 불편함에 대한 공공연한 인식이 있을 경우에 실질적인 의미가 있기 때문이다.

사실 극장, IPTV, OTT 같은 대형 온·오프라인 플랫폼들에 B2B 방식으로 제공되는 영화나 드라마의 투자 유통 구조는 앞서 언급된 콘텐츠의 효율적인 유통이나 공정한 수익 배분의 문제들과 관련성이 낮다. 미디어 산업에서의 블록체인 기술의 적용은 오히려 수익 정산을 받아야 할 소유권자가 복잡한 음악 플랫폼(유통사 40%, 제작사 44%, 저작권자 10%, 실연자 6% 내외)이나, 유튜브와 페이스북처럼 자발적으로 콘텐츠를 업로드하거나 딱히 콘텐츠 생산자에게 수익 모델이 없는 소셜

미디어 플랫폼 등에서 현실적인 설계가 가능할 것이다. 관련해 2018년즈음부터 "우리는 블록체인 세상에서 링크드인, 페이스북, 스포티파이가 되겠노라"며 대안 서비스들이 하나둘씩 등장해왔다. 그러나 이들은 빅머니가 흐르는 주류 플랫폼도 아니었고, 사람들이 기존 소셜미디어에서 큰 불편함을 느끼지도 않았기에 시장에서 영향력을 발휘하지 못했다. 무엇보다 대중들은 사업자 간의 수익 배분 문제에 큰 관심이 없었으므로 블록체인 미디어 서비스의 대중화는 더딜 수밖에 없었다.

앞서 블록체인 기술과 가상화폐의 저변 확대를 위해서는 생활밀착형 서비스가 등장해야 한다고 했는데, 이는 콘텐츠 산업에서도 마찬가지다. 즉, 기술의 본질에 입각한 사업자 간의 수익 배분이나 저작권 보호에 대한 강박을 내려놓은 엔터테인먼트 서비스가 필요하며, 이에 더해 사용자에게 경제적인 보상으로 참여를 유도하는 서비스 설계가 필요하다. 이것이 바로 토큰이 거래 수단의 중심이 되는 경제 체제인 '토큰 이코노미'다. 물론 블록체인 기반의 콘텐츠 플랫폼 역시, 넷플릭스나 유튜브, 인스타그램 등과 마찬가지로 콘텐츠의 질과 양 그리고 UI·UX 사용 편의성이 가장 중요하다. 다만, 블록체인 기술에 기반하므로 월정액 구독이나 광고 수익 형태의 비즈니스 모델 대신, 보상 거래 중심의 토큰 이코노미가 얹혀지는 구조인 것이다.

NFT 시대,
비즈니스 크리에이터를 키우다

NFT, '대체 불가능함'의 가치를 말하다

2021년 7월 말, 미국의 경제 전문 방송 CNBC는 애플 창업주 스티브 잡스가 1973년에 직접 작성한 입사 지원서가 경매에 나왔다고 보도했다. 지원서를 보면 잡스는 전자공학과 기술 설계에 관련된 일을 찾고 있었으며, 컴퓨터와 계산 능력을 보유했다고 적었다. 이번 경매는 원본인 종이 지원서와 이를 디지털로 복원한 NFT가 동시에 경매에 부쳐져 주목을 받았다.

보도를 접하고 필자는 경매를 기획했다는 영국의 기업가 올리 조쉬Olly Joshi에게 감사의 이메일이라도 보내고 싶은 심정이었다. 하루에도 수십 건씩 NFT와 가상자산에 대한 보도가 쏟아져 나오는 요즘, 실

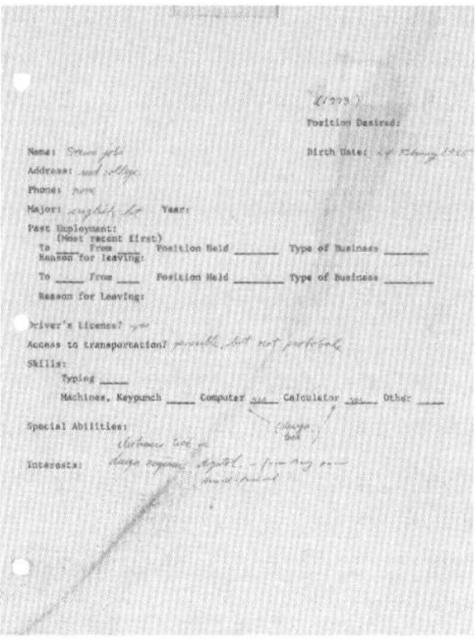
(1973)

Position Desired:

Name: Steven jobs

Birth Date:

Address: reed college

Phone: none

Major: english lit Year:

Past Employment:
(Most recent first)
To ____ From ____ Position Held ______ Type of Business ______
Reason for leaving:

To ____ From ____ Position Held ______ Type of Business ______

Reason for Leaving:

Driver's License? yes

Access to transportation? possible, but not probable

Skills:

Typing ____

Machines, Keypunch ____ Computer yes Calculator yes Other ____

Special Abilities:

Interests:

출처: stevejobsjobapplication.com

NFT 경매에 등장한
1973년 스티브 잡스의 자필 입사 지원서.

물자산과 가상자산에 대한 현시점의 시장 가치가 혼란스럽던 터다. 조쉬 역시 몇몇 인터뷰에서 "종이 원본과 NFT 중 어느 버전이 더 많은 입찰자를 모으며, 더 높은 가격을 받고 더 빠른 속도로 팔릴지를 테스트할 것"이라며 "과거(종이 원본)와 현재(NFT)의 대결이라는 점이 흥미롭다"라고 했으니, 마침 지금 시장이 딱 원했던 경매의 모습이다. (경매 결과는 서류 원본의 낙찰가가 34만 3,000달러, NFT는 2만 3,000달러였다.)

이미 여러 번 반복해 설명했지만, 다시 한번 NFT를 짧게 정의하자면 '특정된 디지털 자산에 대한 소유권'이라고 할 수 있다. 다만, 기존의 가상자산과는 달리 고유한 인식 값(표식 등)이 포함돼 상호 대체가 불가능한 토큰이다. 바로 이 지점이 NFT를 '화폐'가 아니라 대체 불가능한 '토큰'이라고 부르는 이유다. 즉, 블록체인 기술로 탄생한 유일무이한 디지털 자산 소유권인 셈이다. 여기에서 고유한 인식 값이 부여된다는 것은 곧 '복제 불가능'을 뜻하므로 그간 NFT는 '진위'가 중요한 예술품 거래에서 주로 활용돼 왔다.

세계 최초의 NFT는 캐나다 기업 엑시엄 젠Axiom Zen이 2017년 출시한 '크립토키티CryptoKitties'라는 블록체인 기반의 게임이었다. 알다시피 이 게임의 컨셉은 가상 세계 속 고양이들이 블록체인 기술로 고유의 유전자를 받아 현실의 고양이처럼 소유물로서의 가치를 가지게 된다는 것이다. 당시, 이렇게 새 생명을 받아 팔렸던 NFT 고양이 중에서는 현재 가격이 120만 달러(약 14억 4,000만 원)까지 치솟은 것도 있다. 자신들이 소유한 디지털 자산(고양이)에 복제 방식이 아닌 유일무이한 고윳값을 불어넣어 소유의 가치를 부여했고, 이로써 NFT라는 '듣보잡' 경제 시스템이 최초로 탄생하게 된 것이다.

예술품부터 음악, 게임, 스포츠, 패션까지

이후 NFT는 예술품 시장에서 MZ세대와 만나며 시너지가 폭발하더니 최근에는 음악, 게임, 영상, 스포츠, 패션 등 디지털 콘텐츠 전역의 '제작 - 유통 - 판매' 과정으로 확장해 가고 있다. 실제로 NFT 콘텐츠별 구성을 살펴보면 메타버스나 캐릭터, 예술품 외에 게임과 스포츠의 점유율이 급격하게 증가하고 있다. 2021년 1분기 기준, NFT의 시장 규모는 20억 달러(약 2조 4,000억 원)로 전년 대비 5배를 훌쩍 넘겼는데, 3분기에 접어들면서는 매월 거래량이 8억 9,000달러(약 1조 680억 원) 수준에 달하고 있다. 팬데믹 시작 초기부터 조금씩 꿈틀거리던 NFT 시장이 2021년 들어 제대로 터진 것이다. 그간 반쪽짜리 기술 같았던 블록체인에 대한 인식 때문에 여전히 "마치 NFT가 새로운 세상으로 연결

••• 급격히 성장하는 NFT 시장 규모

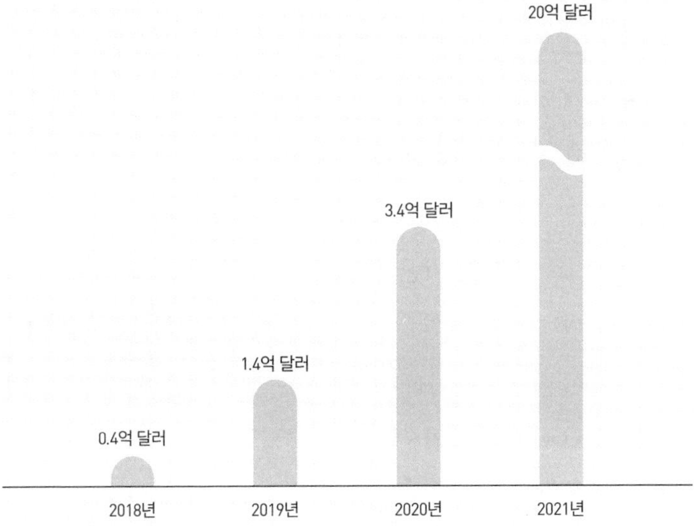

출처: Non-Fungible.com, SK증권

해 줄 것이라는 생각은 착각이다"라는 평도 있으나, 그럼에도 불구하고 지금 전 세계는 'NFT 크리에이터'와 그들이 만들어내는 새로운 시장에 열광하고 있다.

온갖 매체에서 떠드는 NFT 담론들과 쉴 틈 없이 쏟아지는 정보의 홍수 속에서도 특히 흥미로운 점은 NFT 시장과 MZ세대가 바늘과 실처럼 붙어있다는 사실이다. 아날로그와 IT 디지털 문화를 고루 겪으며, 공동체가 주는 안정감과 개인적인 독립의 자유를 모두 경험한 이전 세대(이들을 《트렌드 코리아 2022》에서는 '엑스틴X-teen'으로 명명하고 2022년의 10대 키워드로 뽑았다)와 달리, MZ세대의 경우 성장 과정에서 사회적 양극화와 불신을 겪으며 박탈감을 크게 느낀 세대다. 이런 특징으로 인해 그들은 저축보다는 투자에 관심을 보이고, 사회적 소속감보다는 경제적 독립을 우선시하는 경향이 있다. 2021년 6월 세종텔레콤이 발표한 자료에 따르면 MZ세대 3명 중 2명은 조기 은퇴를 위해 가능한 많은 금액을 투자하며 경제적인 자립을 원하는 것으로 드러났다. 이러한 세대적 성향과 사고관 그리고 해당 연령대만큼의 크지 않은 시드머니가 그들을 조각투자, 가상자산, 리셀재테크로 향하게 한 것이다. MZ세대가 관심을 갖는 것들의 기반에는 모두 블록체인 기술과 NFT가 있다. 조각투자란 말 그대로 물건을 조각처럼 쪼개어 투자하는 것이고, 전통적인 실물이 아닌 가상자산에 투자하는 것은 지금 비트코인을 넘어 '어스2Earth2.io'(제2의 지구) 같은 가상 부동산 플랫폼으로까지 확장됐다. 이 모두가 현행법과 투자금 정산 이슈, 소유권 인증과 거래 이력 공유 등의 어려움으로 실제가 아닌 블록체인 기술 기반에서 이뤄지고 있다.

NFT 콘텐츠별 점유율

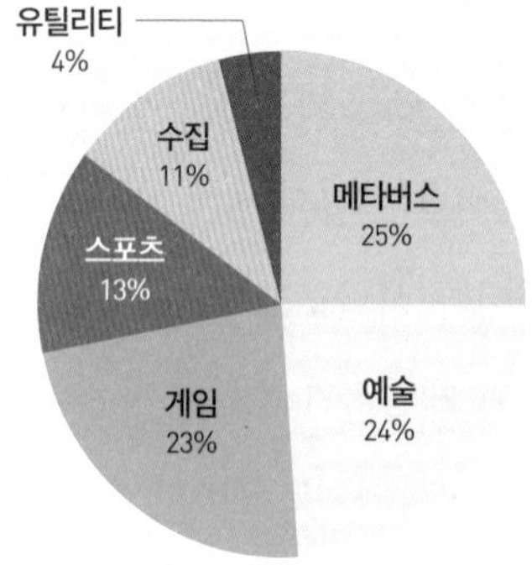

출처: 논펀지블닷컴

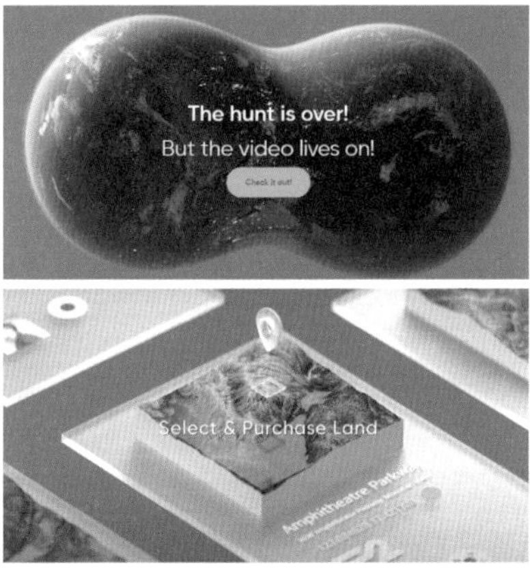

출처: Earth2.io

가상 부동산 투자 플랫폼인 '어스2'. 어스2를 통해 마치 우리가 부동산(땅)을 사고 그 시세차익을 누리듯이 내가 구매한 가상 부동산을 거래해 차익을 얻을 수도 있다.

특히, 가상 부동산 투자 플랫폼인 어스2의 경우 구글맵을 기반으로 전 세계 지도를 작은 타일로 나누고 그 타일을 돈을 주고 사는 시스템인데, 어스2의 서버인 아마존과 결제 솔루션인 페이팔의 주식까지 상승했다고 하니 그 인기를 알 수 있는 대목이다.

다양한 NFT 크리에이터의 등장

MZ세대는 앞서 언급한 사회문화적 배경 외에도 IT 플랫폼에 익숙한 '디지털 네이티브'로 성장한 탓에 새로운 패러다임에 대해 주저함이 적다. 그들의 DNA는 블록체인과 NFT에 기반한 새로운 거래를 스스로의 방식으로 검증하고 습득하게 만들었다. 여기에 '나만 좋으면 그만', '대중픽보다는 마이픽'으로 움직이는 그들의 '온 마이 웨이On My Way' 채집 성향은 컬렉션에 최적화된 NFT 시장과 너무나도 잘 맞아떨어진다.

NFT 플랫폼들이 작가 프로필이나
콘텐츠 포맷에 일절 관여하지 않는다는 점도
지금 시장에 **NFT 크리에이터**들이 대거 쏟아지는 이유 중 하나다.

이러저러한 제도권 산하의 관습이나 작가 선별, 등단이나 데뷔 같은
지난한 과정 없이 크리에이터들은 본인의 의지만으로
새로운 형태의 콘텐츠를 등록·발행하고 판매할 수 있다.

한국 시장 역시, 'K-NFT 크리에이터'라는 용어가 일반화되며 관련 플랫폼들이 속속 등장하고 있다. 심지어 〈NFT 크리에이터 작품 공개 모집〉이라는 공모전들도 드문드문 보인다. 2000년대 초반 한국 영화 산업이 최전성기를 맞이했을 때, 다양한 기업과 기관에서 〈신인 시나리오 작가 공모전〉이 유행처럼 번지던 시절이 있었는데, 마치 지금이 바로 그때의 꿈틀거림과 비슷한 듯하다.

한편, 가상자산과 실물자산 투자 간의 선순환 사이클도 나타난다. 가상화폐나 NFT 기반의 예술품 투자로 높은 수익성을 맛본 MZ세대 컬렉터들이 다시 고액의 실물투자 시장에 진입하는 트렌드가 보이는 것이다. 세계 최대의 아트페어 주관사인 아트바젤Art Basel과 후원사인 UBS가 펴낸 〈2021 미술시장 보고서The Art Market 2021〉에 따르면 10개국의 고액 컬렉터 중 MZ세대 비중이 56%에 달하는 것으로 조사됐다. 즉, 지금 전 세계 MZ들의 머릿속에는 '100만 원짜리 조각투자부터 수억 원대 이상의 거액까지' NFT를 기반으로 한 자본주의식 투자 논리가 가득하다는 뜻이다.

●●● **고액 미술 투자 시장의 MZ세대 비중**

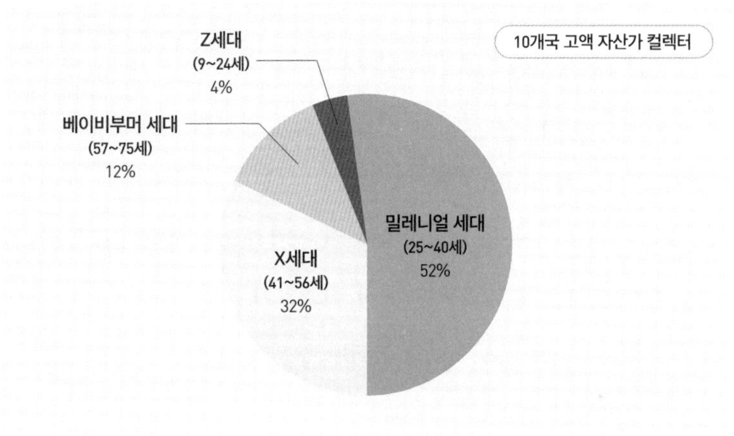

출처: 아트바젤, UBS 〈2021 미술시장 보고서〉

그런데 NFT 시장은 이제 더 이상 MZ세대의 전유물이 아니다. 2021년 7월에는 간송미술관이 국보 70호인 〈훈민정음해례본〉을 NFT로 제작해 판매한다는 계획을 알리며 주목을 받았다. 이는 국가적 문화유산이 NFT 시장으로 들어온 세계 최초의 사례로서, "국보가 실물이 아닌 NFT로 거래된다"라는 다소 자극적인 헤드라인으로 각종 매체를 도배했다. 간송미술관은 〈훈민정음해례본〉 NFT를 1점당 1억 원씩 총 100명에게 판매할 예정이며, 외국인을 위한 구매 채널도 마련했다고 밝혔다. 또한 문화유산의 NFT화에 대한 세간의 관심과 우려를 의식한 듯, NFT 발행이 원본을 절대 훼손하지 않음을 강조했다. 이번 판매는 한 달 만에 80여 점이 팔려나가며 큰 성공을 거뒀으며, 2021년 11월 4일 개막한 국내 최대의 NFT 행사 'NFT BUSAN 2021'에서 대중에게 최초로 공개되기도 했다. 이로 인해 간송미술관의 차기 프로젝트가 연이어질 것으로 보이는데, 실제로 국보인 〈청자 상감운학문 매병〉 등이 NFT 그림 카드 제작을 앞두고 있다. NFT 시장에서 콘텐츠의 양과 질이 또 다른 차원으로 한 단계 더 도약할 것으로 기대되는 부분이다. 콘텐츠의 수익화 창구가 신기술을 업고 확장돼 간다는 점에서는, 극장과 DVD, 케이블TV 매출에 갇혀있던 영화 상품에 2006년 IPTV 서비스라는 새로운 유통 채널이 더해진 맥락과도 흡사하다고 볼 수 있지만, 원본 콘텐츠에 대한 평가절하 리스크와 시장 선례가 전혀 없다는 측면에서는 설왕설래가 있을 듯하다.

앞으로의 과제와 NFT 콘텐츠의 미래

NFT의 활성화를 위해 해결해야 하는 가장 핵심적인 과제는 단연 저작권이다. 앞서 NFT는 블록체인 암호화 기술을 이용해 고유의 인식 값을 부여받는다고 했으므로 상식적으로 저작권 침해에서 더 안전한 것이 아닌가 생각할 수 있는데, 이는 절반은 맞고 절반은 틀리다. 우선 맞는 부분을 보자. 디지털 파일에 콘텐츠의 이름과 거래내역 등 다양한 정보가 기록돼 있으니, 원칙적으로 토큰 하나하나는 독립성을 갖고, 이는 대체가 불가능하다. 즉, 토큰 자체가 디지털 원본 증명서의 역할을 하니 여기까지는 저작권 이슈가 없다. 저작권 문제는 이후 발생한다.

먼저 '무엇을 거래하는가'라는 NFT의 본질적인 문제이다. 현 기술 수준으로는 블록체인 서비스에서 해당 콘텐츠를 직접 제공할 수 없기 때문에 링크로 연결된다. 즉, 내가 '디지털 세상에서 소유한' 콘텐츠는 메타데이터 링크를 통해서만 볼 수 있는 것이다. 그런데 이러한 링크 서비스를 제공하는 인터넷 거래소의 영구적인 존속성을 보장해주는 기관이나 제도는 아직 없는 실정이다. 다음으로 콘텐츠를 NFT화하는 민팅 과정에서 저작권 침해의 여지가 존재한다. 예를 들어 저작권자가 아닌 소유권자도 NFT로 콘텐츠를 생산할 수 있는데, 이는 명확히 콘텐츠 전송권과 복제권 침해에 해당한다. 또한 민팅 과정에서 거래 조건을 포함한 콘텐츠 정보를 오류로 입력해 거래하는 경우도 문제가 된다. 그 외, NFT 콘텐츠 거래 시 체결하는 스마트 계약이나 NFT 거래소들의 법적 보호 수위 등 현행법의 적용 여부 등도 명확한 정리가 필요하다.

한편, 2021년 9월 〈업비트 개발자 컨퍼런스 UDC 2021〉의 강연자로 나섰던 서울옥션블루 이정봉 대표는 "향후 서울옥션블루와 제휴된 LG 스마트TV에 NFT 콘텐츠가 들어간 디지털 지갑을 탑재해 국민 모두가 거실에 NFT 한 점씩은 두게 될 미래가 멀지 않았다"라고 말하며 NFT 콘텐츠의 대중화에 대한 의견을 밝혔다. NFT는 투자 관점의 경제적 효과도 있지만, 공동투자의 경우 근접성이 떨어진 스타 작가나 A급 아티스트들의 작품을 연계하면서 팬덤의 정량적 규모도 동시에 키울 수 있다. 즉, 크리에이터 입장에서는 기술인지 콘텐츠인지 모를 지경이던 NFT라는 신문물이 상품의 수요 모델까지 건강히 만들어주는 것이다.

앞서 다룬 크립토키티의 '가상 고양이 입양 → 육성 → 판매의 생태계'처럼 실존 아티스트에서 출발해 크립토 콘텐츠로 확장되는 트렌드도 보인다. 본서의 공동 저자이자 글로벌 틱톡커인 듀자매는 흔히 크립토 유저라고 불리는 가상자산 구매층을 타깃으로 전 세계 최초의 크립토 아이돌인 '엑시 시스터즈'를 결성했다. 쉽게 듀자매의 '크립토 부캐'라고도 할 수 있는 엑시 시스터즈는 현재 전 세계 흥행 돌풍의 주역이자 이후 자세히 설명할 '엑시 인피니티Axie Infinity'라는 블록체인 게임 회사의 투자를 받았다.

엑시 시스터즈는 2021년 8월, 세계 최대의 NFT 마켓 '오픈씨Opensea'에서 4번에 걸쳐 총 28개의 NFT 콘텐츠를 발행하고, 모두 완판이라는 성공 사례를 남겼다. 엑시 시스터즈는 인터뷰를 통해 "전 세계의 NFT 담론이 트위터에서 시작한다는 것을 중요하게 읽고, 엑시 시스터즈의 트위터 계정에서 NFT 드롭 이벤트를 하는 등 트위터에서의 팬덤 확장에 집중했다"라고 밝혔다(익히 알려진 대로 트위터의 CEO인 잭 도시는 블록체인, NFT, 암호화폐계의 이노베이터다). 또한 "NFT 구매자에게는 컬렉터블Collectible 요소(수집욕)가 핵심이라는 것을 이해하고, NFT를 수집이 가능한 카드 형태로 제작한 것도 신의 한 수였다"라고 언급하기도 했다. 현재 엑시 시스터즈는 2021년 11월부터 뉴욕에서 음원 발매와 뮤직비디오 촬영을 시작으로 메타버스 아이돌로서 활동을 시작했다. 또한, 색다른 소재의 연출로 잘 알려진 캐리 웨프린Carrie Weprin 감독의 가상화폐에 관한 넷플릭스 다큐멘터리 〈이더리움〉(가제)에 인터뷰이로 출연하는 등 크립토 분야의 문화 창조자로서 다양한 활동을 이어갈 계획이다. 그뿐만 아니라 트위터에서 10만 팔로워를 확보하면 소셜코인을 발행한다는 계획을 밝히기도 했다.

다시 처음으로 돌아가서, 잡스의 1973년 입사 지원서 원본과 NFT 사이의 가치 산정 기준이 결국 희소성이라면, 우리는 또 한 번 '종이'

출처: 오픈씨

가상자산 구매층을 타깃으로 한 세계 최초의 크립토 아이돌 '엑시 시스터즈'. 2021년 8월, 오픈씨에서 발행한 28개의 NFT 콘텐츠가 모두 완판되는 등 크립토 분야의 문화 창조자로서 성공 사례를 이어가고 있다.

원본과 '디지털' 원본에 대한 우선순위를 결정해야 하는 입장에 서게 된다. 이쯤 되면 지난 2021년 3월, 영국의 블록체인 기업인 인젝티브 프로토콜Injective Protocol이 그라피티 작가이자 영화감독인 뱅크시Banksy의 작품 〈모론Morons〉을 NFT로 변환한 뒤, 실물 작품을 불태우는 퍼포먼스를 한 이유도 이해될 만하다. 즉, 오리지널 작품을 불에 태움으로써 NFT 작품을 현실 세상과 디지털 세상 모두에서 대체 불가한 오리지널 상품으로 만든 것이다. 이에 대해 보수 평론가들은 "실물이 사라져야 NFT가 진품이 된다는 것이니 NFT 작품의 한계를 스스로 드러낸 퍼포먼스"라고 평가 절하하기도 했다. 하지만 분명한 건, NFT 작품은 불에 탈 수도 없다는 사실이다. 설사, 제3차 세계대전이 발발하더라도 월드와이드웹WWW의 세상에서 NFT 작품은 영원할 테니 말이다.

블록체인 일상의 시대,
#호모내러티브쿠스를 건드려라

일상을 파고드는 서비스가 필요하다

앞서 언급했듯이, 국내외 각종 포럼과 논문에서 수년째 강조하는 콘텐츠 및 엔터테인먼트 산업에서 블록체인 기술의 의미는 "콘텐츠의 지적 재산권을 보호할 수 있고, 콘텐츠를 효율적으로 유통할 수 있으며, 콘텐츠 사업자에게 공정한 수익 배분이 가능하다"라는 것이었다. 그런데 이 의미는 한결같이 사업자 중심의 논리라는 점에서 문제가 있다.

블록체인 서비스 역시 기술의 혁신이나 효과를 드러내기보다는 사용자가 일상에서 쉽게 즐기거나 편리함을 체감하는 것이 중요하다. 사용하지 않는 기술은 박제된 호랑이에 불과하기 때문이다. 물론 지금까지 비트코인 정도로만 인지되던 블록체인 서비스가 최근 들어 금융업과 의료업, 개인 인증, 예술품 감정, 스마트 계약 등으로 확장되고 있음은 고무적이다. 얼마 전에는 블록체인 기술로 한우의 건강관리를 하겠다는 축산물 추적 플랫폼이 발표되기도 했다. 그러나 이는 모두 사용자 분포도와 생활 편의성 관점에서 임계 질량에 못 미치는 수준이다. 이 둘을 모두 만족시킬 때 생활 플랫폼이 되고 킬러 서비스가 된다는 점에서, 지금 블록체인계에는 유튜브와 카카오톡, 마켓컬리와 같은 서비스가 필요한 시점이다.

일부 전문가들은 블록체인 서비스의 대중화를 위해는 시민 생활형 서비스를 기획하고 여기에 블록체인 기술을 가볍게 얹히며 사용자와의 심리적 거리감을 좁히는 전략이 필요하다고 말한다. 하지만 해당 기술이 있어도 되고 없어도 되는 서비스라면, 과연 그것을 블록체인 앱이라 부를 수 있을까? 따라서 블록체인형 킬러 서비스 역시 해당 기술의 단순 적용을 넘어, 반드시 블록체인 기술이어야만 함을 전제로 삼아야 한다. 이러한 방향성 위에서 시대적 결핍을 채워주는 '언택트 라이프형'과 인간의 유희에 충실한 '엔터테인먼트형'의 두 갈래로 좁혀질 것으로 예상된다. 언택트 라이프형의 경우 일상에 초밀착된 모바일 메신저와 시대적 니즈에 부합하는 온라인 커머스가 결합한 서비스일 것이라는 의견이 지배적이다.

엔터테인먼트형 서비스의 사례를 살펴보자. 대중에게 즐길 거리를 제공하며 일상에서 즐거움을 주는 블록체인 서비스로는 '썸씽SOMESING'이라는 B2C 노래방 앱이 대표적이다. 음원 생태계 속에 복잡하게 얽혀 있는 이해관계와는 별개로, 오롯이 가무를 즐기려는 한국인의 '흥'에서 출발한 소셜 노래방 앱이다. 썸씽은 누구나 노래를 불러 그

출처: 썸씽

노래를 부르면 토큰으로 보상받는 블록체인 기반의 소셜 노래방 앱 '썸씽'.

영상 콘텐츠가 인기가 있으면 썸씽 내의 토큰인 'SSX SOMESING Exchange'로 보상받는 구조다. 크리에이터(노래 가창자 및 듀엣을 하는 파트너)와 노래 후원자들 간에 토큰이 분배되는 최초의 노래방 이코노미 시스템을 설계했으며, 가창 자체에 집중하는 이용자의 니즈에 맞춰 고음질과 믹싱, 볼륨 퀄리티 같은 하이엔드 기술에도 집중하고 있다.

썸씽의 운영사인 이멜벤쳐스 김희배 대표는 "토큰보다는 '노래하는 사람을 만족시켜야 한다'라는 노래방의 본질에 집중한 결과, 사용자 대부분이 고음질의 퀄리티로 서비스에 진입한 뒤 이후에 연결된 토큰 보상을 학습하게 되는 형태"라고 밝혔다. 일반인이지만 썸씽에서만큼은 최고 수익을 내는 인기 크리에이터의 경우에는 청취자 팬들과 독특한 유행어를 만들어 소통하거나 복면을 쓰고 노래하는 등 엔터테이닝 요소들을 더하며 유대감을 쌓아가고 있다.

그간의 IPTV 노래방이나 모바일 노래방 앱들처럼 유료 서비스일 필요가 없는 건 블록체인과 연계된 보상이 플랫폼, 크리에이터(가창자), 청취자, 저작권료 등으로 분배되는 구조이기 때문이다. SSX 토큰은 가상화폐 거래소인 업비트와 빗썸에 상장돼 있으며, 2021년 6월부터는 개별 거래소를 통한 현금화도 가능해졌다. (썸씽 앱 내의 '나의 SSX 잔액' 메뉴에서 출금을 신청하면 본인의 카카오 클립 지갑으로 옮겨지는 구조다.) 썸씽에서 최고 수준의 강한 팬덤을 가진 셀럽급 크리에이터의 경우, 누적 1,000만 원대 이상의 수익을 가져간 것으로 알려져 있다. 이렇게 썸씽은 팬데믹의 수혜 속에서 '방구석 노래방'이라는 콘셉트로 누적 다운로드 50만 회, 일 사용자 2만 명이라는 기록을 남기며 순항 중이다. 드라마 OST 제작, 음악 오디션 등 TV 프로그램들과의 협업도 활발하며, K-팝 신드롬이 강한 국가들에 순차적으로 출시하는 점 역시 썸씽의 시장성을 한껏 끌어올릴 것으로 기대된다.

#호모내러티브쿠스와 NFT 마켓

필자는 가끔 공식석상에서 콘텐츠 산업을 풀어낼 때, 콘텐츠에 대한 인간의 본성을 내러티브narrative, 즉 이야기와 서사에 집중하는 '호모내러티브쿠스'로 표현하곤 한다(물론, 사전에 이런 단어는 없다). 지난한 역사를 통해 인류는 자신을 뽐내고 싶어 하며, 허구의 이야기를 만들어 내고 또 듣고 싶어 하는 본성이 있음을 보여줬다. 결국 이러한 인간의 본성이 콘텐츠(스토리) 창작을 이어온 힘이고, 신화와 종교, 연극 그리고 지금의 과학을 완성시켜 왔을 것이다. 그렇다면 블록체인형 킬러 서비스 역시 많은 사람들이 보다 쉽게 생산하고 소비하는 분야인 스토리텔링 엔터테인먼트나 소셜미디어에서 등장할 가능성이 클 것으로 기대된다.

현재까지 나온 콘텐츠 기반 블록체인 서비스 중에서 확장성이 가장 높은 것은 NFT로 발행된 콘텐츠를 개인이 자유롭게 거래하는 'NFT 마켓'이다. 그중에서도 사진, 그림, 동영상 등 1,500만 개 이상의 콘텐츠를 보유하고 있는 오픈씨가 대표적이다. 오픈씨는 2021년 7월, 15억 달러(약 1조 8,000억 원)의 기업가치를 인정받으며 전 세계에 NFT 콘텐츠 거래가 독립적인 산업이 될 것임을 증명함과 동시에 유니콘 기업의 반열에 올랐다. 오픈씨는 세계 각지에 흩어져 있는 NFT 서비스에서 발행된 콘텐츠들을 연결하고 모아 NFT 개인 장터를 열었으며, 그 거래량은 2020년 가을부터 2021년 초까지 100배 이상 증가했다. '콘텐츠의 창작과 공유' 그리고 '자산 소유'라는 인간의 본성을 건드리고 '오픈 플랫폼의 확장성'까지 갖추면서 삼박자가 고루 맞아떨어진 셈이다. 아직까지는 영상 콘텐츠보다는 그림이나 사진 중심의 거래소이지만, 점차 게임 아이템이나 도메인 거래도 늘어나는 중이다. 오픈씨를 통해 NFT 콘텐츠에 대한 사회의 인식 변화와 그에 따른 확장성을 지켜볼 만하다.

국내에서는 가장 단단하게 블록체인 생태계의 벨류체인을 차곡차곡 쌓아가는 카카오가 있으며, 그 중심에 카카오의 블록체인 기술 관련 계열사로 알려진 '그라운드X'가 있다. 그라운드X는 블록체인 기술이 서비스의 혁명인지, 그저 IT 기술 이론인지를 오가던 2018년, 블록

출처: 오픈씨

기업가치가 15억 달러로 성장한 세계 1위의 NFT 오픈 플랫폼, 오픈씨.

체인 앱(이하, 비앱)을 쉽게 만들고 상호 연결이 가능한 블록체인 플랫폼 클레이튼Klaytn과 가상토큰인 클레이Klay를 출시했다. 이후 2020년에 출시한 클립Klip이라는 블록체인 기반의 모바일 지갑 서비스는 카카오톡 연동이라는 날개를 달고 출시 1년 만에 150만 명에 가까운 사용자를 모았다. 카카오톡과 붙어있는 클립은 게임, 쇼핑 등의 비앱에서 확보한 가상화폐와 NFT로 발행된 콘텐츠를 보관하는 디지털 지갑이라고 이해하면 된다. 참고로 디지털 지갑은 지갑 본연의 기능과 함께 각자의 콘텐츠 취향이 노출된다는 측면에서 앞으로 SNS에 올라가는 콘텐츠 성격을 띠게 될 것으로 보인다. 극단적으로 표현하자면, 자산 가치가 있는 미래형 소셜미디어의 새로운 형태라고도 할 수 있다.

이쯤 되면 그라운드X는 물건을 생산할 공장과 백화점 유통 라인을 확보했고 지갑도 준비했으며 통용되는 화폐 수단까지 합의된 셈이다. 여기까지의 행보는 블록체인 서비스의 대중화를 위한 토양과 밑거름 작업에 해당한다. 이제 사람들을 바글바글 모을 매력적인 상품의 기획과 출시 그리고 소셜 바이럴이 필요하다. 이러한 수요에 맞춰 2021년 5월 그라운드X는 NFT로 콘텐츠를 찍어낼 수 있는 크래프터 스페이스Krafter Space라는 NFT 발행 서비스를 론칭했다. 콘텐츠 포맷에 상관없이 이미지, 동영상 등 아무 파일이나 업로드하면 클레이튼 기반의 NFT 표준KIP-17에 맞춰져 발행된다. 물론, 아직 크래프터 스페이스에서 거래까지는 불가능하지만 "NFT? 뭔가 있어 보이고 돈도 된다는데 어떻게 발행하는 거지?"라는 낯섦과 호기심이 있던 이들에게 NFT 생산 패러다임에 대한 학습 경험을 제공했다는 측면에서 대중적인 의미가 있다. 초보자인 필자의 경우도 서비스에 들어가 콘텐츠를 업로드한 뒤, 블록체인화 작업인 민팅까지 하는 데 콘텐츠 개당 40초 남짓밖에 소요되지 않았다.

시간뿐만 아니라 비용적인 장점도 있다. 다른 플랫폼에서 디지털 파일을 등록하고, 토큰을 발행하고, 거래를 진행할 때 족히 10만 원은 훌쩍 넘는 비용이 소요되는 것과는 상반되게 크래프터 스페이스는 비용 진입장벽이 아예 없다. 거래까지 이어지지 않는 탓에 아직까지는 반쪽짜리 서비스이지만, 이미지와 영상을 올리고 설명을 곁들이는 행태는 NFT라는 외양을 입었을 뿐, 2000년대 초반의 단순했던 SNS 감성이 엿보여 편안하다. 이렇게 발행된 NFT 콘텐츠가 앞서 언급된 세계 1위 거래소인 오픈씨에서 클릭 한두 번으로 등록과 거래 준비까지 완료되는 것이다. 즉, 경기도 이천의 흙과 땔감으로 만들어진 도자기가 뉴욕 첼시마켓에서 사고 팔리는 모양새다. 런던의 해롯 백화점이 아닌 굳이 뉴욕의 벼룩시장에 비유한 이유는 현재 유통되는 콘텐츠들이 기성 크리에이터보다는 신예나 일반인 중심이기 때문이다.

반면, 그라운드X가 연이어 출시한 클립드롭스Klip Drops는 현재 활발히 활동하는 프로 아티스트들과의 계약을 통해 작품을 거래할 수 있는 마켓이다. 카카오톡과 연계된 전자 지갑(클립)에서 노출되므로 접근성이 높은 게 강점이며, 기성 작가들의 코퀄리티 콘텐츠라는 점이 자산의 가치를 더하고 거래의 재미를 높여주는 요소로 작용한다. 쉽게 말해 크래프터 스페이스가 인스타그램이나 유튜브라면 클립드롭스는 넷플릭스인 셈이다.

'1 Day 1 Drop'이라는 캠페인 콘셉트로 선별된 작가들의 콘텐츠를 한정판으로 판매하는데, 출시 이래 매일 **완판**이 이어지며 NFT 콘텐츠의 산업화 가능성을 보여주고 있다.

2021년 8월에는 배우 하정우의 〈Story of Marti Palace Hotel〉이라는 **2분**짜리 영상 한 편이 **5,600만 원**에 낙찰되기도 했다(당시에 비해 클레이 시세가 높아지며 현재 가치는 1억 원 수준이다).

이처럼 아직까지는 NFT 콘텐츠들이 디지털 아트나 게임 아이템 중심이지만 향후 쿠폰, 티켓, 저작권이나 링크 등으로 다양해질 것으로 보인다.

블록체인 기반의 엔터테인먼트 서비스 중 이처럼 소셜 담론을 만

출처: 크래프터 스페이스, 클립드롭스

2021년 출시된 NFT 발행 서비스 '크래프터 스페이스'와 NFT 거래소 '클립드롭스'.

들어내는 것들이 '자산'과 '거래'에 치우친 점은 여전히 아쉬운 부분이다. 블록체인 기술의 본질인 탈중앙화가 가져온 정산의 투명성과 속도 때문에 최근 해외 시장에서는 새로운 형태의 음원 플랫폼들이 속속 등장하고 있지만, 생활밀착성과 대중성 관점에서의 영향력은 미미한 수준이다. 그런 점에서 썸씽이나 크래프터 스페이스, 클립드롭스 같은 K-블록체인 서비스들이 블록체인의 'B'도 몰라도 어려움 없이 접근하고 맘껏 놀 수 있는 터전을 만들어 준 것은 매우 유의미하다. 이들이 블록체인 일상화 시대의 물꼬를 트는 계기가 되길 기대해본다.

생활고를 해결해주는 게임이 온다

블록체인 게임으로 어떻게 돈을 벌까?

우리는 지금까지 블록체인 킬러 서비스가 호모내러티브쿠스, 호모크리에이팅쿠스와 같이 인간의 본성을 건드리는 스토리텔링 엔터테인먼트나 소셜미디어 분야에서 승부를 봐야 한다는 담론을 끌어냈다. 그리고 이와 함께 창작과 오락, 유흥을 즐기는 인간의 특성을 '디지털 콘텐츠'로 풀어내며 블록체인의 일상화 시대를 꾀하려는 몇몇 서비스들의 움직임도 읽었다. 이번에는 이처럼 인간의 심리를 영리하게 파고들며 성공을 거둔 서비스들과 기본 요건들을 충족시켰음에도 또 다른 이유로 사회적 확산에 한계가 있는 서비스들을 살펴보며, 블록체인 기술 위에 올라탄 엔터테인먼트 플랫폼들의 실상을 엿보려 한다.

먼저, 사용자가 150만 명을 넘어서고 특히 동남아에서 남녀노소 생활비를 번다는 명목하에 시간을 몰빵한다는 게임 '엑시 인피니티'의 이야기를 하지 않을 수 없다. 게임의 핵심은 두말할 필요 없이 Play to earn[P2E], 즉 돈을 벌기 위한 플레이이다. 심지어 필리핀에서는 엑시 인피니티라는 단어가 서민 경제나 코로나 돈벌이의 또 다른 말이 됐을 정도라고 하니, 단순히 게임을 넘어 하나의 경제 활동이 된 셈이다. 엑시 인피니티란 이더리움 기반의 블록체인 게임으로 '엑시'라는 이름의 캐릭터를 교배, 육성해 판매하면서 수익을 창출할 수 있다. 앞서 설명한 크립토키티와 유사하며, 여기에 자체적인 가상 경제가 결합한 형태로 이해하면 쉽다.

그런데 이같은 블록체인 게임으로 어떻게 돈을 번다는 말일까? 게임의 주인공인 서로 다른 엑시들은 그 자체로 본연의 가치를 가진 NFT

출처: 엑시 인피니티

'엑시 인피니티'에서 거래되는 SLP 토큰은 게임 내 배틀이나 퀘스트의 리워드로만 획득할 수 있다. SLP를 통해 캐릭터를 번식시킬 수 있으며, 유저들은 이를 팔아서 수익을 낼 수 있다.

●●● 2021년 2~10월 엑시 인피니티의 AXS 코인 가격 상승세

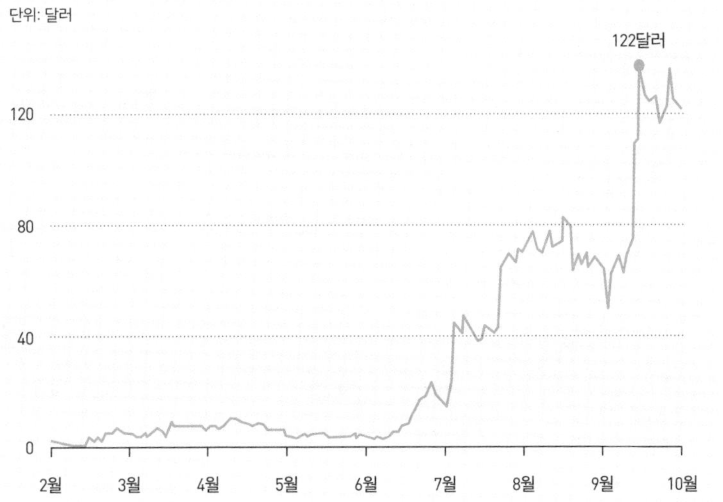

출처: SK증권

콘텐츠들이며 서로 교배해 육성하거나 배틀을 할 수 있다. 어찌 보면 유희왕 카드나 포켓몬이 2021년에 블록체인 갑옷을 걸친 정도로 표현할 수도 있겠다. 사용자들이 게임 안의 다양한 미션들을 수행하면서 디지털 애완동물인 엑시와 물약처럼 생긴 SLPSmooth Love Potion 토큰 그리고 AXSAxie Shards라는 코인을 얻게 되는데, 이를 암호화폐 거래소인 바이낸스Binance, 유니스왑Uniswap, 업비트 등에서 환전해 돈을 벌 수 있다. 이더리움 기반의 게임 중에서는 사용량과 거래액 모두 압도적인 1위며, 가장 비싼 엑시의 경우 82만 달러(약 9억 8,400만 원)에 거래되기도 했다.

개발사가 2018년 베트남에서 창업한 스타트업(스카이마비스SkyMavis)

임을 고려해도, 엑시 인피니티의 경우 유난히 동남아 중심의 개발도상국에서 하루평균 사용자의 70% 이상이 발생하고 있다. 여기엔 엑시 인피니티의 편리한 모바일 사용성도 큰 역할을 하고 있는 것으로 보인다. 개발도상국의 낙후된 네트워크 인프라에서 고사양의 하드웨어가 필요한 MMORPG 게임을 한다는 건 사실 물리적인 어려움이 있다. 반면에 엑시 인피티니는 스마트폰 하나만 있으면 누구나 쉽게 플레이할 수 있다. 코로나19로 인해 실업자가 된 해외 이주 노동자들에게 엑시 인피니티는 초기 투자비 0원으로 시작하는 최고의 개인 사업인 셈이다. 팬데믹이 낳은 집콕 문화가 전 세계의 게임 소비 시간을 늘렸는데, 동남아 등 개발 도상국에서는 그 소비 시간이 생활비 벌이를 위한 근무 시간과 다름없었던 것이다.

유튜브에서 화제가 됐던 엑시 인피니티 다큐멘터리를 보면, 필리핀 시민들이 "엑시가 각종 청구서와 빚을 감당할 수 있게 해줬다"라고 할 만큼 엑시 인피니티는 제대로 자리 잡은 생활형 블록체인 서비스다. 적어도 동남아에서만큼은 생활형 킬러 앱의 역할을 톡톡히 하고 있는 것이다. 한편, 신분증 발급과 통장 개설이 쉽지 않은 국가적 특성도 현금 교환이 용이한 엑시 인피니티 열풍에 큰 작용을 한 것으로 해석된다. 한 국내 사용자의 엑시 인피니티 3주 체험 후기에 따르면, 하루 2~3시간 투자 시 평균 1만 9,000원을 벌 수 있다고 하니 최저시급보다는 높은 셈이다(SLP 코인 가격의 시세가 높을 때는 월 90만 원 이상의 수익이 발생한다). 다른 노동 활동과 달리 침대에 누워서 할 수 있다는 점도 큰 플러스 요인이라고 할 수 있겠다.

Play to earn이 가야할 길

물론 회의적인 시각도 있다. 소위 콘텐츠라 불릴 법한 스토리의 부재와 엑시 캐릭터들의 성장을 이어주는 어떤 세계관도 없이 기계적 채굴 활동에만 집중한다는 점은 이 생활형 블록체인 게임의 영속성에 딴지를 걸게 된다. 이러한 의문에 대해 혹자는 "초기 투자비 없이 게임 노동만으로 경제적 보상 체제가 완성됐다는 것, 이것이 곧 가난한 인류에게는 세계관이다"라는 주장을 내놓기도 한다. 그러나 이는 엑시 인피니티보다 더 정교하게 설계된 P2E 서비스가 등장하는 순간, 유저들

위메이드 주가

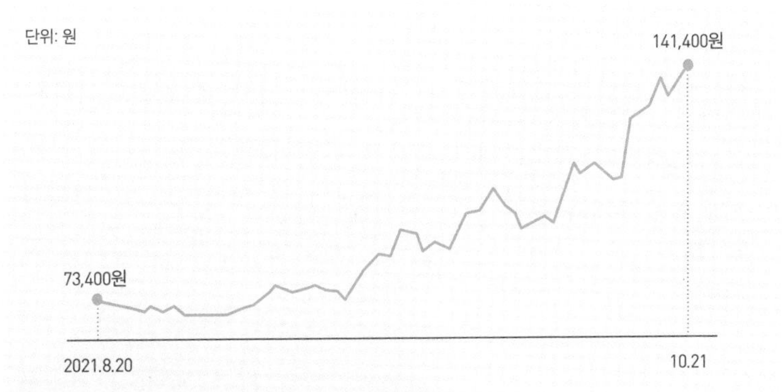

출처: 쏭아리TV 유튜브 채널

이제 재미있게 노는 것만으로는 부족하다. 게임이 곧 돈인 세상, '미르 4'와 같은 P2E 게임이 뜨는 배경이다.

은 망설임 없이 또 다른 버스로 갈아타게 될 것임을 의미할 뿐이다.

실제로 국내 게임사 위메이드가 2020년 연말에 출시한 '미르 4'의 성장세가 심상치 않다. 출시한 지 1년이 채 되지 않은 2021년 10월 기준, 동시 접속자 80만 명을 돌파했으며 11개의 아시아 중심 서버로 출발했던 때와 다르게 지금은 유럽, 북미까지 확장돼 총 152개 서버에서 운영 중이다. 예상할 수 있듯이 인기의 비결은 경제 시스템과의 연결, 즉 P2E다. 게임 속 캐릭터를 NFT로 발행해 판매하는 것은 물론이고, 게임 속 재화인 '흑철'을 코인 '드레이코DRACO'로 교환한 뒤 위메이드 자체적으로 발행한 가상화폐인 '위믹스WEMIX'로 바꿔 거래소에서 현금화하는 방식이다(다만, 한국 게임시장에서는 블록체인 게임에 대한 등급 허가가 나오지 않았기 때문에 아직까지는 현금 거래가 불가하다).

지금 엑시 인피니티는 동남아 일부 국가들과 베네수엘라, 브라질 등의 개발 도상국에서 급속도로 유저가 늘어나고 있으며, 2021년 5월, 한국의 대표적인 블록체인 투자사인 해시드 역시 "블록체인 서비스의 순기능을 제대로 보여준 회사"라며 엑시 인피니티의 개발사 스카이마비스의 후속 투자를 결정했다.

블록체인 세상에서 넥스트 유튜브를 꿈꾸다

블록체인 플랫폼이 유튜브의 벽을 넘지 못하는 이유

그렇다면 이제 블록체인 기술을 등에 업은 제2의 유튜브와 제2의 인스타그램 담론을 꺼내 보자. 잠시 코로나19 직전인 2019년 크리스마스 시즌으로 플래시백 해보면, 당시 유튜브는 가상화폐와 관련된 콘텐츠를 '유해하거나 위험한 콘텐츠'라는 이유로 삭제하거나 경고 조치를 했다. 가상화폐 인플루언서들의 반발이 하늘을 찌르자 유튜브는 '콘텐츠 검열 오류'를 알리며 삭제된 영상을 단계적으로 복구해갔으나, 해당 사건은 이후 '탈중앙화된 동영상 플랫폼'이 필요하다는 이슈로 번져갔다. 당시 유튜브에서 가상화폐 거래소 링크 주소가 연결된 콘텐츠들이 삭제됐던 것으로 보아 단순한 검열 오류인지 고의성이 있었는지는 알 수 없다. 탈중앙화된 동영상 플랫폼에 대한 니즈는 곧 블록체인 기반의 동영상 플랫폼이 필요하다는 목소리이며, 동시에 크리에이터 입장에서는 유튜브에 대한 불신과 이탈 가능성에 대한 원론적인 담론이 시작된 셈이었다.

사실, 그동안 '넥스트 유튜브'가 되겠노라 외치던 블록체인 기반의 (탈중앙화된) 동영상 플랫폼들은 드문드문 시장에 등장해 왔다. 2016년 출시한 디튜브D.Tube와 라이브러리LBRY 그리고 2017년 출시한 디라이브D-Live 등이 대표적이다. 그러나 출시한 지 6년이 넘은 디튜브는 전 세계 100만 명(북미시장 25%) 이하의 사용자로 지지부진한 편이며, 라이브러리 역시 음악, 기술, 과학, 시사, 게임, 영화, 경제 등으로 구분된 카테고리를 강점으로 검색과 큐레이션 중심의 유튜브보다 정교함을 자랑하지만 소셜 영향력이 발휘될 정도의 임계치 사용량은 넘어서지 못하는 실정이다(참고로 라이브러리는 콘텐츠의 생산·공유·시청을 넘어 블록체인 기반의 저작권 소유와 투명한 정산으로 콘텐츠를 사고팔며, 크리에이터들은 그 가치에 부합하는 라이브러리 코인LBC으로 보상받는 구조다).

시장이 꿈틀거리면 거물급 크리에이터들은 늘 유혹을 받기 마련이다. 기성 미디어들의 불합리함을 인지하고 블록체인 플랫폼의 필요성이 대두되자, A급 스타들이 자연스럽게 드문드문 이동해가는 움직임을 보였다. 한 예로 1억 명에 가까운 유튜브 구독자를 가진 게임 스트리머 퓨디파이PewDiePie도 2019년 5월, 블록체인 기반의 라이브 스트리밍 플랫폼인 디라이브와 독점 계약을 맺으며 유튜브를 떠나 세상을 놀라게 했다. 하지만 그의 디라이브 구독자는 80만 명 정도에 머물렀다는 점에서 사실상 그의 팬덤은 유튜브에서 디라이브로 1% 도 이동

출처: bitbetnews, 디라이브

게임 스트리머 퓨디파이는 유튜브를 떠나 잠깐 블록체인 라이브 플랫폼인 디라이브에 등장했지만 이내 유튜브로 다시 복귀했다.

하지 않은 것으로 나타났다. 그런데 2020년 5월, 우리는 "퓨디파이, 유튜브와 라이브 스트리밍 독점 계약을 체결하다"라는 코미디 같은 헤드라인을 또 한 번 접하게 된다. 퓨디파이가 정확히 만 12개월 만에 손바닥 뒤집듯이 독점 파트너를 교체한 것이다. 왜일까?

이론상으로는 사용자와 플랫폼이 상생하며 크리에이터들이 더 많은 수익을 내는 구조이고, 실제로 빅머니를 챙기는 스타들이 다수 이적하고 있는데도 여전히 블록체인 기반의 동영상 플랫폼들은 좀체 대세로 등극하지 못하고 있다. 현재 블록체인 서비스들은 콘텐츠 물량과 소비량 모두에서 유튜브나 페이스북의 십만 분의 일, 백만 분의 일도 되지 않는 실정이다.

결국, 크리에이터가 원하는 건
사람들이 드문드문한 천국보다는 내 콘텐츠가 수많은 사람들에게
공개되고 전 세계의 콘텐츠들과 섞여 또 다른 콘텐츠로 파생되는 등
커다란 **화제성**과 **파급력**을 갖는 세상인 것이다.

즉, 크리에이터들은 특정 플랫폼의 지배형 구조가
다소 불합리함을 주더라도,
콘텐츠와 **사람**이 **모여있는 곳**을 선택한다는 뜻이기도 하다.

물론, 크리에이터 이코노미 측면에서도 공정한 방식에 따른 40보다는 조금은 억울한 정산이더라도 100이 더 크기 마련이다. '진정한 파트너십'을 외치며 디라이브로 이적했던 퓨디파이가 고작 1년 만에 다시 '결국 유튜브가 내 고향'이라며 돌아온 것도 동일한 맥락이다.

블록체인 기술의 순기능 살리기

이렇듯 레거시 플랫폼들의 지배적 영향력을 깨기 어렵고 콘텐츠나 시청자가 없는 공정성은 아무 의미가 없다면 블록체인 기반의 미디어 서비스들은 어떻게 진화해야 할까? 답은 둘 중 하나다.

첫째, 기존 플랫폼의 문제들을 블록체인 기술로 개선해가는 방향이다. 관련해서 향후 트위터의 행방이 좋은 선례가 될 수 있을지 주목된다. 명실공히 가상화폐 생태계의 슈퍼 이노베이터로 알려진 트위터

의 CEO 잭 도시는 출처가 불분명한 가짜 정보 유입과 낚시성 추천 알고리즘 등의 소셜미디어의 문제점을 해결하기 위해 늘 탈중앙형 SNS로의 개선 의지를 보여왔다. 2019년에는 SNS가 탈중앙화로 진화하기 위한 표준 모델을 설계하겠다는 계획(프로젝트명 블루스카이BlueSky)과 트위터가 이 모델의 최초 고객이 될 것임을 공표하기도 했다. 이후 블루스카이는 1년 넘게 큰 성과를 내놓지 않고 지지부진해 왔으나 2021년 4월 드디어 프라이버시 코인인 '지캐시Zcash'의 개발자 제이 그레이버Jay Graber가 총괄 리더로 결정됐다는 소식이 알려지며 다시 기대를 모으는 중이다.

이로써 트위터의 탈중앙화 계획에 가속도가 붙었으니, 수년 안에 소셜미디어 판에서 블록체인 적용 표준이 제시되며 4억 명이 넘는 사용자가 미래형 트위터를 접할지도 모를 일이다. 동시에 페이스북, 인스타그램, 틱톡 사용자들이 그간 표출해 온 "열심히 시청하고 댓글 쓰는 우리가 얻는 건 도대체 뭐지?"에 대한 실마리, 즉 사용자 보상 인센티브도 함께 해결될 수 있다. 이러한 잭 도시의 야심 찬 계획을 두고, 기술적 대안보다는 현재의 소셜미디어가 사람들에게 어떤 악영향을 미치고 불평등함을 조장하는지를 먼저 살피자는 우려도 있다. 블루스카이 프로젝트가 이러한 시장의 의견을 포함해 크리에이터와 사용자 니즈를 잘 반영해 추진되기를 기대해본다.

둘째, 블록체인 기술이어야만 가능한 서비스여야 한다. 다시 말해, 기존에 없던 새로운 형태의 플랫폼, 즉 블록체인 기술이 있어야만 실현 가능한 콘셉트이어야 한다는 뜻이다. 냉정히 보자면 유튜브와 넷플릭스의 경우, 굳이 블록체인 기술이 없어도 콘텐츠 제공자와 시청자 모두에게 딱히 불편함이 없으며 이는 앞으로도 계속 그럴 것이다. 그러한 관점에서 '블록체인 기술이어야만' 하는 방향성을 갖고 지금 가장 영리하게 움직이는 동영상 플랫폼, 세타티비THETA.tv를 소개한다.

세타티비는 실리콘밸리의 스타트업 세타랩스THETA LABS에서 만든 동영상 플랫폼이다. 세타랩스는 개인의 모바일과 PC에 할당된 네트워크 대역폭을 공유하는 솔루션을 개발한 스타트업으로 요즘 한창 주목받는 e-스포츠 스트리밍 서비스인 슬리버티비SLIVER.tv의 자회사이기도 하다. 세타티비의 비즈니스 모델은 쉽게 말해 에어비앤비가 특정 날짜에 사용하지 않는 집을 손님들에게 빌려주는 원리와도 유사하다. 즉, 네트워크를 분산해 콘텐츠를 전송하는 블록체인 기술로서, 이미 소니, 삼성전자 등의 기업이 1,700억 원 규모의 투자를 진행했다. 시청자들은 자신의 모바일과 PC에서 사용하지 않는 스트리밍 대역폭을 공유해 다른 사람이 콘텐츠를 시청하는 데 필요한 네트워크를 제공한다. 이렇게 스트리밍 대역폭을 빌려준 사람은 누군가가 영상을 시청하기만 해도 가상토큰으로 인센티브를 받을 수 있다. 그리고 이를 통해 서비스 운영자는 결과적으로 스트리밍 비용을 절감하게 되는 구조다. (우버의 사업 모델이 자동차 제조사와는 무관하듯이 이 솔루션 역시, 통신사들의 수익 모델과는 별개의 이슈다). 유튜브, 넷플릭스, 디즈니플러스 같은 동영상 서비스들의 지난한 과제가 콘텐츠를 고객에게 전송하는 데 요구되는 어마어마한 네트워크 비용인 점을 고려하면 블록체인 기술의 순기능을 제대로 보여준 셈이다.

최근 세타티비는 이러한 기술력을 앞세워 슈퍼 콘텐츠를 생중계로 송출하며 블록미디어의 선한 영향력을 보여주는 중이다. 2021년

출처: THETA.tv

2021년 2월, 우주선 착륙을 송출한 '세타티비'와 생중계 시청자에게 증정된 NFT 배지.

2월에는 NASA와의 협력으로 탐사 로버Rover(외계 행성의 표면을 돌아다니며 탐사하는 로봇)인 퍼시비어런스Perseverance의 화성 착륙을 생중계로 송출했다. 그리고 오직 생중계를 시청한 이들에게만 나사 이모티콘 형태의 NFT 배지를 증정했는데, 세타랩스의 전략 총괄 담당자 웨스 레빗Wes Levitt은 이 한정판 배지를 '명예훈장'이라 표현하며 슈퍼 콘텐츠를 제공하는 세타티비를 여느 플랫폼들과 비교하지 못하게 선을 그었다. 물론, 당시의 생중계는 나사의 공식 서비스를 포함해 유튜브, 트위터, 페이스북 등에서도 함께 제공됐지만 세타티비는 초고속 인터넷에 접근하기 어려운 지역까지 포괄하는 네트워크 기술로 우주 과학에 대한 대중의 관심을 대폭 확대했다. 또한, 시청 데이터가 실시간 집계되면서 시청자들은 NFT 명예훈장 배지를 상호 거래하기도 했는데, 이러한 보상 방식 자체로 블록체인 이코노미를 성공적으로 증명해낸 셈이다.

참여와 보상으로 완성하는 블록체인 미디어 이코노미

지금 디지털 콘텐츠의 범주는 무한히 확장돼 가고 있으며, 장르의 경계는 희미하다 못해 무의미한 지경이다. 시청자는 영화와 드라마, 예능으로 콘텐츠를 구분하기보다는, 내게 필요하고 내가 즐길 수 있는 콘텐츠인지, 여기서만 볼 수 있는 콘텐츠인지 그리고 나는 여기에서 어떤 보상을 받을 수 있는지를 더 중요하게 여긴다. 이러한 측면에서 NASA 연구원들이 의자를 박차며 내지르는 짜릿한 함성과 화성 착륙 그 찰나의 순간을 생중계로 시청하고, 이후에 돈이 될 것이 분명한 NFT 배지를 받는 것은 이 모두를 만족시키는 영특한 콘텐츠임이 분명하다. 정해진 시간대에 시청만 하면 돈으로 바꿀 수 있는 NFT 콘텐츠를 받는다니, 이를 '불로소득으로 간주해야 하는 건 아닌가' 싶은 엉뚱한 의문이 들 정도다.

이후에도 세타랩스는 세타티비를 통해 기존의 e-스포츠는 물론이고 구글과의 협력으로 진행된 우주항공 기업 스페이스X의 로켓 발사, 월드시리즈 포커 경기 등을 지속적으로 송출하고 있다. 이렇듯 선구적인 몇몇 블록체인 서비스들은 '시청자 참여'와 '공정한 보상' 중심의 블록체인 미디어 이코노미를 설계하며 새로운 패러다임을 만들어 가는 중이다. 이 흐름을 이어받아 향후 블록체인 미디어의 일상화를 위해서 결국은 콘텐츠의 집합이 무엇보다 중요하고, 슈퍼 콘텐츠 같은 화제성 있는 스토리가 필요함은 이미 여러 차례 강조한 바 있다.

전통 미디어를 대표하는 유튜브 제국을 건설한 것도 결국은 구글의 기술력이나 글로벌 마케팅이 아니라, 다름 아닌 '콘텐츠'였음을 기